조선시대 바다를 통한 교류

이 저서는 2011년도 정부재원(교육과학기술부 학술연구지원사업비)으로
한국학중앙연구원의 지원에 의하여 연구되었음(AKS-2011-DAD-3101)

조선시대 바다를 통한 교류

하우봉 지음

景仁文化社

책을 펴내면서

20세기를 대표하는 문명사가 중의 한 사람인 페르낭 브로델(Fernand Braudel)은 그의 저서 『지중해』에서 "바다는 과거의 생활에 존재하는 최고의 자료이다", "바다는 문화와 인간역사를 담고 있는 포괄적인 전존재이다"라고 주장하였다. 그는 해양사관이야말로 거시역사학(巨視歷史學)에 부합한다고 하였다. 민족사에서 지역사로, 지역사에서 지구사로, 정치사에서 문화사로 전환되어가는 대세에 해양사관이 필요하다는 것이다.

현재 진행 중인 '지식정보혁명'이 민족과 국가의 장벽을 허물고 지구 규모의 생활권을 만들어 나간다는 점에서 국경과 소유관념을 바탕으로 하는 육지의 성격보다는 교류와 개방을 특징으로 하는 해양성과 유사하다. 다시 말해서 해양성이 세계화와 지구화로 상징되는 시대적 흐름과 궁합이 맞는다. 많은 미래학자들이 21세기를 '바다의 세기' 더 구체적으로는 '태평양의 시대'가 될 것이라고 예상하고 있다. 이러한 시대적 추세에 맞게 우리 역사의 영역과 인식을 육지에서 바다로, 나아가 지구적으로 확대하는 것이 절실하다.

반도국가인 우리로서는 대륙과 해양 모두 관심을 가져야 할 대상이다. 그런데 그동안 한국사의 연구경향을 보면 '육지사관'만 있었을 뿐 해양사관적인 접근은 매우 적었다. 21세기에 우리의 미래를 '해양국가 한국'에서 찾아야 한다는 당위성을 인정한다면, 역사연구에서도 '바다에서 본 한국사'라는 새로운 인식과 관점이 필요하다. 나는 이것이야말로 한국의 역사학계가 힘을 기울여야 할 절실한 과제라고 생각한다. 이러한 작업을 통해 세계화와 개방화가 중시되는 21세기를 맞아 적극적인 해양정책을 추진해 갈 역사에너지를 재충전하는데 기여할 수 있다. 1908년 민족적 위기 상황에서 육당 최남선이 해양사관을 부르짖으며 「해(海)에게서 소년에게」라는 시를 지어, 청소년들에게 더 넓은 야망과 기개를 가지라고 촉구한 문제의식과 상통할 것이다.

한편 해양사적 관점에서 볼 때 한국사 안에서도 고대나 중세에 비해 조선시대에 대한 인식은 대단히 빈약하고 부정적이다. 그 이유는 조선정부가 명나라의 해금령(海禁令)을 추종함으로써 바다를 통한 교류가 제한적이었다는 선입견 때문이다. 물론 조선시대에 해금정책을 시행했지만, 그런 가운데서도 바다를 통해 새로운 역동성을 창출한 사실이 적지 않았다.

근세 시기 한국·중국·일본은 모두 해금정책 하에 중앙정부가 대외교류와 무역을 독점하였다. 특히 조선은 해양으로의 진출과 해양국가와의 교류에 소극적이어서 국내적으로는 '공도(空島)조치'를 시행하였고, 서양권 국가와의 교류를 철저하게 배척하였다. 그 결과 근대로의 전환기에 새로운 문명 창출에 실패하고 세계사의 주류에서 밀려나게 되었던 것이 사실이다.

그러나 해금정책과 공도조치로 상징되는바 한국해양사의 침체기로 분류되는 조선시대에도 전 시기에 걸쳐 독립된 수군(水軍)제도가 확립되어 있었다. 이것은 당시의 세계 역사를 둘러보아도 희귀한 사례이다. 『경국대전(經國大典)』을 보면 대·중·소 군함 7백 수십 척과 48,800명의 수군이 연해를 지켰음을 알 수 있다. 또 거북선을 비롯한 조선술과 화포의 우수성은 임진전쟁에서 명백히 입증되었다.

이와 같이 조선시대에 자율적인 대외정책이나 해양을 통한 교류가 없었던 것은 결코 아니다. 그런데 이러한 사실은 외면당하고 유감스럽게도 '쇄국체제론'이 과장되게 인식되어왔다. 본서에서는 이러한 왜곡된 '쇄국론'에서 벗어나 조선시대 바다를 통한 문물교류의 실상을 재조명해 보고자 하였다.

필자는 30여 년간 조선시대 한일관계사를 공부해 오면서 대외관계를 한국사의 본류와 어떻게 접목시킬까라는 문제와 함께, 우리나라의 역사를 일국사(一國史)적인 시각을 넘어서 세계사와 어떻게 연결시킬 수 있을까라는 문제로 고심해 왔다. 그러던 중 해양사학에 관심을 가져왔다.

2014년에 발간한 『조선시대 해양국가와의 교류사』라는 연구서는 그러한 생각의 결실이다. 이 책의 내용은 일본, 유구, 동남아시아 제국, 유럽 등 '해양국가'들과 교류한 사실을 재조명하였다. 그런 만큼 이 책에서는 주로 국가적 차원에서 외교와 공식적 교류를 중심으로 고찰하였다.

본서는 그것의 후속작 내지 보완서라고 할 수 있다. 여기서는 바다를 통한 문물 교류를 중심으로 살펴보았다. 그런 만큼 정부사절단에 의한 공식적인 교류보다는 민간 차원의 교류에 초점을 맞추었다. 내용면에서도 사상과 문화, 정보의 교환, 물자와 기술 교류를 중심으로 접근하였으며, 또 교류가 민중들의 생활이나 인식에 끼친 영향에 대해서도 고찰하였다. 그래서 표류민을 통한 교류와 실학자들의 해양인식 등을 같이 다루어 보았다.

본서는 한국학중앙연구원 한국학진흥사업단에서 기획한 한국학총서 지원사업의 일환으로 이루어졌다. 사업명은 "바다와 한국사"라는 주제로 8명의 연구자가 참여해 각자 1권씩 독자적인 주제로 단행본을 발간하는 과제였다. 해양사관적 입장에서 한국사를 재조명해보자는 취지로 공동연구를 기획하였다. 8인의 참여자는 전공분야가 고고학에서부터 현대사에 이르기까지 구색을 갖추었고, 연구대상으로 삼은 주제와 지역도 다양하였다. 이 과제는 한국사 인식의 폭을 넓히고 다양한 관점에서 한국사회를 이해하는데 기여할 수 있을 것으로 평가받았다. 이러한 기획과 연구지원을 해준 한국학진흥사업단에 감사의 뜻을 표한다.

기획사업의 본래 취지는 일반인들이 쉽게 읽고 이해할 수 있는 '교양총서'를 간행함으로써 한국학의 대중화를 도모하는 것이다. 본서도 될 수 있는 대로 알기 쉽게 서술하고자 노력하였으나, 필자의 문재가 부족해 딱딱함을 벗어나지 못하였음을 고백하지 않을 수 없다.

빈약한 내용의 본서를 그나마 이 정도의 모습으로 출간할 수 있었던 데에는 신학태 실장님을 비롯한 경인문화사 편집부 여러분들의 노고에 힘입은 바 크다. 다시 한번 고마운 마음을 전한다.

2015년 12월
하우봉

차 례

1장
조선전기 일본과의
문물교류

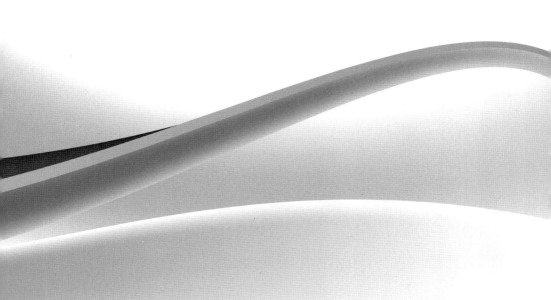

1. 6백년 만에 일본과 국교를 열다

1. 15세기 동아시아의 국제정세

조선초기의 대일관계를 이해하기 위해서는 이 시기의 국제정세를 우선 알아야 할 필요가 있다. 14세기 후반 동북아시아의 국제정세는 크게 소용돌이쳤다. 중국대륙에서는 1368년 주원장(朱元璋)이 명(明)을 건국하였고 1391년에 이르러 북원(北元)이 멸망하였다. 이로써 북방민족의 중원지배가 끝나고 한족(漢族)에 의한 중국지배시대가 시작되었다. 이것은 동아시아 국제질서에 큰 변화요인이 되었다. 바로 다음 해인 1392년 한반도에서는 고려왕조가 멸망하고 조선왕조가 창건되었으며, 일본에서는 장기간 내란상태였던 남북조시대(南北朝時代, 1336-1392)가 마감되었다. 거의 같은 시기에 동북아시아의 세 나라 모두 엄청난 변화를 맞이하였던 것이다.

오랜 기간 동안의 이민족 지배에서 벗어나 통일정권을 이룬 명나라는 유교이념에 입각하여 전제정치를 강화하는 한편 대외적으로는 중국 중심의 세계질서를 지향하였다. 주원장은 명을 건국하자마자 '회복중화(恢復中華)'라는 기치아래 대외정책의 기본을 조공제도의 재확립에 두고 주변국에게 입공(入貢)할 것을 요구하였다. 그리하여 1369년 고려·유구·베트남

명 태조 주원장

의 사신이, 1371년에는 일본·크메르·태국의 사절이 각각 조공하였다. 이로써 동아시아제국은 일단 명을 중심으로 하는 국제질서에 편입하게 되었다. 그 결과 명대는 이 조공제도가 형식적으로 가장 잘 정비되었고, 가장 많은 나라들로부터 인정을 받아 조공제도의 전형이 이루어졌던 시기이기도 하였다.

2. 일본에 문호를 개방하다

고려말 조선초기 일본과의 관계에서 가장 큰 현안은 왜구(倭寇)의 위협이었다. 따라서 대일교섭은 왜구 금압이 일차적인 목적이었으며 외교와 통상은 그것을 위한 수단에 불과하였다. 왜구문제는 당시 조선·명·일본 세 나라에서 새로 들어선 정권의 공통적인 외교과제였다. 조선과 명나라가 일본과의 외교에 적극성을 띤 이유도 왜구의 금압과 피로인(被虜人)을 송환하기 위해서였다.

조선의 대일정책의 목표는 남쪽 변경의 평화였고, 그것을 이루기 위한 구체적인 방법은 왜구를 평화적인 통교자로 전환시키는 것이었다. 이에 따라 조선정부는 대일교섭에 적극적으로 나섰다.

태조 이성계 어진(국보 제317호)   아시카가 요시미쓰

    태조 이성계는 즉위한 직후 무로마치막부(室町幕府)에 승려 각추(覺鎚)를
보내 왜구의 금압, 피로인의 쇄환을 요구함과 동시에 정식으로 국교를 재
개하자고 제안하였다. 이에 대해 당시 일본의 외교권을 장악한 무로마치
막부 3대 쇼군(將軍) 아시카가 요시미쓰(足利義滿)는 답사(答使)를 보내 피로
인 100명을 송환하면서 조선 측의 요구를 적극적으로 수용하겠다는 의사
를 밝혔다.

    1403년 요시미쓰가 명을 중심으로 하는 책봉체제(冊封體制)에 편입한 것
을 계기로 조선과 일본의 관계도 급진전되었다. 요시미쓰는 명과의 책봉
관계가 진전되는 과정에서 조선과의 통교에도 적극적으로 나섰다.[01] 1404
년 요시미쓰가 '일본국왕(日本國王)'의 자격으로 조선국왕에게 국서(國書)를
보내고 조선이 이를 접수함으로써 양국 중앙정부 간에 정식으로 국교가
체결되었다. 이로써 조선과 일본은 600여 년에 걸친 국교단절 상태를 끝내
고 중앙정부 간에 국교를 다시 열었다. 일본으로서는 8세기 후반 통일신라
와 국교를 단절한 이래 쇄국상태에 있다가 조선·명과 정식으로 외교관계

를 체결함으로써 비로소 동아시아의 국제무대에 나오게 되었다.

3. 조일통교체제의 구조와 성격

이렇게 시작한 일본과의 외교관계는 여러 차례의 변화와 과정을 거쳐 통교체제가 이루어져갔다. 보다 구체적으로는 1443년(세종 25) 대마도주와 체결한 계해약조(癸亥約條)의 성립과 성종대 초기 일본사절에 대한 접대규정의 정비에 의해 비로소 조선시대의 대일통교체제가 확립되었다고 할 수 있다. 건국 이래 많은 과정을 거쳐 이루어진 대일통교체제의 구조와 특성은 어떠하였을까?

첫째, 조선 초기 일본과의 교섭은 명나라와 관계없이 독자적으로 전개되었지만 태종대부터는 명을 중심으로 하는 책봉체제라는 동아시아 국제질서 속에 공통적으로 편입되면서 교린국으로서의 체계를 갖추게 되었다. 이에 따라 조선국왕과 일본 무로마치막부의 쇼군은 대등한 자격으로 수호하고 사절을 교환하는데 이를 적례관계교린(敵禮關係交隣)이라고 한다.

둘째, 조선정부는 무로마치막부와의 일원적인 통교를 한 것이 아니라 칸레이(管領)·유력한 수이고다이묘(守護大名)·서부지역의 호족·대마도주·수직인(受職人)·수도서인(受圖書人) 등 다양한 통교자들과도 독자적인 통교관계를 가졌다. 이러한 외교의 형식은 국가 사이에서는 매우 이례적인 것으로 '다원적인 통교체제'라고 부른다. 무로마치막부의 쇼군을 제외한 다양한 통교자와의 외교관계를 기미관계교린(羈縻關係交隣)이라고 한다. 이들 일본 측 통교자들의 목적은 교역을 하는 것이었지만 조선정부는 모두 기미질서 속에서의 외교의례와 조공무역의 형식을 취하도록 하였다.

1472년 신숙주가 편찬한 『해동제국기(海東諸國紀)』의 「조빙응접기(朝聘應接記)」에 의하면 무로마치막부 쇼군의 사절인 일본국왕사 이외의 모든 통

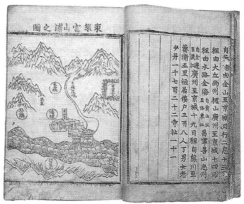

『해동제국기』

교자들은 사송선(使送船)의 형식을 취하여야 했다. 그들은 도서(圖書)가 찍힌 서계와 대마도주가 발행하는 문인(文引)을 지참하여야 했고, 포소(浦所)에 도착한 후에는 삼포(三浦)의 왜관에 있는 조선국왕의 전패(殿牌)를 향해 숙배(肅拜)를 하도록 하였다. 서울까지 올라오는 거추사(巨酋使)의 경우 지정된 도로를 통해 상경하여 국왕에게 숙배하고 토산품을 진상하는 조빙의 례를 행한 후 회사품(回賜品)을 받아가는 의식을 하도록 하였다. 조선정부는 이러한 조공의례를 하게 하는 대신 후한 하사품을 줌으로써 평화적인 대외관계를 유지하고자 하였다.

셋째, 조선정부는 대마도주를 매개로 하여 여러 통교자들을 통제하려는 정책을 수립하였다. 조선과 일본 사이에 있는 대마도의 지리적 위치를 이용하여 통교체제의 일원화를 도모하고자 하였던 것이다. 1419년 대마도 정벌 이후 일본의 정세를 파악한 세종은 조선 조정에 순응하는 대마도주의 정치적 입장을 옹호해 주면서 그를 조선에 도항하는 왜인들에 대한 관리자로서의 역할을 부여하였다. 구체적으로는 1419년(세종 2)의 서계에 관한 약조 체결, 1438년(세종 20)의 문인제도 정약, 1441년(세종 23)의 고초도조어금약, 1443년(세종 25) 계해약조의 체결 등 일련의 조치를 통해 대마도주

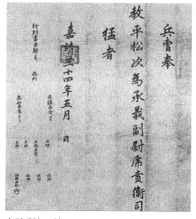

수직왜인 고신   도서

의 독점적 지위를 보장해줌으로써 대일외교체제를 정비하고자 하였다. 이러한 조선정부의 의도에 따라 대마도주 소씨(宗氏)는 대마도 내의 통치권을 확립하였고 조일외교에 있어서 중심적인 위치를 확보하였다.

넷째, 이러한 조선정부의 노력에 의해 조일통교체제는 고려말기 이래의 다원적인 관계에서 중앙정부끼리의 적례관계교린과 대마도를 중심으로 하는 기타 세력과의 기미관계교린이라는 중층적(重層的) 관계로 정비되어 갔다. 계해약조 이후 조선의 대일교린정책은 무로마치막부와의 적례교린과 대마도주와의 기미교린이라는 이원체제로 통합 운용하는 것이었다. 그러나 조선의 의도와는 달리 일본에서는 계속 다양한 세력들이 사절을 파견하였기 때문에 다원적인 통교형태가 유지되었다.

2. 경제적 교류의 형태와 물품

1. 교역왜인의 종류

일본 측의 교역상대자는 단순교역을 목적으로 하는 흥리왜인(興利倭人)과 외교사절의 명목으로 오는 사송왜인(使送倭人)으로 구분된다. 그런데 조선정부의 통제책에 따라 모든 통교자는 사송의 형식을 갖추게 되었다. 사송왜인의 종류는 다양하지만 그들의 주된 목적은 경제적 교역이었다. 따라서 일본측 통교자는 형태면에서는 사절이고 실제목적과 행위는 교역이라는 점에서 '사송무역인(使送貿易人)'이라 할 수 있다. 조선으로부터 접대가 허용된 통교자는 일본국왕사·거추사(巨酋使)·구주탐제사(九州探提使)·대마도주사·수도서인·수직인과 기타 문인(文引) 소지자로 한정되었다. 이전까지 자유롭게 도래하던 흥리왜인은 대마도주의 문인이 있어야 도항할수 있게 되었다.

일본 통교자의 교역 양상을 유형별로 나누어 살펴보면 다음과 같다.

첫째 유형은 일본국왕사와 거추사로서 경제적 교역 이외에 문화교류를 목적으로 하는 경우가 많았다. 이들은 동남아시아의 물산과 일본국내의 물품을 싣고 와 조선의 불전(佛典), 마포(麻布) 등과 바꾸어갔다.

둘째 유형은 제추사(諸酋使)로서 각지의 소호족·대마도주 일족·수직인·수도서인들이다. 이들은 대개 왜구의 잔류집단에서 상인적 성격으로 변모해 갔던 세력들로서 쌀, 콩과 목면 등 생활필수품을 얻어가는 것을 목적으로 하였다.

셋째 유형은 규슈(九州)의 하카다(博多)를 중심으로 하는 상인층이다. 이들은 태종 말기 내지 세종대 초기에 성행한 세력으로서 단순히 생활필수품을 구해가는 정도가 아니라 국제적인 교역을 목적으로 하고 있었다. 당시 하카다 상인 소킨(宗金)과 그의 아들 이에시게(家茂) 등은 대조선무역으

「삼포도」(『해동제국기』)

로 대단한 부를 축적한 '국제무역상인'이었다. 이 점에서 대마도의 대조선 무역과는 성격이 다르며 교역품은 동남아시아에서 가져온 남방물산이 대부분이었다. 어떤 의미에서 보면 고려중기 이래의 진봉선무역(進奉船貿易)이 이들에 의해 계승되었고, 오히려 본격적인 궤도에 올라섰다고도 할 수 있다.

2. 교역의 형태

조선 전기 양국 간의 교역 형태는 다음과 같이 네 가지로 나누어 볼 수 있다.

1. 사행무역

외교사절 내지 사송왜인들의 경우에 해당되는 형태로서 진상(進上)과 회사(回賜)라는 사행의례에 수반한 증여무역의 한 형태이다. 사송왜인들은 입항시 외교사절의 자격으로 경상도관찰사가 보내는 차사원(差使員)의 접대를 받았으며, 상경이 허락되면 한양의 동평관(東平館)에 도착한 후 조선 국왕을 배알하고 진상과 회사의 절차에 의해 물품을 교환하였다. 이 경우 회사품은 "멀리서 온 사람에게는 후하게 대접한다"는 대의명분에 따라 후하기 주었기 때문에 이익이 매우 컸다.

2. 공무역

진상품 이외에 가지고 온 물건이나 과다한 진상물에 대해 해당관청에서 구입해 주는 형식이다. 공무역은 세종대 초기 조선에서 생산되지 않는 구리·주석·소목·호초 등 국가의 수요물에 한하여 허락되었다. 처음에는 사행무역에 부수되는 정도였으나 점차 수량이 많아져 이후로는 중심적인 교역형태가 되었다. 이밖에 일본인 통교자가 가지고 온 물건이 처분되지 않고 너무 오래 체류하여 체재비용의 부담이 늘 경우, 해당지역 관청의 물화로써 우선 구매해준 다음 부상(富商)이나 원하는 사람에게 팔아서 충당하는 방식도 있었다. 이를 관무역(官貿易)이라 부르기도 했는데 공무역의 일환이다. 그런데 공무역의 경우 교환비율이 정해져 있기 때문에 일본측 교역자들이 그다지 폭리를 거둘 수는 없었다.

3. 사무역

교역의 차익을 노리는 일본인들이 너무 많은 물건을 가지고 와 공무역만으로는 감당하기 어려워지자 조선정부는 사무역을 허락하였다. 이에 따라 일본인들은 진상과는 별도의 물품을 가져와 개인차원에서 교역을 하였다. 사무역은 조선 관리의 감독 하에 포소(浦所)와 서울의 동평관, 경상도 화원현(花園縣)에 있는 왜물고(倭物庫) 등의 장소에서 조선상인과 개별적으로 거래하는 방식이다. 이것은 민간을 상대로 다양한 물건을 거래하는 순수한 형태의 무역이었고 시세에 따라 가격이 정해졌기 때문에 자연히 이익도 많았다. 이윤이 크자 내항자와 물품이 급증하였고, 교역장소가 분산되어 감독이 소홀해지면 금제품(禁制品)에 대한 밀무역이 수반되는 등 폐단이 일어났다. 이에 1457년(세조 3)에는 사무역을 금지하고 공무역만을 허가하였다. 그러나 관청의 구매능력에 한계가 있었고 구매한 물품이 모두

관에서 소용되는 것이 아니었기 때문에 1485년(성종 16)에 사무역을 부활시켰다. 그러다가 사무역에 의한 폐해가 여전히 발생하자, 1494년(성종 25) 사무역을 다시 폐지하고 공무역으로 환원시키고 말았다.[02]

4. 밀무역

잠상(潛商)이라고도 하는데 양국 간의 교역에 있어서 끊임없이 문제가 되었다. 밀무역품은 주로 금·은 등 금지품이었는데 사무역을 할 때나 혹은 포소 이외의 장소에서 몰래 행하는 형태로 이루어졌다. 공·사무역에 비교하면 이윤이 월등하였기 때문에 당국의 엄한 단속에도 불구하고 계속되었으며, 심지어는 중앙의 관리나 역관을 끼고 행해지는 경우도 있었다.

3. 교역물품과 대일무역의 특성

1. 수입품목

조선으로 유입되는 일본산 물품으로는 금·은·동·유황·납 등의 광산물, 칼(太刀·環刀)·부채·병풍 등의 공예품이 주종을 이루었다. 이외에 동남아시아 제국의 남방물산이 크게 환영을 받았는데, 소목(蘇木)·주홍(朱紅) 등 염료, 호초·감초·장뇌·용뇌·곽향 등 약재, 침향·백단 등 향료, 물소뿔·무기·상아·공작·앵무새 등 군기품 내지 장식품 등이었다. 이 가운데서도 특히 구리·유황·소목·호초가 큰 비중을 차지하였다.

구리는 놋그릇·무기·화폐·활자 등의 제조에 소요되었던 만큼 수입품의 근간을 이루었고, 유황도 약재와 화약재로서 필요하였다. 소목은 심홍색의 고급염료로서 종묘의 채색과 관복의 염색에 필요하였으며, 호초도 약재 내지 조미료로서 귀족들의 수요가 높았다.

수입품 중에는 광산물과 소목, 약재 등 국가적으로 꼭 필요한 제품도 있었지만 나머지는 향료 등 사치품이나 기호품이 많았다. 남방물산을 중심으로 한 이러한 물품들이 귀족들에게는 환영을 받았지만 국민생활에 필수 불가결한 것은 아니었다. 그래서 『조선왕조실록』을 보면 진상품목 중 사치품 등은 가져오지 말라고 권유한 기사가 가끔 나타나며, 교역축소 논의가 자주 일어나고 있었다.

2. 수출품목

수출품으로서는 정포(正布, 麻布)·저포(白苧布·黑苧布)·면포(綿布)·명주(青木綿·紅紬·內紅紬)·의복 등 섬유제품, 화문석·호랑이가죽·표범가죽 등 장식품, 인삼·꿀·오미자 등 약재, 대장경·서적·문방구 등 문화제품 등이 있었다. 수출품이라기 보다는 회사의 형식으로 지급되었던 것이 대부분이었다. 조선에서 수출된 품목을 보면 약재와 문화제품 등 귀족취향의 물건도 있었지만 전체적으로 일본인들의 의식생활에 꼭 필요한 생활필수품이 대부분이었다.

그 가운데서도 가장 중심적인 것은 마포·명주·목면을 중심으로 하는 섬유제품과 쌀·콩 등 곡물이었다. 각종 섬유제품 중에서도 특히 목면은 당시 일본에서 생산되지 않았기 때문에 일본인들의 생활필수품이었다. 그리하여 계해약조 이후에는 목면이 조선의 주된 대일수출품이 되었고, 일본인들의 요구에 따라 공목(公木)이란 이름으로 화폐적인 기능도 하였다. 15세기 중반 이후에는 매년 수만 필에서 수십만 필의 목면이 일본으로 수출되었는데, 1486년(성종 17)에는 한 해 유출된 목면의 양이 50만 필에 이르렀다고 한다. 고려말기 문익점(文益漸)이 원나라로부터 목화의 종자를 가져와 자생화에 성공한 이래 조선전기에 이르러 목면은 내수는 물론 해외 수출품의 대종을 이루었다. 조선전기에는 목면을 비롯해 다양한 섬유제품이 생산되고 수출되어 섬유대국이었다고 해도 과언이 아니었다.

이와 같이 일본으로 수출된 조선목면은 일본인의 의생활에 혁명을 일으켰다고 평가되어질 정도로 중시되었다. 한편 식량이 부족한 지역에 대해

서는 쌀과 콩도 지급되었다. 왜구 침입의 주된 요인 중의 하나가 식량조달
이었던 만큼 교역왜인들이 쌀과 콩을 지급해 달라고 요청하면 조선정부는
대부분 응해주었다. 그러나 재정부담이 늘어나고 쌀이 부족해지자 세종대
중기 이후에는 대마도·일기도에게만 세사미두(歲賜米豆)의 형식으로 하사
하였다.

3. 일본과의 교역의 특성

조일무역의 일본측 담당자는 동남아시아 교통로를 장악하고 일본 국내
시장과의 연계가 유리한 하카다상인들이 중심이 되었다. 동남아시아 - 유
구(琉球) - 사쓰마(薩摩) - 하카다(博多) - 대마도 - 조선의 루트가 남방무역
의 주요 통로였다. 하카다상인들이 일본·명·조선·유구를 연결하는 국제
적 무역상이라면 대마도의 교역은 소규모이고 기생적인 성격이었다. 그러
나 조선정부의 대마도 중시책으로 점차 대마도 상인들이 조선교역의 중심
이 되었다. 그리하여 16세기 후반에 이르면 조선이 교역권을 허락해준 도
서(圖書)의 대부분을 대마도인이 차지하였다.

조선 전기 일본과의 교역은 쌍무적인 무역이라기보다는 대체로 일본인
들의 일방적인 요청에 의해 전개되었다. 일본측 통교자들은 사행의 명목
에 관계없이 모두 교역에 적극적이었다. 이에 반해서 조선은 순수한 사절
이나 왜구정책의 목적 하에 정치적으로 필요하다고 인정되는 경우에만 부
수적으로 교역을 하였다. 대일통교의 기본목적이 경제적 이익의 추구가
아니라 왜구 금지와 정치적 복속에 있었기 때문이었다. 따라서 교역면에
서 보면 조선은 수동적·소극적이었고, 일본측은 능동적·적극적이었다.

조일 무역에서 경제적 상호보완성이 전혀 없었던 것은 물론 아니다. 교
역에 대한 양국의 관심과 비중에는 차이가 있었지만 경제적 교류는 양국
간의 통교관계에 있어 결코 소홀히 할 수 없는 요소이다. 특히 광산물과 염
료 등에 대한 조선측의 수요가 있었고 남방물산이 귀족층들에게 환영받았

던 사실은『조선왕조실록』의 기사를 보아도 알 수 있다. 사실 전혀 경제논리에 바탕을 두지 않은 일방적인 교역 내지 교류란 있을 수 없다. 그러나 전체적인 성격을 보면 부등가무역이었고 증여무역적인 측면이 강하였다.

3. 사절이 활발하게 왕래하다

1. 조선의 사절

조선전기 일본에 파견한 사행의 회수는 무로마치막부 쇼군과 제호족, 대마도주 등에 대한 사절을 모두 포함하여 총 65회에 달한다. 이를 파견대상별로 구분해 보면 무로마치막부 쇼군 20회, 규슈탄다이(九州探提) 2회, 오우치도노(大內殿) 2회, 대마도주 32회, 일기도주 4회, 미상 5회이다. 이 가운데는 중복되는 경우도 있지만 중앙정부의 대표인 막부 쇼군보다 대마도주를 비롯한 지방호족들에게 파견한 사절이 훨씬 더 많다는 사실이 주목된다. 이는 조선전기의 대일외교가 쇼군과 일원적으로 전개된 것이 아니라 지방호족 등과도 통교하는 다원적인 체제로 진행되었기 때문이었다.

『조선왕조실록』에 나타나있는 사절 파견의 양태를 왕대별로 살펴보면 다음과 같다.

왕대	태조	정종	태종	세종	문종	단종	세조	예종	성종	연산	중종	인종	명종	선조	합계
재위 년수	7	2	18	32	2	3	14	1	25	12	39	1	22	25	200
사절 횟수	7	2	24	15	-	2	4	-	6	1	2	-	1	1	65

65회 가운데 국초부터 세종대까지 48회의 사절이 파견되어 조선초기에

집중되어 있음을 볼 수 있다. 특히 태종대가 재위년수 18년에 24회의 사행이, 세종대가 32년간에 15회의 사절 파견이 이루어져 이 시기 왜구를 금지시키고 통교체제를 정비하려는 조선의 적극적인 외교자세를 엿볼 수 있다. 그런데 왜구가 진압되고 통교체제가 확립된 후로는 조선은 사절 파견에 아주 소극적이었다. 조선정부는 계해약조가 체결된 1443년(세종 25) 이후로 무로마치막부 쇼군과 대마도주 외에는 일체 사절을 파견하지 않았다.

이에 비해 일본은 시종 활발하게 사절을 보냈다. 접근동기가 달랐기 때문이다. 특히 16세기 이후로 조일간 통교가 상업적 성격으로 바뀌면서 조선은 더욱 통제적이었던 반면 일본은 적극적이었다. 조선에서 일본에 파견된65회라는 사절의 회수는 조선에 온 일본인 사행의 숫자와는 비교도 되지 않을 만큼 적다. 또 일본측 통교자들은 사행과 교역이라는 이중적인 역할을 하였으나 조선측 사절의 경우 외교적인 임무만을 수행하였다. 국왕사의 경우 사명(使命)이 전부 정치적인 것이었고 대의명분에 충실하고자 했던 만큼 사행시의 식량과 경비를 모두 가지고 갔다. 또 조선은 일찍부터 사행시 사적인 교역을 엄금하였으며 1439년(세종 21)에는 사무역금지사목(私貿易禁止事目)이 입법화되었다. 이 점 사명을 가리지 않고 교역을 하면서 사행경비도 조선에 부담을 지웠던 일본사절과는 대조적이다. 또 조선의 경우 모든 사행이 정부에서 파견한 국가사절의 성격을 지니고 있을 뿐 개인자격으로 파견된 사절은 전혀 없다. 이 점에서도 일본국왕사 외에 거추사, 제추사 등 다양한 통교자로 구성된 일본과 대비된다.

사절의 파견목적은 왜구금지 교섭과 수호관계 수립 권유, 왜구금압과 피로인 송환에 대한 치사, 일본국왕사에 대한 보빙(報聘), 무로마치막부 쇼군과 대마도주의 습직 축하와 문위(問慰), 각종 조약의 체결과 규정 엄수 요구, 규약 위반에 대한 책망과 범죄단속 요구, 일본 국정과 왜구 정황에 대한 탐색 등 다양하였다.

대일사행의 종류도 다양하였다. 국왕사의 경우만 보더라도 명칭이 통신사(通信使)·통신관(通信官)·회례사(回禮使)·회례관(回禮官)·보빙사(報聘使) 등으로 조선 후기의 통신사만큼 정례화되지는 않았음을 알 수 있다. 사행의 형식은 국왕의 명의로 무로마치막부 쇼군에게 보내는 사절과 구주탐제와 대호족, 대마도주 등에게 파송하는 예조명의의 사절로 나누어진다. 회수로는 대마도주에게 보내는 사절이 32회로 압도적인 다수를 차지하였다. 특히 대마도와 일기도에 보낸 사절의 명칭을 보면 경차관(敬差官)·수문사(垂問使)·체찰사(體察使)·초무관(招撫官) 등 국내의 지방에 파견하는 관명과 같아 이들 지역을 부용국(附傭國)으로 간주하였음을 알 수 있다.

사행의 구성은 국왕사의 경우, 1479년(성종 10) 통신사를 파견하고자 했을 때 만들어진 '일본국통신사사목(日本國通信使事目)'을 보면 정사·부사·서장관 각 1인, 통사(通事) 3인, 압물(押物) 2인, 의원 1인, 영선(領船) 2인, 반당 5인, 악공 3인, 지로왜(指路倭) 2-3인, 선장(船匠) 2인, 야장(冶匠) 2인, 화통장(火筒匠) 2인, 취라장(吹螺匠) 2인, 군관 약간명, 나장(螺匠) 4인, 집선관노(執饍官奴) 2인, 선상관숙(船上慣熟) 55인 등 90 내지 100명 정도의 인원으로 구성되었음을 알 수 있다. 그런데 여기에는 배를 젓는 사공과 격군(格軍)의 수가 빠져있어 조선 후기의 통신사와 단순 비교는 어렵다. 조선후기 통신사행의 경우도 6척의 배를 운행하는 격군 300여 명을 제외하면 200여 명으로 구성되었다. 통신사행의 대표인 정사는 정3품에서 종4품 사이의 문관 가운데서 선발되었다.

사행 노정을 보면 국왕사의 경우 이상의 인원이 대선(大船) 두 척에 나누어 타고 부산포를 출발 대마도 - 일기도 - 하카다 - 아카마세키(赤間關) - 효고(兵庫) - 오사카(大阪)를 거쳐 교토(京都)에 도착, 무로마치막부의 쇼군에게 국서를 전달하였다. 수로와 육로를 교대로 가는 험한 노정으로 왕복 기간은 대개 9개월이 소요되었다.

그런데 사절 파견 양상과 관련하여 주목되는 현상이 있다. 통신사의 경우 파견 시도는 성종대까지 있었지만 실질적으로 일본의 무로마치막부 쇼

신숙주

군을 접견하여 국서를 전달하는 직능을 완수한 사행은 1443년(세종 25) 변효문(卞孝文), 신숙주 일행이 마지막이었다. 임진전쟁 직전인 1590년 파견된 경인통신사행을 성격상 예외로 친다면 조선전기에 있어 무로마치막부에 파견되어 사명을 완수한 사절은 세종대까지만 있었던 셈이다. 통신사 파견이 마지막으로 시도되었던 것은 1479년(성종 10)이었다. 그러나 이 사행은 대마도 체재 중 일본에서 내란(應仁의 난)이 일어나 시간을 보내다가 정사 이형원(李亨元)이 중병에 걸려 사명을 달성하지 못하고 귀국하고 말았다. 그 이후에는 통신사를 파견하려는 시도마저 없었다.

2. 일본의 사절

조선전기 일본으로부터 조선에 파견된 사절은 형식적으로 보면 도항왜인 전부가 포함된다고 할 수 있다. 비록 교역만을 목적으로 온 경우에도 반드시 외교적 절차를 요구받았기 때문이다. 이 경우 입국한 왜사(倭使)의 숫자는 헤아릴 수 없이 많다. 『조선왕조실록』에 나와 있는 기사만으로도 약 5,000여 회를 헤아린다. 무로마치막부 쇼군이 조선국왕 앞으로 보낸 일본국왕사만도 60여 회에 달한다. 국초부터 규슈지역의 호족을 비롯한 사절이 경쟁적으로 내도하였고, 제추사의 통교가 대마도주에 의한 문인(文引)

통제로 일원화된 이후에도 사송왜인들이 계속 도항하여 숫자는 줄어들지 않았다. 경제적 실익이 그만큼 컸기 때문이다. 1467년부터 시작된 오닌(應仁)의 난 이후 무로마치막부의 통제력이 더 약화되자 막부의 최고위 관리인 칸레이(管領)들도 독자적으로 사절을 파송하였다.

일본국왕사의 구성과 규모에 대해서는 이 시기 일본측의 자료에 실상이 기록되어 있지 않아 확실히 알 수 없다. 그런데 1424년(세종 6)에 온 일본국왕사 일행의 숫자가 523명이란 기사가 『조선왕조실록』에 나오는 것으로 보아 경우에 따라서는 대규모의 사절단이 파견되어 왔음을 알 수 있다. 일반 제추사의 구성을 보면 상관(上官)·부관(副官)·선주(船主)·선군(船軍)·반종인(伴從人)·통사(通事)·객상(客商)·선부(船夫) 등으로 되어 있다. 사절단의 인원수는 사행의 종류와 사송선의 크기에 의해 각기 차이가 있었다. 즉 사송선은 네 종류로 나뉘어져 그 등급에 따라 승선인원이 규정되었는데 대선 40명, 중선 30명, 소선 20명, 소소선 10명으로 제한되었다.

일본국왕사의 정사는 대개 교토고잔(京都五山)의 승려가 임명되었다. 당시 교토고잔의 선승들은 그 이전까지 외교를 담당하였던 공가(公家)를 대신하는 교양집단으로서 무로마치막부의 외교에 필수불가결한 존재였다. 일본국왕사를 제외한 거추사 및 제추사의 사절들은 대부분 교역을 목적으로 하였지만 조선정부에서 반드시 외교적 절차를 요구하였기 때문에 상관·부관 등의 직책이 필요했으며, 그들이 서계를 바치고 조선국왕께 숙배하는 등 사절로서의 역할을 하였다. 이는 어디까지나 제통교자들을 기미교린질서에 편입시킨다는 조선정부의 의도에서 나온 것이다.

일본국왕사의 파견목적은 국교 재개와 수호, 회례와 보빙, 조선왕실의 경조사에 대한 문위, 명에 대한 통교주선 요청, 조선의 국정탐색 등 정치적인 것과 함께 대장경 구청, 사원건립을 위한 재정지원 요구 등 문화·경제적인 것까지 다양하였다. 공식적인 사행목적으로 내세우지는 않았지만 일본국왕사의 경우에도 공무역을 통한 교역의 이익을 도모하고자 하였다.

거추사와 제추사의 경우 사행의 명목은 왜구진압 보고, 피로인 송환, 조약 체결에 따른 교섭, 대장경 구청 등이 있었지만 교역이 주목적이었음은 물론이다.

4. 교류한 양국의 문물

1. 문물 교류

조선전기 양국 간에 활발하게 왕래한 사절단은 자연히 문물교류의 통로가 되었다. 문물 교류 면에서는 역시 수입보다는 수출이 많았다. 일본에 전수된 문물 가운데 대표적인 것은 고려대장경을 비롯한 불서, 범종, 불구(佛具) 등 불교문화재였다. 그밖에 일부 유교서적과 문집류 등도 요청에 의해 증여하였다.[03] 예를 들면, 세조대에는 대마도주와 교토의 거추사의 요청에 따라 뇌옹화상(懶翁和尙)의 영정·불상·불구과 함께 『논어(論語)』, 『삼체시(三體詩)』, 『사서오경(四書伍經)』을 기증하였다. 성종대에는 일본국왕사의 요청에 의해 『논어』, 『맹자』, 『득효방(得效方)』, 『동파(東坡)』, 『두시(杜詩)』, 『황산곡(黃山谷)』, 『시학대성(詩學大成)』 등의 유교서적과 시집을 사급하였다.[04]

그 중에서도 가장 중요한 것은 대장경의 증여이다. 고려대장경은 불전을 총망라한 가장 우수한 불경으로 유명하며 당시 일본에도 잘 알려져 있었다. 일본에서 우리나라에 대장경을 구청한 것은 고려말기부터이다. 조선시대에 들어와서 일본은 대장경 구청에 더욱 적극적이었다. 조선 초기 일본국왕사가 올 적에는 예외 없이 대장경을 구청하였다. 1419년(세종 1)에는 무로마치막부에서 한 번에 7천 축의 대장경을 구청한 사례가 있다. 심지어는 대장경의 원판을 요구한 적도 있었다. 1443년(세종 25)의 통신사행에 대한 일본의 회례사를 막부에서는 '청경사(請經使)'라고 부를 정도로 대장경

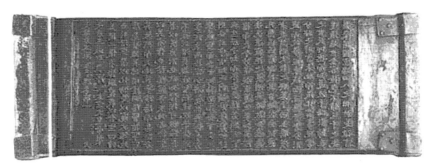

구청에 적극적이었다. 막부뿐만 아니라 호족들과 대마도주 등이 앞다투어 피로인을 송환하면서 대장경을 요청하였다.

『조선왕조실록』에 나와 있는바 일본의 대장경 요청기사를 보면, 150여 년간에 걸쳐 총 82회의 구청이 있었다. 보다 구체적으로는 태조대에서부터 1539년(중종 34)까지 일본국왕사가 29회, 호족 등 제추사가 53회 구청하였다.[05] 시기적으로 보면 조선초기와 세조대가 많았다. 태종대까지 26년간 27회의 구청이 있었으며 다음으로는 세조·성종대로서 19회에 달하였다. 세조는 특히 대장경 구청에 잘 응해 주어 일본에서는 '불심(佛心)의 천자(天子)'로 불리기도 하였다. 조선으로서는 일본의 문화적 욕구를 충족시켜주고 평화적 통교자로 전환시키기 위해 초기에는 대장경 사급 요청을 잘 들어주었다. 그러나 일본의 요구가 지나치고 대장경의 운반에 비용도 적지 않게 들자 선별적으로 하사하였다. 82회의 요청 가운데 조선 조정에서 요구를 들어준 것은 일본국왕사가 22회이고, 제추사는 24회였다. 일본국왕사에 대해서는 거의 들어주었지만 제추사의 경우 절반이상은 거절한 셈이다.

일본에서 이렇게 극성스러울 정도로 대장경을 요청한 이유는 일본불교계의 문화적 욕구와 정치적 동기에서 찾을 수 있다. 일본불교는 무로마치 시대에 들어와 산간불교에서 민간불교로 변하여 많은 사찰들이 새롭게 건립되었고, 또 내란 중에 소실된 사찰을 재건하는 일이 많았다. 이 경우 그들은 새로운 사찰에 대장경이나 고려범종을 비치하고자 하였다. 고려대장경에 대한 선망이라는 문화적 욕구 외에도 고려대장경은 막부나 호족들의 권위 확립에 좋은 상징이 될 수 있었기 때문이다. 승려들이 막부의 외교문서를 기초하고 외교사절로서 활약한 것도 한 요인이 되었다고 여겨진다. 조선전기 일본으로 전래된 불교문화재는 당시 발전도상에 있었던 일본불교계의 동향에 깊은 영향을 끼쳤다고 평가된다.[06]

한편 조선의 대일사행원들이 일본에서 구득해 온 서적류로는 『경사유제(經史類題)』 20권, 『백편상서(百編尙書)』, 『시인옥설(詩人玉屑)』 등과 일본지도가 있었다. 또 이들을 통해 동남아시아 제국에 대한 정보와 중국물화가 일본에서 유통되는 사정 등도 알 수 있었다. 그리고 사행무역을 통해 동남아시아 산의 이른바 남방물산이 교역품으로 들어오게 되는 등 동남아시아 제국과의 문물 교류의 한 통로가 되었다.

2. 기술 교류

기술면에서도 교류가 상당히 활발하였다. 조선에서는 사절단을 파견할 때 기술자와 각종 재능인을 동행시켜 기술교류를 시도하였다. 즉 통신사의 일행 중에는 선장(船匠)·야장(冶匠)·화통장·취라장 등 기술자와 재능인들이 포함되어 있었다. 이들을 일행에 참여시킨 목적이 기술도입을 위한 것인지 전파를 위한 것인지 확실하지 않으나 이들을 중심으로 기술교류가 있었던 것은 충분히 짐작할 수 있겠다. 일본으로부터도 철공(鐵工)·취련동철자(吹鍊銅鐵者)·석유황채자(石硫黃採者)·선장(船匠)·철장(鐵匠) 등의 기술자가 사행원과 같이 왔었다. 또 조선으로 귀화한 향화왜인(向化倭人)들 가운데도 기술자가 적지 않게 있었다. 이들이 조선에서 어떠한 방식으로 일을 했는지는 확실하지 않지만 관련된 기술이 이들을 통해 도입되었을 것으로 추측된다.

한편 사행원들을 통해서도 일본의 기술이 국내에 소개되었다. 예를 들면 일본의 수차이용법(水車利用法)·조선법(造船法)·조검법(造劍法)·왜지조작법(倭紙造作法)·사철법(炒鐵法) 등이 그것이다.[07] 태종·세종대 대일교섭의 최일선에서 활약한 통신사 이예(李藝)는 일본의 화포·병선 및 왜수차의 장단점을 조선의 그것과 비교하면서 우수한 요소를 적극 수용할 것을 건의하였다. 통신사 박서생(朴瑞生)도 사행후 복명(復命)에서 일본의 시장발달

이예

상과 화폐유통의 편리성을 소개하면서 당시 부진하였던 조선의 상업, 광공업의 후진성을 개선할 것을 주장하였다. 1436년(세종 18)에는 통사 윤인보(尹仁甫)·윤인소(尹仁紹)가 구황대책으로서 일본인들의 갈근채식법(葛根採食法)을 소개하였다. 그런데 이와 같은 기술과 제도의 도입 건의가 어느정도 실현되고 실질적으로 도움이 되었는가 하면 유감스럽게도 대부분 소개에 머물고 채용 발전시킨 바는 별로 없었던 것 같다.

5. 조선과 일본은 서로를 어떻게 인식하였나?

1. 조선의 일본인식

고려말기 이래 왜구에게 전 국민이 시달렸고, 조선 초기에는 정식으로

국교를 재개한 만큼 조선의 일본에 대한 관심은 높았다. 조선정부는 대일 사행원은 물론 대마도주와 수직왜인·상인, 심지어는 일본사절들을 통해서도 일본에 관한 정보를 수집하였다. 명에서 『일본국고략(日本國考略)』이란 서적이 나오자 바로 수입하여 복각할 정도로 일본에 관심을 기울였다. 그 중에서도 가장 중요한 정보통로는 대일사행원들이었다. 그들은 사행의 명목과 관계없이 대부분 일본정세 탐지라는 목적을 수행하였고, 그 정보를 귀국보고를 통해 조정에 전달하였다. 특히 세종대 초기 윤인보·이예·박서생·송희경(宋希璟) 등의 보고는 대일정책의 수립과 일본인식 형성에 큰 영향을 끼쳤다. 이들의 복명을 통해 막부를 비롯한 일본정계의 권력구조, 구주탐제와 서국지역 호족들의 세력분포와 대마도와의 관계·해적의 분포·경제사정 등을 알 수 있게 되었다. 그러한 정보를 바탕으로 대일정책을 수정하였고, 일본의 통교자들에 대한 다각도의 통제가 가능하게 되었다. 1471년(성종 2) 신숙주에 의해 편찬된 『해동제국기』는 조선 초기 일본에 관한 정보와 인식의 집대성이라 할 수 있다.

이들 사행원들의 보고와 『해동제국기』를 바탕으로 조선 초기 한국인들의 일본인식의 특징을 살펴보면 다음과 같다.

일반적으로 일본은 '왜구의 소굴'이라는 이미지가 있었고, 조선의 지식인들은 화이관(華夷觀)에 입각하여 일본이적관(日本夷狄觀)을 가지고 있었다. 조선시대 한국인의 대외인식의 기본 틀은 유교적 세계관에 바탕을 둔 화이관이었다. 여기에서 조선은 중국과 동등한 문화국('華')인 반면 일본과 여진족은 유교문화를 갖추지 못한 오랑캐('夷')로 간주되었다. 화이관은 고대중국인의 중화사상에서 출발한 것으로 한대(漢代)에 들어와서 사대조공(事大朝貢)이라는 형태의 국제질서 규범으로 체계화되었다. 송대(宋代)에 이르러서는 이러한 국제질서에 도덕적 가치를 부여하면서 더욱 심화되었다. 조선시대 한국인들이 가졌던 국제관념은 송대 주자학에 의해 체계화된 화이관의 영향을 가장 많이 받았다고 할 수 있다. 그러나 조선 초기의 경우

1

海東諸國總圖

「해동제국총도」(『해동제국기』)

일본이적관이 경직되지 않았고 실용적인 관점에서 일본의 문물을 인식하고 있었다. 대일사행원들은 일본의 경제와 기술 등을 긍정적으로 평가하면서 도입을 시도하였고, 조선에서 생산되지 않는 일본의 특산물 등에 대해서 깊은 관심을 표하기도 하였다. 또 일본의 문화나 풍속에 대해서 야만시하지 않고 문화적인 독자성을 인정하는 자세를 취하였다. 이러한 요소는 16세기 이후의 일본인식과는 상당히 대조적이다. 그러나 일본에 대한 관심이 주로 정치·군사·경제적인 측면에 집중되어 있다는 점에서는 공통적이다.[08]

다음으로 시대에 따라 조선전기 한국인의 일본인식에 미묘한 변화가 있다는 점을 지적할 수 있다. 즉 건국초기와 15세기 후반 이후의 일본관에 상당한 차이가 있음을 알 수 있다.

15세기 후반에 이르면 양국의 국내정세의 변화에 따라 조일 통교의 양

「혼일강리역대국도지도」(1402)

상도 변하게 된다. 이 시기 조선으로 보면 통치체제가 정비되고 대내외적 상황이 안정되어 갔는데 비해, 일본측은 오닌의 난 등으로 무로마치막부의 약체화현상이 두드러지게 되었다. 특히 세조대 말기와 성종대 초기에 이르러서는 막부 쇼군 스스로가 조선정부에 군사원조를 요구하고 통신부 (通信符)를 요청하는가 하면 막부의 칸레이들도 독자적으로 사절을 보내 사원건립자금 등의 경제적 지원을 요구하였다. 그들은 사행시 가져온 물품에 대해 값을 낮게 쳐준다고 따지기도 하고 회사품이 적다고 항의하였다. 중종대 이후로는 일본국왕사가 와서 공공연히 상행위를 하기도 하였다.

한편 막부를 비롯해 이 시기의 일본 통교자들은 사행시의 서계에 조선

상국관(朝鮮上國觀) 내지 조선대국관(朝鮮大國觀)을 표시하였다.[09] 무로마치막부의 8대 쇼군 아시카가 요시마사(足利義政) 대에 이르러서는 서계에서도 조선에 대한 저자세가 두드러졌다. 즉 조선을 '상국(上國)'이라고

아시카가 요시마사

하였고, 조선의 국왕에 대해서도 '전하(殿下)' 대신에 '폐하(陛下)' 혹은 '황제폐하'를 사용하였다. 또 일본국왕사의 서계에 '신승(臣僧)'이라고 하면서 조선을 '황화(皇華)의 나라'라고 부르기도 하였으며, 당시 일본 각지의 사신들은 세조에 대해 '불심(佛心)의 천자'라고 칭하였다.[10]

1466년(세조 12)에서 1471년(성종 2)사이에 집중적으로 나타나는 무로마치막부와 기타 통교자들의 이러한 '조선대국관'이 당시 일본이 처한 절박했던 상황과 이 시기 대마도주에 의한 가짜사절일 가능성이 있어 액면 그대로 수용하기 어려운 면이 있다. 그러나 이러한 요소들이 조선 측의 일본인식에 중요한 영향을 주었을 것임은 상상하기에 어렵지 않다. 외교적 상례를 벗어나 경제적 지원을 요청하는 행위와 그 과정에서 정치적으로 저자세를 취하면서 대등국으로서는 사용하지 않는 용어를 쓰는 등의 태도는 대일멸시관을 자연스럽게 형성케 하였으리라 여겨진다. 그 결과 성종대 초기에 확립된 대일통교체제와 『해동제국기』를 보면 막부를 포함하여 일본을 '조선적 국제질서' 속에서 편입시켜 파악하고 있으며 일본이적관이 보다 체계화 되어가는 현상을 볼 수 있다.

16세기 이후로는 이와 같은 일본이적관이 더욱 심화되어 가는 양상을 보여준다. 15세기 중반 조선에서 통신사 파견이 중지됨에 따라 일본의 국내정세와 변화상에 대한 정보가 부족해졌고, 변방이 안정되면서 대일 무

관심의 경향은 더욱 촉진되었다. 중종대 이후로는 대일정책에 있어서도 통제와 긴축일변도로 나가 새로운 변화에 대처하지 못하는 측면이 없지 않았다. 즉, 조선 초기와 같이 일본에 대한 적극적인 정보 수집을 바탕으로 한 능동적인 대일정책 대신 경제적인 교류를 전혀 도외시하는 명분론과 고식적인 대응책에 집착하는 소극성이 두드러진다. 일본인식에 있어서도 실용성과 문화상대주의적 인식에 근거한 신축적인 일본이해가 결여되는 반면 일본이적관이 심화 경직화되어 갔을 뿐이다.

2. 일본의 조선인식

이 시기 일본인의 조선인식을 보면 전통적인 한국관을 계승하는 측면과 새로운 변화상이 혼합되어 있었다. 또 조정·공가(公家)와 무로마치막부, 서부지역의 호족과 상인 간에도 일정한 차이가 있음을 알 수 있다. 특징으로서는 우선 일본지배층의 국제인식의 빈약성을 들 수 있다. 이 점 특히 조정과 공가 등 귀족지배층에 강하게 나타나고 있다. 8세기말 통일신라와의 국교 단절, 894년 견당사(遣唐使) 파견 중지에 의해 일본은 동아시아 국제사회로부터 고립된 채 14세기 말까지 쇄국상태를 계속하였다. 당연히 폐쇄적 국제인식 속에 외국에 대한 관심과 지식이 결핍되었다.[11] 이 시기 일본은 신국사상(神國思想)에 바탕을 둔 일본형 소중화의식을 강화하면서 조선에 대해서는 '신공왕후(神功王后)의 삼한정벌(三韓征伐)'이라는 설화에 연유한 『일본서기(日本書紀)』이래의 우월관념을 침전시켜갔다.

빈약한 국제인식에서 파생되는 특성은 해외에 대한 무관심과 무지 그리고 공포심으로 표출되었다. 구체적인 보기를 한두 개 들어 보자. 1419년 대마도정벌에 대한 소식이 2개월 뒤에 조정에 보고되었는데 그 내용은"몽고·고려가 연합하여 병선 500여 척으로 대마도에 밀어닥쳤다."라는 것이었다. 그런데 몽고와 고려는 당시 존재하지도 않는 나라이며, 병선수도 과

장되어 있다. 이미 망하고 없어진 고려와 원에 대한 공포심, 국제정세에 대한 당시 귀족층의 무지를 상징적으로 보여 주고 있는 사례이다. 또 1439년(세종 25) 통신사 변효문 일행이 일본에 갔을 때 접대역을 맡았던 나카하라 야스토미(中原康富)의 경우 이들을 고려의 사절로 오인하였고, 심지어는 고려를 고구려로 착각하고 있을 정도였다. 이때의 조정에서의 논의에서는 당연히 조선은 삼한 이래의 조공국이라는 조선멸시관도 표출되어져 있었다.[12] 당시 외교실무 담당자와 조정의 대표적인 지식인으로서 외교자문 역할을 하였던 사람들의 인식이 이런 수준이었다. 이상과 같이 중세 일본인의 조선인식은 무관심과 공포심에 바탕을 둔 무지와 독선적 이해라고 요약할 수 있다. 그것의 가장 두드러진 보기가 도요토미 히데토시(豊臣秀吉)의 국제인식과 조선관이었다. 그가 무모하게 도발한 임진왜란은 국제인식의 빈약성이 빚은 처절한 실패의 교훈이기도 하다.

조정과 공가들에 비해 무로마치막부를 비롯한 무가(武家)들은 상대적으로 해외에 대해 유연한 자세를 가지고 교섭에도 적극적이었다. 아시카가 요시미쓰는 새롭게 전개되는 국제정세에 대한 이해를 바탕으로 자진하여 명 중심의 책봉체제에 들어갔으며 조선에 대해서도 수호할 것을 요청하는 등 적극외교를 전개하였다. 그 후 4대 쇼군 아시카가 요시모치(足利義持)가 대의명분론과 공가들의 압력에 의해 일시 책봉체제를 거부하고 조선에 보내는 서계에 일본연호를 사용하기도 하였다. 이는 막부의 외교권의 박약성과 대외인식상의 갈등이 드러난 사례이다. 그러나 무로마치막부의 후기에 이르러서는 경제적 이익과 대장경 요청을 위해 조선에 대해 저자세외교를 하였으며 서계에 조선상국관을 나타내기도 하였다.

당시 국제정세에 대한 지식과 현실감각이 가장 뛰어난 집단은 서국지역의 호족과 상인들이었다. 이들이 대조선통교에 가장 적극적이었다. 그러나 이들의 풍부한 지식은 중앙정부와 지배계층의 인식으로 정착되지는 않았던 것 같다. 무로마치막부 시대에는 대외관계에 대한 사료도 빈약한 편이다.『선린국보기(善隣國寶記)』를 제외하고는 공가와 승려들의 일기 정도가 있을 뿐으로『조선왕조실록』이나『해동제국기』에 비하면 사료적 가치와 수준이 낮은 편이다.

2장
임진전쟁과
조·일 간의 문물교류

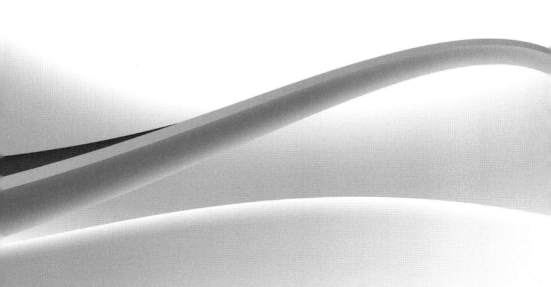

1. 중세 동아시아의 국제전쟁

임진전쟁은 16세기말 동아시아에서 일어난 국제전쟁이었다. 참전국의 숫자나 전쟁의 규모, 전후의 영향을 고려해 볼 때 동아시아의 역사에서는 유례를 찾기 힘들 정도이다. 참전국을 보면 조선·일본·중국의 세 나라는 물론이고 간접적인 형태이지만 유구(琉球), 태국(泰國)과 같은 동남아시아인과 스페인·포르투갈인도 참가하였다. 이 전쟁으로 인해 참전하였던 동아시아 삼국의 국내정세도 일변하였다. 일본에서는 침략전쟁을 주도하였던 도요토미 정권(豊臣政權)이 붕괴하고 1603년 도쿠가와 막부(德川幕府)가 개설되었다. 중국에서는 이 전쟁에 막대한 전비(戰費)를 소모했던 명은 쇠퇴하게 되었고, 새로이 흥기한 여진족의 청에 의해 몰락하게 되었다. 조선은 비록 왕조가 교체되지는 않았지만 조선전기적인 질서가 붕괴되다시피하였다. 그래서 임진전쟁을 조선전기와 후기로 나누는 분기점으로 삼는다. 이와 같이 임진전쟁은 동아시아의 국제질서를 전면적으로 재편하게 된 대사변이었던 것이다.

한편 이 전쟁을 통해 조선과 일본 양국 간에는 문물의 교류가 있었다. 그것은 당초의 전쟁 목적은 아니었지만 전후 양국의 역사 전개와 문화생활에 상당한 영향을 미치게 되었다.

도요토미 히데요시

2. 일본에 전수한 조선의 문물

도요토미 히데요시(豊臣秀吉: 1536-1598)는 전쟁 초기부터 전투부대와는 별도로 6개의 특수부대를 편성하여 조선의 문물을 조직적으로 약탈하였다. 그 부대의 명칭과 약탈대상은 다음과 같다. ① 도서부(典籍類) ② 공예부(공예품 및 木工·陶工) ③ 포로부(민간인) ④ 금속부(兵器·금속공예품·금속활자) ⑤ 보물부(金銀寶貨와 珍奇品) ⑥ 축부(가축)

이러한 약탈을 정부가 조직적으로 진행시켰다는 점에서 임진전쟁은 '문화약탈전쟁'이라고 평가되기도 한다. 또 물건뿐만 아니라 사람과 가축까지도 약탈의 대상으로 삼았다는 점에서 왜구적 성격을 띠고 있으며, 그 점에서 '국가적 규모의 왜구'라고 볼 수 있다. 일본은 이렇게 인적·물적 자원을 약탈해감으로써 조선의 선진문화를 대량으로 흡수하였고, 전쟁 이후 에도(江戶)시대의 문화 발전에 전기를 마련하였다. 임진전쟁을 통해 일본으로 전래된 조선의 문물 가운데 그 영향력이 큰 조선성리학, 금속활자와 전적(典籍), 도자기에 관해 살펴보자.

1. 조선성리학

에도시대 이전까지 일본사상계의 주류는 불교였고, 유학은 그 학문수준과 영향력이 미약하였다. 유학 안에서도 한·당학(漢唐學)이 중심이었으며, 중국의 송대에 발전한 성리학(性理學)은 아주 미숙한 단계에 머물러 있었다. 일본에서 주자학은 남북조시대의 승려 겸 유학자 겐에(玄惠: 1279-1350)에 의해 도입된 일이 있었지만 널리 받아들여지지 않았고, 전국시대(戰國時代)를 거치면서 자취를 감추었다. 요컨대 임진전쟁 이전까지 일본에서의 주자학은 교토고잔(京都五山)의 일부 학승(學僧)들의 호기심의 대상으로 전승되었을 뿐이며 유불습합(儒佛襲合) 단계에 머물러 있었다.

1세기 반에 걸친 전국시대를 마무리하고 1603년 막부를 개설하여 새로운 시대를연 도쿠가와 이에야스(德川家康: 1542-1616)는 국내외적으로 평화적인 질서를 정착시키려 하였다. 그는 체제안정을 위해 중앙집권제적인 통치원리를 지니고 있는 주자학의 사상체계가 적합하다고 인식하고 이를 적극적으로 수용하였다. 지도이념을 불교에서 주자학으로 바꾼 것이었는데, 이것은 일본사상계에 있어서 일종의 변혁이었다. 이에야스에게 주자학을 가르친 사람은 후지와라 세이카(藤原惺窩: 1561-1619)였다.[01] 그에 의해 일본 유학은 유불습합에서 분리로, 한당유학에서 주자학으로 한 단계 비약하게 되었다. 그런데 세이카의 배후에는 주자학으로서 개혁을 먼저 이룩하였던 조선의 유학자 강항(姜沆: 1567-1618)이 있었다. 강항은 전라도 영광군 출생으로 정유재란 당시 형조좌랑으로 1597년 9월 영광 앞 바다에서 도도 다카도라(藤堂高虎)의 해군에 의해 체포되었다. 그는 시코쿠(四國)의 이요(伊豫)로 연행되었다가 오사카를 거쳐 후시미(伏見)로 이송되었는데

도쿠가와 이에야스

후지와라 세이카

세이카를 만나 교류한 것은 후시미에서였다. 강항은 조선중기의 성리학자 성혼(成渾)의 문인으로서 『간양록(看羊錄)』, 『수은집(睡隱集)』 등의 저술을 남긴 상당한 학자였다. 강항은 피로인으로 일본에 잡혀와 있던 중 당시 불교와 주자학 사이에서 사상적 모색을 하고 있었던 세이카를 만나 그가 유학자로서 독립하는데 결정적인 영향을 끼쳤다. 그래서 근세 일본유학사를 논할 때 강항은 결코 빼놓을 수 없는 존재가 되는 것이다.

강항과 세이카가 만나 교류한 곳은 1598년 가을 후시미성(伏見城)에 있는 아카마쓰 히로미쓰(赤松廣通: 1562-1600)[02]의 저택에서였다. 그 후 이들의 교류는 강항이 귀국할 때까지 1년반 동안 지속되었는데, 주자학에 대한 지적 욕구에 갈급하였던 이들에게 강항은 좋은 스승이 되었다. 교류의 구체적인 결과물로는 1599년 2월 세이카에 의해 완성된 20여 권의 『사서오경왜훈(四書五經倭訓)』이 있다. 이 책은 사서오경에 대한 주자의 집주(集註)에 일본식 훈을 단 것으로, 일본의 유학에 주자학적 이해가 본격적으로 시작

강항 동상(내산서원 앞)

『간양록』

된 출발점이 되었을 뿐만 아니라 주자학의 보급에 결정적 역할을 하였다. 세이카를 일본의 주자학, 혹은 근세유학의 비조라고 부르는 이유도 여기에 있다. 이 책의 완성에는 강항의 도움이 바탕이 되었음은 물론이다. 이밖에도 강항은 성리학 서적 등 16종 21책을 직접 필사하여 일본에서의 주자학 보급에 힘을 기울였다. 후시미성에서의 강항과 세이카, 히로미쓰의 교류는 세이카가 승려에서 유학자로 자립하게 되고, 나아가 주자학이 근세 일본의 교학으로 수용되는 계기를 만들었다는 점에서 일본유학사상 큰 의미를 지니는 것이다. 동시에 이들의 교류는 전란 중에 피어난 미담으로 조선후기 한일문화교류의 선구적인 사례라고도 할 만하다.

세이카는 1593년 이에야스를 처음 만난 이래 『정관정요(貞觀政要)』를 강의하였다. 1600년 9월 교토의 이조성(二條城)에서 세이쇼 쇼타이(西笑承兌)와의 지도이념 논쟁을 벌인 후 이에야스로부터 도와달라는 부탁을 받았으나 결국 거절하였다. 대신 세이카는 1605년 제자인 하야시 라잔(林羅山:

하야시 라잔과 유학 교육

1583-1657)을 추천하였다. 이후 라잔은 1대 쇼군 이에야스에서 4대 쇼군 이에쓰나(家綱)까지 4대에 걸쳐 쇼군의 시강(侍講)으로 활약하면서 주자학이 막부의 지도이념으로 자리잡는데 큰 역할을 하였다. 또 자신뿐 아니라 가문이 세습적으로 태학두(太學頭)가 되어 도쿠가와막부의 문예와 외교를 주도하였다.

16세기 중반 이황(李滉; 1501-1570)과 이이(李珥; 1536-1584)에 의해 꽃피웠던 조선성리학의 전통을 계승한 강항의 학문은 이와 같은 경로를 거쳐 세이카와 라잔으로 계승되면서 도쿠가와막부의 지배이념을 형성하였다. 세이카와 라잔의 제자들은 각 번(藩)에 초빙되어 유교문화의 진흥과 보급에 힘써 주자학은 전국적으로 보급되었으며 에도시대 일본의 지도적 이념이 되었다. 일본의 주자학은 조선에 비해 그 영향력이 적다고는 하지만 1790년 '칸세이이학금령(寬政異學禁令)'이 내려질 정도로 막부관학으로서의 위치는 확고하게 유지하였다.

강항이 세이카를 통해 막부의 주자학 수용에 영향을 끼쳤다고 한다면, 번의 차원에서 유학사상을 전한 피로인들도 있었다. 이진영과 전직 부자, 홍호연, 다카키 시메가 그들이다. 이하 그들의 활동에 관해 간략히 살펴보자.

첫째, 기이번(紀伊藩)의 이진영과 이전직이다.

이진영(李眞榮: 1571-1633)[03]은 경상도 창녕 출신의 유학자로 1592년 7월 곽재우 산하의 의병으로 참전하였던 제1차 진주성전투에서 아사노 나가마사(淺野長政)의 군사에게 잡혀온 피로인으로 기이번에 살게 되었다. 번주 도쿠가와 요리노부(德川賴宣)는 그의 학문을 존중하여 여러 차례 초빙하였다. 계속 거절하던 끝에 결국 조국으로의 귀국이 무산된 1626년에 이르러 이진영은 번주의 시강이 되어 그에게 성리학과 제왕학을 가르쳤다. 진영이 죽은 후 그의 아들 전직(全直: 1617-1682)은 17세에 번의 유관(儒官)이 되었고, 교토에 유학한 후인 1634년부터 훗일 2대 번주가 된 도쿠가와 마쓰사다(德川光貞)의 사부가 되어 학문을 지도하였다. 그는 유교윤리를 강조한 「부모장(父母狀)」을 작성하여 기이번 내에 반포하였고, 『대군언행록(大君言行錄)』(2책)·『덕천창업기고이(德川創業記考異)』(10책)·『역설(易說)』·『잠와잡기(潛窩雜記)』·『매계문집(梅溪文集)』 등을 저술하였다. 이와 같이 이진영과 전직은 번주의 시강으로서 조선성리학을 기이번에 정착시키는데 큰 기여를 하였다. 또 그들이 남긴 저술을 통해 후대에 이르기까지 기이번의 정치와 문화에 큰 영향을 끼쳤다.[04]

기이번은 고산케(御三家) 안에서도 에도 중기 이래 막부의 권력을 장악한 큰 번이었다. 즉 기이번 5대 번주인 도쿠가와 요시무네(德川吉宗)는 막부의 8대 쇼군이 되었고, 이후 기이번은 14대 쇼군 도쿠가와 이에모치(德川家茂)까지 7대를 거쳐 쇼군을 배출하였다. 또 기이번은 세이카의 제자인 나와 갓쇼(那波活所)와 라잔의 제자인 나가다 젠사이(永田善齋) 등이 활동하는 등

홍호연 초상과 글씨

막부와 밀접한 관계에 있었고, 퇴계의 유학을 중심으로 하는 조선성리학과는 깊은 관계를 유지하였다. 이런 바탕 위에 기이번이 찬란한 유교문화를 꽃피우게 된 데에는 이진영 부자의 직접적인 활동이 매개가 되었다. 나아가 기이번과 막부와의 관계를 고려할 때 18세기 이후의 막부 정책과 사상에는 이진영 부자의 교학사상이 토대가 되었다고 볼 수 있다.

둘째, 사가번(佐賀藩)의 홍호연이다.

홍호연(洪浩然; 1581-1657)은 경상도 산청군 향리의 자제 출신으로 12세 소년 때 1593년 진주성 전투에서 사가번의 장수 나베시마 나오시게(鍋島直茂)에게 포로로 잡혀왔다. 나오시게는 그의 재주가 비상함을 알고 교토고잔(京都五山)에 유학시켰다. 홍호연은 교토에서 돌아온 후에 나오시게의 아들이자 초대번주인 가쓰시게(勝茂)의 시강이 되어 사가번의 학문의 기초를 세웠다. 그는 유학자뿐 아니라 서예가로서도 많은 작품을 남겼으며, 귀족의 딸과 결혼하였다. 그는 번주로부터 파격적인 대접을 받았는데, 나중에 가쓰시게가 죽자 순사(殉死)하기까지 하였다. 홍호연의 후손들도 사가번의 요직을 역임하였고, 그의 자손은 사가번 출신으로 칸세이 3박사(寬政三博士)로 불리는 코가 세이리(古賀精里: 1750-1817)의 아들을 양자로 받아 홍씨 가문을 계승하게 할 정도였다.[05]

셋째, 구마모토번(熊本藩)의 다카모토 시메이다.

다카모토 시메(高本紫溟: 1738-1813)는 구마모토번의 번교인 시습관(時習館)의 3대 교수로서 석학으로 추앙받았던 인물이다. 그는 조선피로인 이종한(李宗閑)[06]의 6대손으로 평소에는 이순(李順)이라고 자칭하였다. 그의 선조는 일본에 끌려온 이래 의사를 하였으나 시메 대에 유학으로 바꾸어 시습관의 훈도(訓導)로 들어갔다가 후일 책임자인 3대 교수가 되었다. 시습관은 규슈(九州)지역 번교의 효시로서 구마모토번 문교(文敎)의 중심이었다. 시습관의 2대 교수는 퇴계의 성리학을 존숭하였던 야부 코잔(藪孤山: 1735-1802)이었다.

시문과 의리학에 밝았던 석학으로 번에서는 '이선생'으로 불리며 추앙받았던 시메는 퇴계의 성리학을 존숭하면서 번의 정치와 교육에 큰 영향을 미쳤다. 생애의 후반기에는 국체(國體)의 존엄을 주장하는 국학(國學)에 뜻을 두어 모토오리 노리나가(本居宣長: 1730-1801)를 방문하고 사제의 맹약을 맺기도 하였다. 그는 조선피로인의 후손으로서 퇴계의 성리학을 수용하여 그것을 국학으로 연결시켜 막부말기 구마모토번이 근왕파(勤王派)로서 메이지유신(明治維新)을 주도하는데 사상적 근거를 제공한 인물이었다.

2. 금속활자와 서적

조선의 금속활자 제조 기술은 독일의 구텐베르크(J. H. Gutenberg: 1399-1468)가 금속활자를 만든 1450년보다 218년 앞선 고려시대에 세계역사상 최초로 발명되었고, 조선전기에는 더욱 발전하여 꽃을 피웠다. 태종 3년

(1403)에는 주자소(鑄字所)가 설치되어 계미자 10만 자를 만들었고, 세종 2년(1420)에는 경자자와, 16년(1434)에는 갑인자 20만 자가 만들어졌으며, 성종 15년(1484)에는 계축자 30여만 자가 만들어졌다. 특히 세종대의 갑인자는 조선시대 인쇄기술의 정화로 평가되는 우수한 활자로서 세종대의 각종 편찬사업에 사용되었으며, 일본에도 널리 알려져 '고려동인(高麗銅印)'이라고 불리었다. 조선전기 일본의 무로마치 막부(室町幕府)에서는 사신을 보내어 구리활자와 그 제조기술을 수입하기 위해 수차 요청하였으나 조선조정에서는 들어주지 않았다. 이에 따라 임진전쟁 시 금속활자도 우선적인 약탈의 대상이 되었다.

정유재란 때 일본군총사령관이었던 우키다 히데이에(宇喜多秀家)는 경복궁의 교서관 주자소를 습격하여 조선의 금속활자 20만 자와 인쇄기구, 및 조선본과 중국본의 서적을 가져가 도요토미 히데요시에게 진상하였다고 한다.[07] 일본군 장수들은 금속활자 외에도 사찰에서 주로 사용되었던 조선의 목활자를 약탈해 갔는데, 이것을 바탕으로 하여 1593년에는 『고문효경(古文孝經)』을, 1596년에는 『몽구(蒙求)』를 간행하기도 하였다.

또 유명한 기이번의 난키문고(南葵文庫)는 조선의 금속활자와 그것을 모각하여 만든 동활자에 의해 이루어졌다. 그들은 몇 번의 실패 끝에 1615년에 『대장일람집(大藏一覽集)』(11책)과 1616년에 『군서치요(群書治要)』 50권을 금속활자본으로 간행하는데 성공하였다.[08] 이것은 조선에서 가져간 동활자와 1605년부터 주조한 일본의 동활자를 기초로 이루어졌다. 이후 17세기 중기에 이르면 금속활자본 간행이 더욱 활발해졌다.

이와 같이 조선에서 약탈해 간 금속활자 및 목활자들은 에도시대 인쇄술의 발전은 물론 학문 발달의 촉매가 되었다.

다음으로 중요한 것은 조선의 서적이다. 도쿠가와 이에야스는 우키다 히데이에(宇喜多秀家)와 안고쿠지 에케이(安國寺惠瓊) 등이 임란 중 약탈한 조선서적을 몰수하였는데, 1602년 후시미테문고(富士見亭文庫)나 스루가문고(駿河文庫)는 조선서적을 바탕으로 만들어졌다. 후시미테문고 조선 전적은 현재 궁내청 서릉부(宮內廳書陵部)에 943책, 국립공문서관(國立公文書館)에 2,966책 소장되어 있다. 스루가문고(駿河文庫)의 소장본은 양 1만여 권이었는데, 이에야스의 유언에 따라 에도의 후시미테문고(富士見亭文庫)와 오와리번(尾張藩)의 오와리문고(尾張文庫), 기이번의 기이문고(紀伊文庫), 미도번(水戶藩)의 미도문고(水戶文庫)로 나누어졌다. 오와리문고는 현재 나고야의 호사문고(蓬左文庫)로 조선전적은 163종 1,492책이 소장되어 있다. 기이문고는 후일 남키문고(南葵文庫)로 바뀌었고, 현재 도쿄대학 중앙도서관에서 소장하고 있다. 미도문고는 후일 쇼고칸문고(彰孝館文庫)로 바뀌었다. 미도번(水戶藩)의 2대 번주 미쓰쿠니(光國)는 조선의 역사서인 『동국통감(東國通鑑)』을 복간하였다. 그는 역사에 관심이 많았는데, 미도번의 이러한 전통 위에 후일 250년간에 걸친 『대일본사(大日本史)』의 간행이 이루어질 수 있었다. 이와 같이 막부와 고산케로 구성된 친번(親藩)에서는 주자학을 지도이념으로 채택하여 문치주의 정책을 주도하였는데 그 바탕에는 조선의 서적이 있었다.

도쿠가와가(德川家)뿐만 아니라 조선에 출정하였던 지방의 다이묘(大名)들도 약탈한 조선전적을 보존하고 있다. 예컨대 마에다 도시이에(前田利家)의 손케이가쿠문고(尊經閣文庫)에 1,073책의 조선 전적이 있다. 도쿄의 세이카도문고(靜嘉堂文庫), 야마구치현(山口縣)에 있는 모리문고(毛利文庫)는 모리 데루모토(毛利輝元)가 약탈해 간 조선전적이 바탕이 되었다. 세이카도문고는 이에야스가 세운 후시미학교(伏見學校) 소장 문고의 후신으로 현재 국립국회도서관으로 이전되었다. 우에스기 가게카쓰(上彬景勝)가 약탈한 서적은 현재 요네자와도서관(米澤圖書館)에, 시마즈 요시히로(島津義弘)가 약탈한 전적은 가고시마(鹿兒島)대학도서관에 소장되어 있으며 대마도의 소케문고(宗家文庫) 등이 있다. 임진전쟁 때 약탈해온 조선의 서적을 바탕으로 하여 에도시대에 세워진 이러한 문고는 오늘날 일본 도서관의 모체가 되었다. 이밖에도 1719년 통신사행의 제술관 신유한(申維翰)의 『해유록(海游錄)』에 의하면 오사카의 책방이나 개인이 소장한 문고 중에서도 조선 전적이 아주 많았다고 한다.

이와 같은 대량의 활자와 서적의 유입에 의해 일본에서는 문화적 부흥이 일어났다. 에도 초기 문화부흥기의 형성은 물론 도쿠가와 이에야스의 문치주의 정책에 의해 이루어진 것이다. 그러나 그것이 성공적으로 추진되고 또 대중화에 성공한 바탕에는 조선의 금속활자와 서적이 크게 도움이 되었다. 이에 반해 전란 중의 대량약탈로 인해 전후 조선은 한동안 서적을 출판하는데 어려움을 겪었을 정도였다고 한다.

일본에 전해진 조선의 서적 가운데 사상적으로 큰 의미가 있는 것은 퇴계 이황의 저서인 『주자서절요(朱子書節要)』, 『천명도설(天命圖說)』, 『자성록(自省錄)』, 『연평문답(延平問答)』 등이다. 이 책들은 에도시대 일본인들이 활자로 복간하여 널리 보급되었는데, 후지와라 세이카와 하야시 라잔 및 야마자키 안사이(山崎闇齋)를 비롯하여 일본 유학계에 큰 영향을 끼쳤다. 즉 퇴계에 의해 집대성된 조선성리학은 일본주자학의 주류가 되어 막부는 물론 각 번의 유학의 기초가 되었다. 에도시대 260년간의 조일간 평화에는 주자학이라는 공통적인 이념이 있었기 때문이라고도 볼 수 있다.

3. 도자기

도요토미 히데요시는 1593년 11월 29일 출전 중인 나베시마 나오시게(鍋島直茂)에게 조선인 세공장(細工匠)과 재봉녀 등을 사로잡아 진상하라는 명령을 내렸고, 시마즈 요시히로(島津義弘)에게도 같은 명령을 내렸다. 이것은 당시 일본장수들이 기술을 지닌 조선피로인을 얼마나 중요시했는가를 알 수 있게 하는 것이다. 그런데 임진전쟁을 통한 일본으로의 기술 전수에는 도자기 기술을 빼놓을 수 없다.

당시 일본에는 센노리큐(千利休: 1522-1591)에 의해 다도(茶道)가 오다 노부나가(織田信長)·도요토미 히데요시를 비롯하여 다이묘(大名)들에게 보급되어 유행을 일으키고 있었다. 다도는 아시카가시대부터 다이묘들의 고상한 취미의 하나로 존숭되었다가 이 시기에 와서 더욱 일반화되었던 것이다. 이에 따라 고급 도자기의 수요가 늘어났다. 그런데 당시 조선의 도자기는 일본에 비해 훨씬 발전되고 세련되었기 때문에 조선 도자기는 '고라이모노(高麗物)'라

도조 이삼평 비

고 하여 일본의 다이묘들에게 보배로 여겨졌다. 시마즈·모리 등 다도에 조예가 깊었던 장수들은 전란 중 앞다투어 도자기를 약탈하였을 뿐만 아니라 도공(陶工)을 납치하였고, 심지어는 흙과 유약까지도 가져갔다.

특히 사가번의 나베시마는 경상도 남부의 웅천·진주·김해·울산 등지에서 조선인 도공을 많이 납치하였다. 그는 자신의 영지에 조선인 도공을 살게 하면서 도자기를 만들게 했다. 사가번의 아리타(有田)에는 조선 도공 이삼평(李參平: ?- 1656)[09]이 세운 아리타 도자기(有田燒)를 비롯하여, 백파선(百婆仙: 1561-1656)이라는 조선여인 도공을 중심으로 한 집단도 있었다. 사가번에는 이밖에 가라쓰도자기(唐津燒)가 있다. 사쓰마번(薩摩藩)의 시마즈 요시히로는 사쓰마도자기(薩摩燒: 원조는 朴平意·金芳中·沈當吉)·가타노 도자기(堅野: 원조는 金和·金加)·쵸사 도자기(帖佐燒: 원조는 金海)를 개설하였고, 후쿠오카번(福岡藩)의 구로다 나가마사(黑田長正)는 다카도리도자기(高取燒: 원조는 八山)·아가노도자기(上野燒)·다카다도자기(高田燒: 원조는 尊階)를 세웠다. 야마구치번(山口藩)의 모리 데루모토(毛利輝元)는 하기도자기(荻燒: 원조는

아리타 도자기   싸스마 흑도

李勺光·李敬)를 개설하였다. 이밖에도 구마모토번(熊本藩)의 야쓰시로도자기(八代燒) 등이 있다. 이와 같이 일본의 규슈와 중부지역에는 조선피로인에 의해 개설된 요(窯)가 대부분을 차지하였다. 이밖에도 무명의 도공들이 각지에 퍼져 일본도자기의 원류를 이루게 되었다.

조선 도공들은 일정한 지역에 집단을 이루며 지방영주의 보호 하에 도자기를 제작하였다. 각 번에서는 그들이 재정에 큰 기여를 하였기 때문에 지원하였던 것이다. 예컨대 아리타 도자기에서는 1644년 한 해에 45,000점을 네덜란드에 수출하여 번의 재정을 위해 효자상품 구실을 톡톡히 하였다. 16세기말까지 일본의 도자기 제조기술은 유치하였으나 임진전쟁 때 끌려온 조선 도공에 의해 비약적으로 발전하였고, 에도시대 일본은 세계 최고의 도자기 수출국가가 되었다. 이들의 후예들이 도예 명문의 유파를 형성하였으며, 오늘날까지도 일본 도자기업계의 주요세력으로 이어져 내려오고 있다. 이 점에서 임진전쟁을 '도자기전쟁'이라고 부르기도 한다.

3. 일본을 통해 전래된 문물

전쟁 후 일본으로부터 조선에 전래된 문물도 있었다. 그러나 그것은 일본 자체의 문화라기보다는 일본을 경유해 온 것이었다. 조선시대의 지식인들은 전통적인 일본이적관(日本夷狄觀)에 입각해 일본문화를 야만시하거나 무시하였으며, 학문적 연구의 대상이나 우리가 배워야 할 무엇이 있다고 보지 않았다. 더구나 임진전쟁 후에는 대일적개심과 더욱 심화된 일본이적관 속에 일본문화에 대한 수용의식이 생기기는 힘들었다. 최소한 17세기까지는 그러하였다. 통신사행원을 통해 일본의 문물이 소개되면서 이러한 인식에는 변화가 생기고 일부의 실학자들 사이에는 다른 양상이 나타나지만 그것은 18세기 중반 이후의 일이다. 임진전쟁을 계기로 일본으로부터 조선에 전래된 문물로서 조총과 천주교, 고추와 담배를 살펴보도록 하자.

1. 조총(鳥銃)

임진전쟁 초기 조선군이 육전에서 패배한 주요 원인 중의 하나가 바로 일본군이 소지하였던 조총 때문이었다. 조총은 임진전쟁 때 일본군 보병의 주무기였던 휴대용 화기이다. 일본에서는 원래 뎃포(鐵砲), 일명 아시가루 뎃포(足輕鐵砲)라고 하였는데, 조선의 선조가 '날아다니는 새도 능히 맞출 수 있다'고 해서 조총이라 불렀다 한다. 조총은 15세기말 유럽에서 만

초기 조총

오다 노부나가

들어졌는데 16세기 아시아에 진출한 포르투갈에 의해 일본에 전해졌다.[10] 일본의 『철포기(鐵砲記)』에 의하면, 1543년 9월 23일 포르투갈 상인이 다네가시마(種子島)의 영주에게 조총 두 자루를 바치면서 화기의 제조와 화약의 배합방법을 가르쳐 주었다 한다.

이것이 사카이(堺)로 전해지고 1544년에는 600정(挺)이 제작되는 등 전국으로 보급되었다. 특히 오다 노부나가는 조총을 이용한 전술을 개발하여 1575년 나가시노(長篠)전투에서 대승을 거두었다. 이후 조총은 일본전역에 널리 보급되면서 보병의 주무기로 활용되었다.

임진전쟁 때 일본의 육군은 기병과 보병으로 이루어졌고, 보병은 다시 조총수·궁수·창수로 구성되었는데, 이 가운데 조총수는 10%에서 30% 정도를 차지하였다. 이와 같이 일본군은 새로운 화기인 조총과 전통적인 근거리전투('短兵戰術')의 무기인 창·활을 조직적으로 혼합하여 효과적인 전술을 구사하였다. 임진전쟁 초기 전통적인 원거리전투('長兵戰術')에 의존하였던 조선군은 새롭게 장·단병을 조직적으로 혼합한 일본군에게 거의 속수무책으로 당하였다.

조총은 조선군의 활에 비해 치사율은 물론 명중률이 5배나 되었으며 공포심을 불러일으켜 큰 효과를 보았다. 그래서 선조도 '천하의 신기(神器)'라고 감탄하였다. 이에 따라 전란 중 조정에서는 조총의 제조법을 수용하려고 노력하였다. 특히 이순신(李舜臣)·김시민(金時敏)·김성일(金誠一)이 모방 제작에 앞장섰다. 그들은 전리품으로 조총을 확보하였고, 항복한 일본군('降倭') 가운데 조총제조 기술을 가진 자를 등용하였다. 이러한 노력의 결과 1593년 3월에 이르러 조총제조 기술을 익히게 되었으며, 이 해 12월에는 지방의 감영과 병영에서도 조총을 제조하였다. 임진전쟁 초기의 패배 이후 육전에서도 조선군이 일본군에게 밀리지 않는 것은 이러한 조총의 제작이 있었기에 가능하였다. 임진전쟁 이후에도 조선 조정에서는 조총에 대해 깊은 관심을 가졌으며 제조기술을 발전시켰다. 그래서 1657년(효종 8)에는 청나라에서 다량의 조총을 사가겠다고 요청할 정도로 조선의 조총제조 기술의 우수성이 인정받았다.[11]

2. 천주교

임진전쟁 기간 중에 서양의 선교사가 일본의 종군신부로 조선에 들어와 선교활동을 하였다. 이 사실은 천주교 신부가 최초로 조선에 와 선교를 했다는 점에서 역사적으로 적지 않은 의미가 있다.

일본에서 선교활동을 하던 예수회(society of Jesus) 소속으로 고니시 유키나가(小西行長)의 종군신부로 조선에 들어온 스페인 신부 세스페데스(Gregorio de Cespedes; 1551-1611)는 1593년 12월 27일부터 1595년 6월까지 고니시의 본영이었던 경상도 웅천성에 체류하였다.[12] 그는 주로 고니시 유키나가와 대마도주 소 요시토모(宗義智)의 군대에서 일본군 천주교신자들에게 고백성사를 베풀고 전도하는 활동을 하였다. 그러나 그는 토요토미(豊臣秀吉)의 카톨릭신부 동행금지 조치와 고니시의 라이벌인 가토 기요마사(加藤淸正)의 감시로 인해 활동의 제약을 받았고, 결국 1년 반 만에 일본으로 돌아가야 했다. 그런데 1년 반에 걸친 조선체류기간 중 그가 조선인에 대한 직접적인 선교활동을 했다는 기록은 전혀 나오지 않는다. 대신 일본으로 돌아가는 도중에 대마도에서 조선인 소년 비센떼(Vincent Kouan Cafioie; 일본명 權嘉兵衛)를 데리고 가 신학교에 보내 교육을 받게 하였다는 사실이 확인될 뿐이다.[13] 구즈만신부(Luis de Gudzman)의 『선교사들의 이야기(Historia de las misiones)』(1601)에 의하면, 임진전쟁 때 일본에 잡혀온 조선피로인들은 천주교에 귀의하는 사람들이 많았다고 한다. 1594년 오무라(大村)와 아리마(有馬)의 두 지역에서만 2,000명 이상의 조선인들이 세례를 받았으며, 1596년에는 그 지역에 있었던 모든 조선피로인들이 세례를 받았다고 기술되어 있다. 그래서 1594년에서 1598년 사이에 조선피로인의 개종자(改宗者) 수는 7,000명을 넘어섰다고 하는데, 여기에는 조선에서 종군하였던 세스페데스가 중요한 역할을 하였다고 추정된다.

당시 일본에 전도하였던 서양선교사들의 기록을 보면, 일본에 끌려간 조선피로인들이 절망 속에서 천주교에 귀의한 사례가 매우 많았음을 확인할 수 있다. 스페인의 문학작품에도 일본에서 천주교로 개종한 조선인 포로들에 관한 이야기가 나오고 있다고 한다. 비록 한국 땅에서 천주교가 전파되었다는 기록은 없지만 많은 조선인들이 일본에서나마 천주교도로 입교하였던 것이다.

세스페데스 신부는 16세기 한국에 상륙한 최초의 서양인이자 임진전쟁을 직접 목격하고 그 소식을 4통의 서신으로 서양에 전한 유일한 증인이기도 하였다. 또 조선피로인을 상대로 많은 선교활동을 벌였다. 그런데 그의 선교활동의 의의에 대해서는 평가가 엇갈린다. 복음의 첫 씨앗을 뿌린 그의 업적을 높이 평가하는 선교사적 입장과는 달리 현재 한국 천주교회사가들의 주류적 입장은 소극적인 평가를 내리고 있다. 즉, 그의 조선피로인에 대한 선교활동은 일본에서 이루어진 일이고, 또 조선의 기록에서는 확인할 수 없기 때문에 인정하기 곤란하다는 것이다. 현재 한국에서의 통설은 "조선 전통사회에 대한 서구문화의 초기적 접착은 서구인들에 의해 진전된 것이 아니라 17·18세기에 걸친 조선 전통사회인들의 자율적인 노력에 의해 전개되었다."는 입장이다. 그래서 조선천주교회의 창설은 조선에서 주체적 신앙의지를 가지고 수용한 1785년으로 잡고 있다. 그러나 임진전쟁을 통해 천주교 신부가 조선에 들어왔고, 일본에서 이루어진 일이기는 하지만 7,000명에 달하는 조선피로인이 천주교로 개종하였다는 사실은 중요한 의미가 있다. 그들 가운데는 17세기 전반 도쿠가와막부에 의한 천주교 탄압 때 21명이 순교하였고, 1867년 서임된 205명의 일본 복자(福者) 가운데는 조선피로인 9명이 포함되었다. 또 1605년에는 피로인 신자 가운데 송환된 자도 있었는데, 동포에게 교리를 전하기 위해 한문으로 된 마테오 리치(Matteo Ricci)의 『천주실의(天主實義)』를 가지고 왔다고 한다.

3. 식품과 기호품

임진전쟁을 통해 들어온 물자로서 대표적인 것으로는 고추와 담배를 들 수 있다. 이것들은 조선인의 식생활과 기호생활에 지대한 영향을 끼친 것으로 조선후기 경제사 및 생활사에 상당히 중요한 의미를 지니고 있다.

고추는 중부아메리카가 원산지인데 일본의 『초목육부경종법(草木六部耕種法)』에 의하면, 1542년 포르투갈인에 의해 일본에 전래되었다 한다. 이것이 언제 조선으로 전해졌는지는 정확하게 알 수 없지만 대체로 임진전쟁을 통해 들어온 것으로 추측한다. 이수광(李睟光)의 『지봉유설(芝峰類說)』에서 고추가 일본에서 전래되어 '왜겨자'라고 한다는 기록이 있다. 그 밖의 기록에도 고추를 '남만초(南蠻草)' 혹은 '왜초(倭草)'로 불렀음으로 보아 일본으로부터 온 것은 확실하다고 여겨진다.

고추는 조선후기 사회부터 한국인의 식탁에 빼놓을 수 없는 식품이 되었다. 그 이전까지 사용되었던 후추를 밀어내었으며 특히 김치의 양념으로 사용됨에 이르러서는 한국인의 식성을 바꾸었다고 할 수 있을 정도이다.

담배가 조선으로 전래된 시기에 관해서는 임진전쟁 때 들어왔다는 설과 1617년 중국을 통해 전래되었다는 설이 있다. 그런데 일본을 통해 들어온 담배를 남초(南草)·왜초(倭草)라고 하여 북경이나 서양인을 통해 도입된 서초(西

유성룡과 『징비록』

(草)와 구별하였는데, 시기적으로는 전자가 앞섰다. 담배는 조선후기 사회에서 내수용뿐만 아니라 상업적 재배를 통해 중국에 대한 주요수출품이 되었다.

4. 전란 속에서 꽃핀 교류

유유히 흐르는 역사 속에서 전쟁이란 소용돌이와 같은 것이다. 그런 만큼 그것은 가장 역동적인 사건으로 기존의 질서를 파괴하기도 하지만 참혹한 전장 위에 꽃을 피우기도 하였다. 그런 점에서 전쟁은 새로운 질서를 태동해 내는 바탕이 되었고, 때로는 역사발전의 동력이 되어왔다.

메이지시대 일본의 역사학자 도쿠도미 소호(德富蘇峯)는 임진전쟁에 관해 "이 전쟁으로 인해 일본과 조선 양국이 이익을 얻은 것은 결코 없지만, 일본으로서는 문화상으로 활판인쇄의 수입, 공예상으로 도자기가 있고, 외교상으로는 명과의 접촉이라는 수익을 얻었다"라고 하면서, 결론적으로 "조선역(朝鮮役)은 사치스런 해외유학이었다."라고 평하였다.[14]

그의 지적과 같이 일본은 이 전쟁을 통해 값비싼 대가를 치렀지만 대신 조선의 문물을 많이 흡수할 수 있었다. 조선피로인들을 통해 전해진 조선 성리학과 도자기 기술, 그리고 금속활자 및 서적의 대량 유입 등은 근세 일본사회의 형성과 문화부흥의 바탕이 되었다. 그런 점에서 역사가들은 이 전쟁에 대해 '문화전쟁' 혹은 '도자기전쟁'이라고 부르기도 한다.

한편 이 전쟁을 통해 조선은 전 분야에 걸쳐 참담한 피해를 입었지만 일본으로부터 얻은 것도 전혀 없지는 않았다. 조총 제조기술과 천주교의 전래, 그리고 고추와 담배의 전래 등은 조선후기 사회에서 일정한 의의를 지니는 사실이기도 하였다.

3장
조선후기 통신사행의 문화 교류

1. 교린의 사절, 통신사

조선왕조를 건국한 태조 이성계(李成桂)는 8세기 후반 이래 600여 년 간
에 걸친 일본과의 국교 단절 상태를 청산하고 일본의 무로마치막부(室町幕
府)와 통교를 재개하였다. 일본 또한 적극적이어서 1404년 아시카가 요시
미쓰(足利義滿)가 '일본국왕사'를 조선에 파견함으로써 정식으로 국교가 체
결되었다. 그 후 양국은 중앙정부간에 사절을 교환하였는데 일본의 막부
에서 조선으로 보낸 사절을 '일본국왕사'라고 불렀고, 조선에서 일본 막부
에 보낸 사절을 '통신사(通信使)'라 하였다. 통신이라는 말은 '신의로써 통
한다'는 의미이고, 통신사는 외교의례상 대등국 간에 파견하는 사절을 가
리킨다.

조선 전기 일본의 무로마치막부 쇼군 앞으로 파견된 사절은 모두 20회
에 이르며 명칭 또한 다양하였다. 그 가운데 통신사란 이름으로 파견된 사
절은 모두 6회였다. 그러나 교토(京都)까지 가서 사명을 완수한 것은 1429
년(세종 11)의 박서생(朴瑞生) 일행, 1439년(세종 21)의 고득종(高得宗) 일행,
1443년(세종 25)의 변효문(卞孝文) 일행 등 3회뿐이었다. 이와 같이 조선전기
의 통신사는 교류의 시기도 짧았고, 사행의 형태도 일정하지 않았다.

통신사행이 정례화하고 체계화되는 것은 조선후기에 들어와서이다. 이

시기에는 도쿠가와막부(德川幕府)에 12회의 사절을 파견하였다. 그 가운데 임진전쟁 후 국교 재개기에 파견된 세 차례의 사절단의 명칭은 회답겸쇄환사(回答兼刷還使)로서 1636년(인조 14)부터 정례화 된 아홉 차례의 통신사와는 구별된다. 그러나 양자는 모두 국서(國書)를 지참한 국왕사절단이라는 점, 원역의 구성과 사행 노정 등 유사한 점이 많기 때문에 보통 합쳐서 12회의 통신사로 인정하고 있다.[01]

조선 후기의 한일관계는 중앙정부간의 상징적 외교행위로서의 국서 교환과 부산의 왜관(倭館)에서 행해지는 대마도와의 교역으로 나누어 볼 수 있다. 외교사절의 측면에서 보면 전자는 조선 정부에서 일본의 도쿠가와막부로 파견되는 통신사행이 그 역할을 맡았다. 실무적 현안을 처리하기 위해 대마도에 파견한 조선의 사절단으로는 문위행(問慰行)[02]이 있다.

한편 일본으로부터 오는 사절을 보면 도쿠가와막부로부터 조선국왕 앞으로 오는 '일본국왕사'가 없어진 대신 대마도에서 파견하는 '대차왜(大差倭)'가 막부 관련 사항을 수행하였다. 후자의 사절단으로는 대마도로부터 파견되어 오는 정기적인 연례송사(年例送使)와 임시사절인 차왜(差倭)가 있었다.

이와 같이 조선후기의 대부분의 기간은 중앙정부간의 통신사 외교와 대마도와의 실무외교라는 이원적인 형태로 진행되었다. 그런데 그 중에서도 가장 중요한 의의를 지니는 것은 역시 통신사라고 할 수 있다. 임진전쟁이후 조선정부가 징벌적인 차원에서 일본사절의 상격을 금지하였기 때문에 일본 막부에서 파견하는 '일본국왕사'가 올 수 없었다. 그러한 까닭으로 통신사행이 지니는 의미는 더 커질 수밖에 없었다. 도쿠가와막부는 1630년대 말에 이르러 강력한 해금체제(海禁體制)를 확립하였지만 외국을 향해 두 종류의 창구를 열어 놓았다. 즉 '통신(通信)의 나라'라고 하여 정치적으로 교류를 하는 나라와 '통상(通商)의 나라'라고 하여 경제적인 교역을 허용한 나라를 설정하였던 것이다. '통상의 나라'는 중국과 네덜란드의 두 나라였고, '통신의 나라'는 조선이 유일한 국가였다. 이런 만큼 조선에서 오는 통신사는 일본의 국제관계에서 차지하는 비중이 아주 컸으며, 동시에 그것은 외국문물을 전해주는 중요한 통로이기도 하였다.

임진전쟁 이후 조선의 통신사가 일본으로 파견된 것은 양국의 국내정치적 동기와 국제정치적 상황의 산물이었다. 그러나 17세기 중반 이후 중국에서는 청(淸)이 정치적 안정을 되찾고, 조선과 일본 사이에도 평화가 정착되자 통신사행이 지니는 본래의 정치적 의미는 점차 줄어들게 되었다. 따라서 통신사행은 양국 간의 절실한 외교현안을 해결하는 등의 긴박성이 없어지고 형식화·의례화 되었다. 대신 문화교류라는 부수적인 기능이 부상하였다. 통신사행원들의 문화교류 활동은 1655년(효종 6) 을미통신사행 때부터 시작되어 1682년(숙종 8)의 임술통신사행 이래에는 아주 활발해졌다. 조선정부는 당초 병자호란을 당하는 극도의 어려움 속에서 남쪽 변경의 평화를 확보할 목적으로 통신사를 파견하였지만 명분상으로는 '교화를 통한 평화 유지'를 내세우면서 문화사절단으로서의 의미를 부여하였다.

500여 명에 가까운 대규모의 인원으로 편성된 통신사행이 평균 8개월에 걸쳐 일본의 본주를 관통하면서 연로의 각지에서 실로 다양한 형태의 문화교류가 전개되었다. 또한 통신사행을 통해 서적을 비롯한 다양한 문물이 상호간에 전래되기도 하였다. 200여 년간에 걸친 이러한 교류는 양국의 사회와 문화의 발전에 큰 영향을 주었다. 이것은 양국의 역사뿐 아니라 동아시아사적 관점에서 볼 때도 매우 중요한 의미를 지니는 현상이라고 할 수 있다.

2. 국교를 재개하고 통신사를 파견하다

1. 국교 재개의 배경

임진전쟁이라는 파멸적인 전란을 치르고 일본을 불구대천의 원수로 치부하였던 조선이 일본과 국교를 재개하고, 또 양국 모두 막대한 비용을 치르면서 통신사를 파견하고 접대한 이유는 무엇일까? 여기에는 임진전쟁 후 조선과 일본 양국의 지배권력의 확립과 깊은 관련이 있었으며, 동시에 17세기에 들어서 새롭게 전개되었던 국제정세도 중요한 요인이 되었다.

첫째 조선의 입장을 보자.

7년간에 걸친 참혹한 전란의 후유증으로 일본에 대한 적개심은 하늘에 사무칠 정도였다. 지식인 사회에서는 '만세원(萬歲怨)', '구세복수설(九世復讐說)'이 공론화 되었고, 민중들은그 감정을 더욱 직접적이고 강하게 표출하였다. 대표적인 사례로 한글로 된 고소설로 민중들의 사랑을 받았던『임진록』을 들 수 있다. 국민감정과 명분상으로 볼 때 일본과의 강화란 있을 수 없는 것이었다. 그러나 현실적인 입장에서 볼 때 조선정부로서는 전란의 후유증을 극복하고 국가재건에 전력을 기울이지 않을 수 없었다. 이를 위해서는 대외관계가 안정될 필요가 있었다. 한편 국제정세를 보면 명(明)은 전란의 후유증으로 쇠퇴해 가는 반면, 만주에서는 여진족이 후금(後金)을 건설하여 명과 조선을 위협하고 있었다. 조선으로서는 북쪽 변경의 방위문제가 시급한 현안으로 대두되었다. 따라서 남쪽 변경의 안전, 즉 일본과의 평화적 관계가 필요하였다. 이와 관련하여 일본의 신정권의 성격이 어떠한가? 또 전란 중에 잡혀간 피로인들을 쇄환하는 문제도 왕도정치를 표방하는 조선정부로서는 소홀히 할 수 없는 문제였다. 요약하면 남쪽 변방의 안정, 일본 국정의 탐색, 피로인 쇄환이 국교를 재개한 실질적인 동기였다.

둘째 일본의 사정을 살펴보자.

도쿠가와 이에야스(德川家康)는 1603년 막부를 개설하였지만 아직 서부지역의 다이묘(大名)들을 완전히 장악하지 못한 상태였다. 따라서 국내정치에 주력할 수밖에 없는 신정권으로서는 대외관계의 정상화가 필수적이었다. 명과의 무역을 부활시키는 것도 실질적인 동기 가운데 하나였다. 이에 이에야스는 조선과의 국교정상화를 위해 적극적으로 나섰다. 그는 임진전쟁이 끝난 직후

사명대사 영정

대마도주에게 국교 재개를 위해 노력할 것을 지시하였다. 1604년 사명대사(四溟大師) 유정(惟政)과 손문욱(孫文彧)이 '탐적사(探賊使)'로 일본에 왔을 때 이에야스는 그들을 직접 만나 통교의지를 밝혔다. 이로써 국교재개 논의는 급진전될 수 있었다.

한편 대마도로서도 조선과 일본의 국교 정상화는 사활적인 과제였다. 대마도주는 종전 직후부터 1606년까지 도합 23차에 걸쳐 강화사절을 조선에 파견하고 피로인을 송환하면서 강화를 요청하였다. 그러나 양국 간에는 전쟁책임 문제와 외교의례를 둘러싼 인식의 괴리가 심하였다. 그 과정에서 대마도는 조선 측의 요구를 들어주면서 막부의 체면을 손상하지 않도록 하는 이중적인 어려움을 헤쳐 나가기 위해 양국의 국서를 10차례 이상 개작하는 외교사상 전대미문의 사건까지 일으켰다.

하여튼 조선과 일본은 각기 국내정치적인 필요성과 새로운 국제정세의 변화에 따라 임진전쟁이 끝난 지 10년도 채 못 되어 국교를 재개하게 되었다. 조선정부로서는 도쿠가와막부가 국교 재개를 위해 제시한 두 조건 —

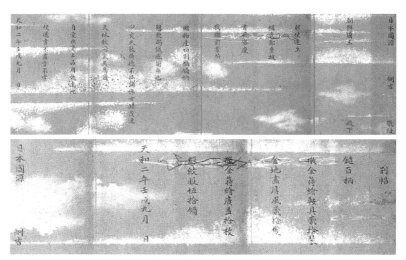

도쿠가와막부 쇼군의 국서와 별폭

회답사가 일본에 붙인 〈조선국예조 부로쇄환 유고문〉

즉, ① 국서를 먼저 보내는 것('先僞致書') ② 왕릉을 범한 도적을 포박해 보내는 것('犯陵賊縛送')을 수락함에 따라 도쿠가와막부의 쇼군에게 사절을 파견하기로 결정하였다. 그리하여 1607년(선조 40) 1월 여우길(呂祐吉)을 정사로 하는 제1차 회답겸쇄환사를 보내었다. 많은 논의를 거쳐 어렵게 정한 '회답겸쇄환사'라는 명칭은 도쿠가와막부의 국서에 대해 회답서를 보내고 피로인의 쇄환을 촉구하는 사절단이라는 뜻이다.[03] 조선후기에 '통신사'라는 명칭으로 파견된 사절단은 1636년(인조 14)의 병자통신사가 처음이다. 당시 조선은 병자호란의 와중에서 일본과의 평화유지가 절실한 문제였고, 또 새로이 재편된 동아시아의 국제질서에 대처하기 위해 통신사를 파견하였던 것이다. 이후 통신사는 1811년(순조 11)까지 모두 9차례에 걸쳐 파견되었다.

한편 도쿠가와막부는 통신사행의 내빙을 통해 국내의 다이묘들에 대해서 정치적 우위를 확인하는 계기로 삼았으며, 나아가 이를 통해 중국을 비롯한 동아시아세계와 연결하려고 하였다.

2. 통신사의 파견 준비와 노정

일본에서 도쿠가와막부의 새 쇼군이 즉위하면 막부에서는 대마도에 알리고, 대마도주는 관백승습고경차왜(關白承襲告慶差倭)를 조선에 보내 이 사실을 알린다. 이어 다시 통신사를 파견해 줄 것을 요청하는 통신사청래차왜(通信使請來差倭)를 보내오면 조선에서는 동래부 – 예조 – 비변사의 경로를 거쳐 논의하게 된다. 조정에서 통신사 파견을 결정하면 이를 부산의 왜관에 통보한다. 그 후 대마도주는 다시 통신사행의 도일에 따른 절차와 여러 사항을 협의하기 위해 통신사호행차왜(通信使護行差倭)를 파송한다. 동래부에서는 역관과 외교실무자들을 보내 왜관에서 일본 측과 협의하고, 통신사행에 관한 제반사항을 규정하는 「통신사행강정절목(通信使行講定節目)」을 정하게 된다. 「통신사행강정절목」이 조정에 보고되면 조선에서는 통신사 일행의 구성과 예단 준비에 착수하게 된다. 한편 일본의 막부에서는 정승급 관리인 로주(老中)를 통신사 영접의 총책임자로 하는 기구를 설치하였고, 통신사행이 통과하는 연로상의 각 번(藩)에서도 접대를 위한 준비에 착수하였다.

통신사 일행은 창경궁에서 국왕에게 하직인사(辭陛)를 한 후 충주·안

통신사 행렬도

「영가대도(永嘉臺圖)」(『사로승구도(槎路勝區圖)』)

동·경주를 거쳐 동래부에 도착한다. 여기서부터는 대마도에서 미리 나온 통신사호행차왜의 안내를 받으면서 바닷길에 오르게 된다. 기선(騎船) 3척과 복선(卜船) 3척 등 6척으로 구성된 통신사행의 선단은 부산포의 영가

대(永嘉臺)에서 해신제(海神祭)를 지낸 다음 출항하였다. 통신사 일행은 부산포에서 쓰시마(對馬島) – 잇키노시마(壹岐島) – 아이노시마(藍島) – 아카마가세키(赤間關)를 거쳐 세토내해(瀨戶內海)의 가마카리(鎌刈) – 토모노우라(鞆浦) – 우시마도(牛窓) – 무로즈(室津) – 효고(兵庫) – 오사카(大坂)까지의 해로를 거쳐 교토(京都)에 도착하였다. 조선전기의 경우 무로마치막부가 있었던 교토가 목적지였으나 후기에는 도쿠가와막부의 소재지였던 에도(江戶)까지 다시 육로로 가게 되었다. 왕복거리로 하면 도합 1만1천5백여 리에 달하였으며, 서울을 출발하여 귀국해 복명하기까지에는 대개 10개월이 넘게 소요되는 대장정이었다. 대마도로부터 일본 본주를 왕래하는 행차에는 대마도주가 직접 호행하였으며, 수천 명의 대마도인이 수행하였다.

통신사 일행이 에도에 도착하면 막부 측에서는 로주(老中)가 통신사의 숙소까지 와서 영접하였고, 다시 도쿠가와막부의 유력친족 세력인 고산케(御三家)가 주관하는 연회를 베풀었다. 국서의 전달이 끝난 후의 연회에는 도쿠가와막부의 쇼군이 직접 삼사(三使)에게 술을 권하는 등 극진한 대접을 하였다.

쇄국체제하의 도쿠가와막부 시대에 유일하게 국교를 맺고 있었던 조선의 국왕사절단의 내빙은 큰 의미를 지니고 있었다. 쇼군으로서는 재위 중에 한 번만 있었던, 그야말로 '장군 일대(將軍一代)의 성사(盛事)'였던 만큼 도쿠가와막부는 조선의 통신사행을 국빈(國賓)으로서 환영하였던 것이다. 한 차례의 통신사행을 접대하는데 1백만 량이라는 막대한 금액이 소요되었다고 한다. 1709년 당시 막부의 1년 세입총액이 77만 냥이었다고 하니 그 액수를 미루어 짐작할 수 있다. 통신사 접대에 동원된 연인원이 33만 명에 이르렀다고 한다. 일부의 번에서는 통신사행의 접대를 위해 6개월 전부터 1회용의 객관을 신축하기도 하였다.

이와 같은 경제적 부담을 지면서 일본 측이 통신사를 초청한 이유는 그만한 가치의 정치적 필요성이 있었기 때문이었다. 그러나 지나칠 만큼 화

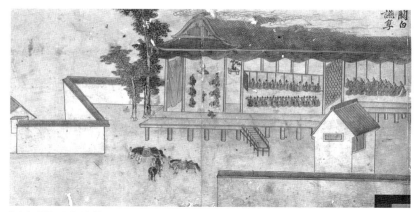

「관백연향(關白宴享)」(『사로승구도』)

려하게 진행된 통신사행의 접대는 막부의 재정을 압박하는 요인이 되었다. 그래서 지식인 사회의 일부에서는 일본에게 불평등한 의례를 바꾸어야 한다는 주장이 나오기 시작하였다. 18세기에 들어 통신사행의 정치적 의미가 줄어들게 되자 경비의 절감을 위해 빙례를 오사카나 대마도에서 하자고 하는 역지통신(易地通信)의 개혁안이 제시되기도 하였다. 결국 19세기에 들어서 서세동점이라는 거대한 물결 속에 국제정세가 변하자 1811년 대마도역지통신을 마지막으로 통신사행은 중지되었고, 통신사외교 또한 막을 내렸다.

3. 통신사행의 사명과 구성은 어떠하였나?

1. 사명과 성격

통신사행의 일차적인 사명은 도쿠가와막부 쇼군의 습직(襲職)을 축하하는 국서를 전하고 이에 대한 답서를 받아오는 것이다. 조선시대는 유교적

청도기(淸道旗)와 형명기(形名旗)

명분을 지향하는 고도의 이념사회로서 외교관계에서도 그대로 통용되었다. 기본적으로 외교란 상대국의 경조사에 대한 예의를 다하는 의례로 인식하였기 때문에 예조에서 관장하였다.

그러나 통신사 파견의 실질적인 목적은 재침 방지를 위해 일본의 국정을 탐색하는 것이었고, 그밖에 외교적 현안을 조정하거나 해결하는 것이었다. 이와 함께 조선정부는 문화적 교화를 통해 일본의 침략성을 순화한다는 내부적인 목적도 있었다. 암암리에 조선은 일본에 대해 외교의례로는 대등관계이지만 문화적으로는 종속적 관계로서 전수자로서의 우월감을 가지고 있었던 것이다.

임진전쟁과 병자호란, 중국에서의 명·청 교체 등 동북아시아의 새로운 정세와 조·일 양국이 처한 국내적 정치상황을 타개하기 위해 국교를 재개하였고, 그 상징적 행사로서 통신사의 파견이 이루어졌다. 즉 통신사행은

통신사 국서 전달도

본래 정치적 목적으로 파송한 것이지만 동시에 경제적, 문화적 의미 또한 부수적으로 지니고 있었다. 일본 막부가 주로 국내정치적 동기를 중시했다고 한다면 조선 조정으로서는 문화적 의미를 강조하는 입장이었다.

그런 만큼 통신사행에는 제술관(製述官)·서기(書記)·양의(良醫)·화원(畵員)·사자관(寫字官)·악대 등 문화교류를 담당하는 인원들이 다수 편제되었다. 특히 1655년 을미통신사행부터 문화교류를 임무로 하였던 서기의 인원을 늘렸고, 이어 1682년에는 제술관의 직급을 올리고 양의를 추가하는 변화가 나타났다. 1682년 통신사행부터 양국 문사들 사이에 필담창화(筆談唱和)가 성행하기 시작했다. 이러한 사실은 일본측 사료에 의해서도 확인된다. 즉, 18세기 후반 막부의 명에 의해 편찬된 일본의 외교자료집인 『통항일람(通航一覽)』에 의하면 1682년 사행 때부터 필담창화가 성행하였고, 이에 따라 일본에서 간행된 필담창화집이 백 수십 권에 이른다고 하였다. 또 조선 조정에서는 통신사행원을 선발할 때 문재와 기예에 뛰어난 사람을 가려 뽑았다. 영조가 1764년 계미통신사행 일행이 귀국해 복명할 때 삼사(三使)와 사문사(四文士)에게 일본 문인과의 시문창수에 관해 질문을

조선국왕의 국서

했을 정도로 조선에서는 문화교류에 관심을 기울였다.

다음으로 통신사와의 비교를 위해 조선후기 청나라에 파견하였던 연행사(燕行使)에 관해 간단히 살펴보도록 하자.

연행사는 청나라에 파견한 사절단을 가리키며, 정확하게는 1637년 청의 칸(汗)을 황제로 인정한 후부터 명에의 사절 파견을 중지하면서 시작되었다고 할 수 있다. 파견회수를 보면 청 황제가 심양에 있었던 시기에 파견된 사절이 61회이고, 북경으로 천도한 1645년부터 1876년까지 파견한 연행사는 612회로 도합 673회이다.[04] 조선 후기 12회인 통신사와 비교해볼 때 엄청난 횟수이다. 연행사행원들이 남긴 사행록도 500여 종이나 된다. 이는 세계사적으로 희귀한 사례이다.

청나라에 파견하는 연행사는 정기사행과 임시사행으로 나눌 수 있다. 정기사행으로는 동지사(冬至使)·정조사(正朝使)·성절사(聖節使)·연공행(年貢行)·황력재자행(皇曆齎咨行) 등이 있다. 임시사행으로는 사은사(謝恩使)·진하사(進賀使)·진위사(進慰使)·진향사(進香使)·주청사(奏請使)·변무사(辨誣使)·문안사(問安使)·참핵사(參覈使)·고부사(告訃使) 등이 있고, 이밖에 실무적 사행으로서 재주행(賷奏行)이 있다.

그런데 연행사의 기본적 사명은 정기적인 문안과 경조사에 대한 축하와 위로 등 의례의 수행이다. 이러한 의례적 사명 외에 연행사의 부수적인

산해관

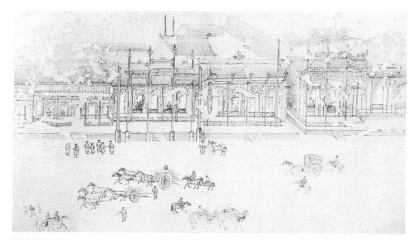

북경의 유리창

북경의 남천주당

목적으로는 외교 현안 해결, 무역, 견문, 학문적 교류, 서적 구매 등 중국의 문물과 문화예술의 동향을 파악하거나 조선의 국내문제에 대한 중국 측의 승인과 협조를 요청하는 것이다.

연행사의 노정을 보면 국경의 도시인 의주(義州)를 넘어서 요양(遼陽) – 심양(瀋陽) – 광령(廣寧) – 영변위(寧邊衛) – 산해관(山海關) – 차주(車州) – 북경(北京)을 육로로 왕래하는데, 때로는 황제의 여름별장인 열하(熱河)까지 갈 때도 있었다. 일정은 통상 음력 11월에 서울을 출발하여 이듬해 4월에 귀국하는데 6개월이 소요되었다. 북경에서의 체재는 보통 40일인데 명대와는 달리 청대에는 사행원들의 비교적 자유로운 활동이 허용되었다. 그래서 그들은 유리창(琉璃廠)과 북경의 남천주당 등 구경할 수 있었고, 중국 문사들과의 다양한 문화교류활동이 가능하였다.

2. 사행의 구성

사절단 일행이 어떻게 편성되었는가 하는 점은 통신사행의 특성을 잘 보여주는 것이다. 통신사 일행의 구성을 보면 정사를 비롯하여 부사·종사관으로 구성되는 삼사, 역관·군관·제술관·양의·사자관·의원·화원·서기·자제군관(子弟軍官)·별파진(別破陣)·전악(典樂)·이마(理馬)·소동(小童)·노자(奴子), 취수(吹手)와 각종 기수(旗手)를 비롯한 악대 및 의장대 일행, 사공과 격군 등 도합 450명에서 500여 명에 달하는 대규모사절단으로 편성되었다.

마상재(馬上才)의 모습

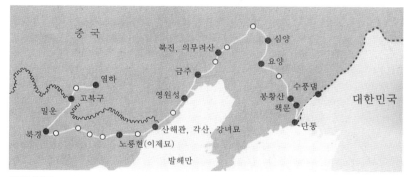

연행사행로

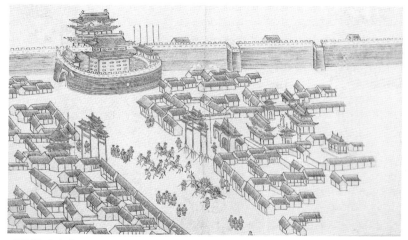

자금성을 들어서는 연행사

이와 같은 대인원이 편성된 이유를 살펴보면 다음과 같다. 첫째, 해로로 가야했기 때문에 필요한 사공 및 격군이 300명 정도 되었다.[05] 둘째, 악대 및 의장대를 담당하는 인원이 100명 정도 차지하였다. 셋째, 그밖에 많은 숫자를 차지하는 인원으로는 역관 21명, 군관 17명(子弟軍官 포함), 하인과 노자 90명 등이 있었다.

통신사행의 원역 구성에서 특징적인 점은 문화교류를 담당하는 인원이 대거 참여하고 있다는 것이다. 시문 창수(詩文唱酬)를 임무로 하였던 제술

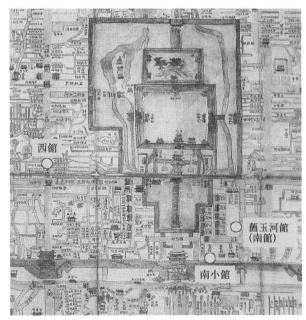

西館

舊玉河館
(南館)

南小館

연경의 회동관

관과 3인의 서기, 양의 1인과 의원 2인, 사자관 2인, 화원 1인 등 문화교류를 전담하는 인원이 10여 명 편성되어 있는데, 이 점은 다른 사행에서 유례를 찾아보기 힘든 통신사행 만의 특징이다.

다음으로 연행사행의 편성을 살펴보자. 사행의 목적에 따라 구성원의 편성도 많이 달라지는데, 사행원의 규모는 200명에서 350명 정도까지의 편차가 있었다. 정기사행의 경우 평균 250명 내외이다.[06] 정기사행에 필수적으로 참여하는 공식 원역을 절행(節行)이라고 하는데 대체로 35명 정도이다.

① 삼사(三使) 3인 : 정기사행인 동지사의 경우 정사는 종1품, 부사는 종2품, 서장관 정4품 문관으로 임명하였다.

② 역관 20인 : 당상역관 3인, 상통사(上通事) 2인, 압물종사관(押物從事官) 8인, 압폐종사관(押幣從事官) 3인, 압미종사관(押米從事官) 2인, 청학신체아

(淸學新遞兒) 1인, 우어별차(偶語別差) 1인

③ 군관 8인 : 군관 7인, 만상군관(灣上軍官) 1인

④ 문화담당 3인 : 의원 1인, 사자관 1인, 화원 1인

이와 같은 공식 인원 외에 마부와 하인 등을 합쳐 250명 내외로 구성하였다.

이상 통신사행과 연행사행의 원역의 편성을 비교해보면 몇 가지 특징을 찾아볼 수 있다.

첫째, 연행사행에 비해 통신사행의 원역이 훨씬 많다는 점이다. 그런데 이것의 주된 원인은 해로를 이용해야 하기 때문에 선박을 운행하는 인원이 300명 정도 필요했기 때문이다. 그런데 연행사행의 공식인원이 매우 적음에도 불구하고 선원을 제외한 실제 사행원의 숫자가 비슷한 이유는 사무역인 팔포무역(八包貿易)을 허용했기 때문에 교역에 종사하는 인원이 다수 참여했기 때문이다.

둘째, 연행사행에는 제술관과 서기라는 직책이 없다. 연행사행에는 필담창화를 비롯한 문화교류라는 임무 자체가 없었다. 중국 문사들과의 필담이나 시문창화는 삼사나 자제군관 등에 의해 개인적으로 이루어질 뿐이었다. 그런데 연행사행에는 통신사행에 없는 중요한 문화적인 임무로서 서적 구매가 있었다. 이것은 통상 서장관이나 역관이 담당하였고, 필요시 인원을 별도로 파견하기도 하였다. 또 연행사행의 의원, 화원, 사자관의 인원수가 통신사행에 비해 적게 편성되었을 알 수 있다. 그 이유는 연행사행에서는 그들을 사절단의 내부적인 용도로만 편성했을 뿐 상대국의 관련자와 교류를 위한 목적은 없었기 때문이다.

셋째 연행사행에는 마상재(馬上才)를 담당하는 무예별감, 악대나 의장대원이 전혀 편성되지 않았다. 연행사행에는 도중에 조선의 위의(威儀)를 강조하는 행사가 없었기에 그것을 담당하는 원역이 필요 없었기 때문이다. 이에 비해 통신사행에는 100여명에 달하는 의장대와 악대가 연로 중에 깃

대를 앞세우고, 군악이나 전통음악을 연주하며 위엄을 과시하였다. 이 점
에서도 양자는 매우 다르다.

참고로 1634년부터 1850년까지 유구국왕(琉球國王)이 도쿠가와막부 쇼
군에게 18차에 걸쳐 파견하였던 유구사절단의 구성을 잠시 살펴보자.

사행의 목적은 경하사(慶賀使)와 사은사(謝恩使)인데, 양자를 겸하는 경
우 숫자가 더 불어나기도 하였다. 통상적인 경하사의 경우 정사와 부사 각
1인, 찬의관(讚議官) 1인, 장한사(掌翰使) 1인, 악정(樂正) 1인, 악동자(樂童子)
와 악사(樂師) 11인, 의위정(儀衛正), 이마(理馬) 등이 공식 인원이고 이에 종
자를 포함해 도합 100명 이내로 편성되었다.

이를 보면 소규모의 의장대와 음악연주자가 포함되어 있지만 시문 창화
등을 담당하는 인원은 없다. 또 유구사절단은 사쓰마번주(薩摩藩主) 시마즈
씨(島津氏)의 감시 하에 에도를 왕복하였고, 사행 중 일본인과의 사적인 접
촉은 완전 차단되었다. 따라서 일반 민중들과의 문화교류 등은 거의 없었
다. 이 점에서 통신사행과는 아주 다르다.

4. 문화교류 활동의 실상

1. 통신사 수행원의 활동

1. 사문사의 필담창화

사문사란 제술관과 서기 3인을 통칭해 부르는 용어이다. 유학을 비롯해 다양한 주제를 대상으로 한 필담(筆談)과 한시(漢詩)의 창화(唱和)로 이루어지는 필담창화는 통신사행의 문화교류 활동 중에서도 꽃이라고 할 만하다. 필담창화에 대한 일본인들의 호응도 대단하여 4문사들은 사행 중 각자천 수 이상의 시를 지어야 했다고 한다.

일본의 문사들은 통신사행원과의 필담창화를 자신의 문재를 과시하는 기회로 삼았다. 조선의 문사들이 중국에 사행할 때 중국의 이름있는 문사들에게 자신의 시문집에 서문이나 발문을 받기를 원했는데, 일본에서도 마찬가지의 현상이 벌어졌다. 일본의 문사들은 삼사를 비롯한 통신사행원들에게 서문과 발문을 요청하였고, 통신사행원과의 시문창화를 통해 이름을 날리기를 원하였다. 대표적인 사례가 하야시 라잔(林羅山)과 아라이 하쿠세키(新井白石)이다. 하쿠세키는 무명시절에 1682년 임술통신사행의 제

술관 성완(成琬)에게 자신의 시집인 『도정집(陶情集)』의 서문을 요청해 받았고, 그와 창화하여 이름이 알려졌다. 이를 계기로 하쿠세키는 키노시타 쥰앙(木下順庵)의 문하에 들어가게 되었고 이후 스승의 추천을 받아 막부의 시강(侍講)으로 등용되었다. 일본의 문사들은 통신사행원과 창화하면 그 시문집을 바로 간행하였다. 그

아라이 하쿠세키

래서 가는 길에 필담창화가 이루어지면 일본 문사들은 돌아오는 길에 창화집을 완성하여 사행원들에게 주어 깜짝 놀라는 일이 허다하였다.

이러한 양상에 대해서 일본의 외교사료집인 『통항일람』에는 "생각컨대 사절이 내빙할 때마다 반드시 필담창화가 있었는데, 1682년과 1711년부터 조금씩 보다 활발해졌다. 그런 까닭으로 그것을 수록한 서책의 종류가 백 수십 권에 이른다."고 하였다. 실체 연도의 객관에서 일본문사들과 통신사 행원 사이에 벌어지는 필담과 창화의 광경은 사행원들이 저술한 일본 사 행록에도 잘 묘사되어 있다. 또 연도의 민중들이 서화를 요구하고, 시문의 한 마디 화운(和韻)을 얻으려는 모습에 대해 18세기 후반의 유학자인 나카 이 치쿠잔(中井竹山)은 『초모위언(草茅危言)』에서 상세히 묘사하면서 일본의 국체를 손상하는 치욕이라고 비판하였다.

그런데 이들 4문사는 신분적으로 거의 대부분 서얼 출신이었음에도 불 구하고 통신사행 내의 위상을 보면 매우 중시되었음을 알 수 있다. 통신사 수행원은 신분과 직위에 따라 삼사, 상상관, 상관, 중관, 차관, 하관으로 구 분된다. 이 가운데 문화교류를 담당하는 원역들은 대부분 '상관(上官)'에 속 하였다. 상관에는 당상역관 3인, 제술관 1인, 양의 1인, 차상통사(次上通事) 2인, 압물관(押物官) 4인, 사자관(寫字官) 2인, 의원(醫員) 2인, 화원 1인, 자제 군관 5인, 군관 12인, 서기 3인, 별파진 2인 등이 포함되어 있다. 상관의 위 로는 삼사 3인과 상상관에 3인의 당상역관이 있을 뿐이다. 그런데 제술관 과 양의의 경우 일본에서는 상상관의 기준에 따라 접대하였으므로 규정보 다 더 중시했음을 알 수 있다. 문화교류를 담당하는 원역들이 자제군관과 같거나 그보다 상위의 접대를 받았다는 사실은 신분에 관계없이 그들의 역할을 매우 중시했음을 보여준다.

또 제술관과 서기의 임명은 1682년부터 국왕의 재가를 받아야 하는 사 항이었다. 그만큼 문화교류를 중시하였음을 알 수 있다. 통신사행이 궁궐 을 떠나며 국왕을 알현하는 사폐식(辭陛式)에도 제술관은 삼사와 함께 참여하였다. 또 1764년 계미통신사행의 복명 시 영조는 삼사와 함께4문사를 인견하며 일본에서의 문화교류활동에 대해 직접 하문하기도 하였다.

2. 화원의 활동

수행화원의 활동으로서는 ① 일본지도의 모사(模寫), ② 수차(水車)와 주교(舟橋) 등 기술제작도 묘사, ③ 주요지역과 사행로의 명승(名勝) 묘사, ④ 일본화가와의 교류 등이 있다.

1748년 무진통신사행의 경우를 보면, 오사카에서 수행화원과 일본화가 사이에 화회(畵會)가 이루어지고, 교토에서는 숙소인 혼고쿠지(本國寺)에서 지역문인들과 필담창화가 있었다. 또 에도에서는 화원들이 막부 쇼군 앞에서 휘호하고, 막부의 어용화가인 카노파(狩野派)의 일급화가들과 교류하였다. 화회는 회화 교류의 실질적인 교류와 발전을 가져올 수 있는 의미있는 행사였다. 1748년 사행 때의 화원 이성린(李聖麟)과 오사카의 오오카 슌보쿠(大岡春卜) 등과의 교류는 유명한 사례이다. 17세기 중반 이후부터 18세기말까지 이루어지는 통신사 수행화원의 활동은 양국 간의 회화교류사에서 중요한 비중을 차지하고 있다.

3. 의원의 활동

임진전쟁 이후 일본에서는 『동의보감(東醫寶鑑)』, 『의방유취(醫方類聚)』를 비롯한 조선의 의학서를 구입하고자 했으며 수십 종에 달하는 약종(藥種)을 요청하였다.[07] 『변례집요(邊例集要)』를 보면 1660년부터 1690년 사이에 쓰시마번에서 『동의보감』을 다섯 차례 구청했다는 기사가 나온다. 당시 일본은 조선의학서를 바로 간행하였고, 『동의보감』은 퇴계 이황의 문집과 함께 가장 많이 간행된 인기서목이었다. 8대 쇼군 요시무네(吉宗)는 1724년 『관각 정정동의보감(官刻 訂正東醫寶鑑)』을 간행하였다. 18세기 중반 네덜란드 의학이 전해지기 전까지 조선의학은 일본의 의학 발전에 큰 영향을 끼

『동의보감』

쳤다.[08] 이러한 배경 속에서 통신사수행원으로 내방한 조선의 의원들로부터 선진의료기술을 전수받으려는 노력이 이어졌다. 따라서 에도와 오사카뿐 아니라 연로의 각지에서 의학문답이 활발하게 이루어졌다.

의원의 역할로는 ① 통신사행원의 치료 ② 일본인 치료 ③ 일본인 의사들과 나누는 의학문답이 있다. 특히 의학문답은 양의가 주로 담당하였던 것 같다. 통신사행의 의학교류에 관한 필담집은 최근의 연구에 의하면 21종 43책에 달한다. 그것을 분류해 보면, 대부분 18세기의 사행(1711년 2종, 1719년 4종, 1748년 10종, 1763년 5종)에 집중되었으며, 오사카와 에도를 중심으로 이루어졌다.[09]

쇄국체제 하의 일본에서는 외래문화를 접할 기회가 제한되었던 만큼 통신사의 방일(訪日)에 대한 기대는 학자·문화인을 비롯하여 민중에 이르기까지 이상하리만치 컸다. 일본인 문사들과 의사, 화가, 민중들의 문화적 열망은 정치적인 압력으로도 막을 수 없는 것이었다. 문화교류는 에도뿐만 아니라 연로의 각지에서 이루어졌으며, 또 막부의 관리나 유관(儒官)뿐 아

마상휘호도

니라 각 분야와 각 레벨에서의 다양한 교류가 활발히 전개되었다.

통신사 일행이 입국하면 각 번의 유학자들과 문화인들이 몰려들어 그들과 대화를 나누기 원하였다. 통신사행 일행이 통과하는 지역은 물론이고 그렇지 않은 번에서도 유관과 문인을 파견하여 문화를 흡수하도록 장려하였다.

그들은 자신들이 지은 시나 문집에 통신사 일행의 서문이나 발문을 받기 위해 줄을 섰고, 시 한 수나 글을 받으면 가문의 보배로 알고 간직하였다 한다. 그러한 광경은 통신사행원들이 남긴 사행록에 자세히 묘사되어 있다. 또 일본 각지에 남아 있는 창화집에도 잘 표현되어 있는데, 이때 이루어진 필담창화집(筆談唱和集)이 200여 종을 넘는다. 사자관과 화원도 유묵(遺墨)과 서화(書畵)를 요청하는 방문객들을 접대하기에 몹시 바빴으며, 양의와 의원도 마찬가지였다. 통신사행을 통한 이상과 같은 문화교류는 한문학과 유학뿐만 아니라 그림·글씨·의학 분야까지 포함하여 근세 일본 문화의 발전에 상당한 영향을 주었다.

통신사행은 양국 중앙정부간의 외교의례행사이고 지배층간의 교류가 중심이었지만 거기에 그치는 것이 아니었다. 그 교류는 민간인들도 다 참여한 일대 문화행사이기도 하였다. 현재 전해지는 각종의 통신사행렬도(通信使行列圖)를 보면 당시 일본의 서민들이 통신사의 행렬을 보기 위해 연도에 가득 몰려나와 구경하는 모습을 볼 수 있다. 오늘날까지도 통신사들이 지나간 지역에서는 통신사와 관계있는 문화행사나 무용 등이 남아 있는데 이것은 통신사행이 일본의 지식인뿐만 아니라 민중에게 끼친 영향을 잘 보여주는 것이다. 또 그들의 대표적 서민문화 장르인 가부키(歌舞伎)에도 통신사를 주제로 한 작품이 있다.

2. 일본문물의 전래

통신사행은 한편으로 일본문화가 조선으로 들어오는 통로가 되었다. 통신사행을 통해 이루어진 문화교류가 조선문화의 발전에도 일정한 자극과 계기를 주었다고 할 수 있다. 또 1711년 신묘통신사행에서 정사 조태억(趙泰億)과 아라이 하쿠세키(新井白石)와의 논전에서 보이는 것처럼 조태억은 아라이 하쿠세키를 통해 유럽세계에 관해 들을 수 있었다. 물론 당시 조선에서도 청을 통해 서양의 문물이 전래된 상황이었지만 직접 유럽인을 접촉하며 대외업무를 관장하였던 하쿠세키와의 토론을 통해 적지 않은 충격을 받았다. 이러한 체험은 그냥 없어지지 않고 국내에서의 반응을 불러왔을 것으로 여겨진다.

통신사행원들은 일본에 다녀와서 사행 중의 체험과 견문을 적은 일본사행록을 저술하였다. 1763년 서명응(徐命膺)이 '식파록(息波錄)' 혹은 '해행총재(海行摠載)'란 이름 하에 61편의 사행록을 수집해 편집하였다 한다. 그러나 상당수가 산일되어 현재 40여 종의 사행록이 전해지고 있는데, 이것들은 기행문학으로서의 가치뿐만 아니라 당시 일본의 사회상과 문화를 조선에 알리는데 중요한 역할을 하였다. 사행원들의 일본사행록은 귀중한

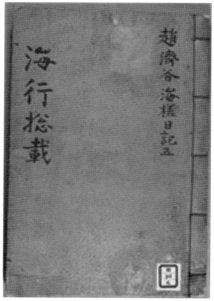

조엄과 『해행총재』

일본사회 정보서이자 문화견문록이었다. 일본사행록을 통해 조선의 지식인들은 일본 사회의 변화상에 대한 정보를 입수할 수 있었다. 그들 대부분은 일본을 문화후진국이라고 무시하면서 짐짓 외면하였지만 일정한 자극을 받기도 하였다. 18세기 후반기에 이르면 그 자극의 정도는 의미있는 수준으로 변하였다. 그래서 재야의 실학자를 비롯한 일부 지식인은 일본에 대한 재인식을 주창하기에 이르렀다.

1. 일본 서적의 유입

통신사행을 통해 전래된 물품으로 가장 가치가 높은 것은 일본의 서적이다. 그런데 통신사의 경우 연행사처럼 서적 구입을 임무로 하는 원역은 없었고, 대부분은 사행 중 일본 문사로부터 기증받거나 개인적인 관심으로 구입하였다. 따라서 귀국 후 조정에 제출한다거나 하지는 않았고, 지인들과의 사이에 돌려보는 정도였던 것으로 보인다. 일본 측이 조선의 유학서적, 의학서, 역사서 등을 의욕적으로 구입해 국내에서 간행한 것과는 달리 조선 측은 일본문화의 수입에 적극적이지는 않았다. 이러한 양상은 18세기 중반까지 지속되었다. 그런데 18세기 중반 이후로 가면 일본 고학(古學)의 발전에 따른 일본 문사들의 자부심과 함께 사행중의 논전이 가열됨에 따라 통신사행원들의 호기심도 강해졌다.

조선에 전래된 일본서적 전래의 양상을 보면 18세기 초반부터 13종의 고학파 유학자들의 저술을 비롯해 상당수의 서적이 들어왔다. 19세기 초반에는 유학서, 사서(史書), 문집, 시집, 창화록, 지리지, 유서류(類書類) 등 24종의 다양한 서적이 국내에 들어왔음이 확인된다.[10]

2. 일본고학의 전래와 실학파의 연구

통신사행원의 사행록과 그들이 가져온 일본 서적은 당시 상대적으로 개방적인 세계관을 소유하고 있었던 일부 실학자들에게 학문적 호기심의 대상이 되었다. 특히 이익(李瀷)을 중심으로 하는 남인계 실학파의 학자들은 일본에 대한 연구를 주도하면서 새로운 일본인식을 제창하였다. 그 가운데서도 문화적으로 중요한 의미를 지니는 것은 일본 고학파(古學派) 유학의 전래와 연구이다. 에도시대 초기 조선성리학의 수용이 근세일본의 형성과 발전에 큰 영향을 끼친 것과 마찬가지로 18세기 후반 조선 실학자들의 일본고학 연구는 동아시아문화교류사 상에서도 큰 의미를 지니는 것이다.

일본 고학파 유학자들의 서적을 읽고 논평한 인물은 통신사행원들이었다. 1719년 기해통신사행의 제술관 신유한(申維翰), 1748년 무진통사행의 부사 조명채(曺命采)와 서기 유후(柳逅), 자제군관 홍경해(洪景海), 1763년 계미통신사행의 정사 조엄(趙曮)과 서기 원중거(元重擧)가 그들이다. 그런데 통신사행원들의 세계관은 거의 모두 주자학 일존주의(朱子學一尊主義)와 17세기 중반이후 사상계를 풍미한 조선중화의식에 바탕을 두고 있었다. 따

원중거   『감저보』

라서 그들은 일본의 유학의 수준을 전반적으로 낮게 보았고, 당시 일본에
서 발전하였던 양명학이나 고학에 대해서는 비판적이었다. 신유한과 조엄
의 평가가 대표적인 사례이다. 그들은 당시 일본 학술계에 큰 영향력을 지
니면서 일본 각지에서의 필담창화 시 항상 주제로 나오는 고학에 대해 호
기심을 가졌다. 그래서 고학파 유학자들의 저술이나 문집을 구해오기도
하였으나 진지한 관심을 가지고 연구하지는 않았다. 단지 고학파의 경전
해석이 주자를 비판하고 성리설(性理說)을 부정한다는 점에 주목하여 이단
으로 규정하였을 뿐이었다.

　　그런데 상대적으로 개방적 세계관을 지녔던 실학자들은 학문적 호기심
을 가지고 접근하였다. 남인계 실학파인 안정복(安鼎福)은 이토 진사이(伊
藤仁齋)의 『동자문(童子問)』을 보고, "바다 가운데 오랑캐의 나라에서 이같
은 학문인이 있었다니 뜻밖이다. 그 책이 논한 바를 보니 대개 맹자를 추존
하면서 정이천(程伊川)을 헐뜯고 있었다."라고 논평하였다. 북학파 실학자

인 이덕무(李德懋)는 이토 진사이의
『동자문』과 오규 소라이(荻生徂徠)
의 시문집과 다자이 슌다이(太宰春
台)의 글을 보았다. 그는 그들의 성
리학설에 대해서는 비판하였지만,
그들의 문장이나 고학적 방법론
에 대해서는 긍정적으로 평가하였
다.[11]

정약용

그런데 일본의 고학파 유학에 대
해 깊은 학문적 관심을 가지고 본
격적으로 연구한 학자는 정약용(丁
若鏞)이었다. 그는 강진에 유배된
후 사서삼경을 비롯한 경학(經學)을
연구하던 중 다자이 슌다이의 『논
어고훈외전(論語古訓外傳)』을 보았으며 고학파 유학자들의 경전 주석에 대
해 공감하게 되었다. 그래서 그는 자신의 필생의 대작인 『논어고금주(論語
古今注)』에서 고학파 유학자들의 주석을 인용 소개하였다. 그가 『논어고금
주』에서 인용한 고학파 유학자들의 주석은 이토 진사이 3개소, 오규 소라
이 50개소, 다자이 슌다이 148개소이다. 『논어고금주』에서 인용된바 고금
의 주석가들을 망라해서 인용한 회수로 따져 보면 다자이 슌다이가 9위,
오규 소라이가 12위에 해당한다. 이것은 결코 작지 않은 비중이다. 정약용
의 고학파 유학자들의 경전주석에 대한 수용양상을 보면, 대체로 한송절
충적(漢宋折衷的)인 입장에서 비판적으로 수용하였다고 볼 수 있다. 사상적
인 측면에서 보면 수용보다는 비판이 더 많았고, 차이점이 많이 부각되었
지만 훈고·고증적인 측면에서는 고문사학적(古文辭學的) 방법론에 입각한
다자이 슌다이의 『논어고훈외전』으로부터 적지 않은 도움을 받았던 것으

로 판단된다. 조선시대 지식인 중 일본 유학에 대해 이렇게 깊은 관심을 가지고 본격적으로 연구한 예는 정약용이 유일하다.[12]

통신사행원과 실학자를 막론하고 그 이전의 일본 유학에 관한 이해는 초보적인 것이었고 평가에서도 긍정적인 것은 거의 찾아보기 힘들다. 이익·안정복·이덕무 등이 부분적으로 그들의 수준을 인정하였지만 기본적으로 문화우월의식을 전제로 한 것이었다. 그들은 일본의 고학파 유학에 대해 일정한 호기심은 보였지만 학문적 연구대상으로 보거나 나아가 수용할 만한 것으로 인정하지는 않았다. 그런데 정약용의 경우는 예외적이며 독특하기까지 하다. 이는 소중화의식에서 탈피한 그의 열려진 세계관과 철저한 학자정신의 산물이라고도 할 수 있다. 동시에 이것은 일본 고학파 유학의 발전상을 반영하는 현상이라고도 볼 수 있다.

5. 통신사행의 동아시아 문화사적 의의

조선 후기의 통신사행은 조일 간의 선린우호(善隣友好)를 상징하는 중앙정부의 공식사절단이었다. 조선국왕의 국서를 전달하고 도쿠가와막부 쇼군의 답서를 받아오는 것으로 통신사에게 주어진 기본적인 사명은 완수되는 것이었지만 500명에 달하는 대사절단이 8개월이라는 긴 기간 동안 일본의 각지를 관통하는 행사가 그것만으로 끝날 리는 없었다. 통신사행이 통과하는 연로의 객관에서는 시문창수를 비롯하여 학술·의학·예술 등 다양한 내용의 문화교류 행사가 성황을 이루었다. 그리고 그것은 쇄국체제 하의 일본 사회에 의미 있는 영향을 끼쳤다고 평가된다. 동시에 통신사행은 일본의 문물이 사행원들을 통해 전해져 조선의 지식인들이 일본사회를 재인식하는 계기를 제공하였다. 조선 후기 통신사행을 통한 양국 학자들과 민중들의 문화교류는 순수하였다. 통신사행렬도에 묘사되어 있는 일본

민중들의 다양하고 순수한 표정은 그것을 사실적으로 잘 보여주고 있다. 이러한 모습은 메이지유신(明治維新) 이래의 한국관과는 달랐던 것으로서 오늘날 새로이 조명해볼 가치가 충분하다고 생각한다.

1811년 대마도에서의 역지통신을 마지막으로 통신사행이 폐지된 이후 양국관계는 소원해지고 정보의 불통에 따른 오해와 상호인식의 갭이 커지며 결국 분쟁과 전쟁으로 가는 역사가 전개되었다. 이 점에서는 조선전기의 경우도 마찬가지라고 할 수 있다. 이로 보아 통신사행이 지니는 의의와 역할이 얼마나 중요하였는가를 알 수 있다. 근대이후 한일 양국 간의 관계가 침략과 저항이라는 불행한 역사로 점철되었고, 그러한 여파는 오늘날까지도 양 국민의 의식 속에 깊숙이 자리 잡고 있는 현실에서 근세 450여 년 간에 걸쳐 전개되었던 선린외교와 문화교류는 앞으로의 바람직한 한일관계의 하나의 모델로서 재조명되고 적극적으로 평가되어야 할 것이다.

마지막으로 연구사적인 차원에서 몇 가지 과제를 제시해보고자 한다.

첫째, 비교사적 연구의 필요성이다. 통신사행에 대한 기존의 연구에서 전반적으로 비교사적 접근이 부족하다. 통신사행을 비롯해 양국의 문화교류사를 연구하는 기본적인 방법으로서는 '교류와 비교'가 두 가지 중요한 포인트라고 할 수 있다. 그런데 지금까지는 교류사 부분에 치중해 왔고 일정한 성과도 올렸다. 이제부터는 지금까지의 교류사적 성과를 바탕으로 비교사적인 접근이 필요하다.

통신사행의 경우 연행사행과의 비교가 가장 우선적으로 필요하다. 나아가 같은 시기 유구의 청에 대한 진공사(進貢使)와 일본 막부에 대한 경하사(慶賀使), 베트남과 태국의 청에 대한 조공사, 그리고 청에서 조선·유구·베트남에 파견한 사절과의 비교도 필요할 것이다.

둘째, 동아시아적 시각에서 보다 구조적으로 접근하는 자세가 필요하다. 지금까지 통신사행에 대한 시각이 한일 양국의 양자간 구도 속에서만 파악하였고 그것도 민족주의의 과잉의식 하에 대립구도적인 시각에서 보아온 요소가 적지 않다. 시야를 넓혀 동아시아적인 구조 속에서 파악하려는 시도가 절실하다고 하겠다. 사대(事大)와 교린(交隣)도 분절된 시각으로 볼 것이 아니라 하나의 묶음으로 연결해 볼 필요가 있다.

근세에는 조선·중국·일본 모두 해금체제(海禁體制) 하에 '쇄국정책'을 취하고 있었으며 그 이전의 시기보다 폐쇄적이었다. 정부 간의 공식적인 사절단의 왕래를 제외하고는 민간의 교류가 철저히 금지되었다. 이러한 상황 하에서 조선의 통신사행과 연행사행은 동아시아를 관통하는 거의 '유일한' 정보통로이자 문화교류의 파이프라고 해도 과언이 아니다. 요즈음 동아시아 공동체와 동북아 삼국의 문화교류와 관련해 베세토(Beseto ; 베이징-서울-도쿄)란 용어가 유행하고 있다. 조선시대 통신사행과 연행사행이야말로 서울을 중심으로 하면서 중국의 베이징과 일본의 도쿄를 연결하는 문화의 고속도로였다. 이런 점에서 통신사와 연행사를 매개로 한 세 나라의 교류를 통해 조선·중국·일본 등 각국의 문화 학술의 위상을 정립해 볼 수 있을 것이다. 나아가 통신사와 연행사가 획득한 외국의 학술정보가 서울에서 어떻게 수용되고 상호 교차하였는가를 밝히는 것도 중요한 과제가 될 수 있을 것이다. 이러한 두 가지 조건이 해결되어야 통신사행이 지니는 제요소가 상대화할 수 있고, 그 객관적인 위상과 함께 특성이 선명하게 드러날 수 있을 것이다.

셋째 자료에 관한 문제이다. 통신사 연구의 국내의 자료로서는『조선왕조실록』,『비변사등록』과 같은 연대기 사료,『통문관지』,『변례집요』,『춘관지』,『고사촬요』,『증정교린지』,『교린지』 등과 같은 외교자료집,『통신사등록』, 일본사행록, 필담창화집이 있다. 이 가운데서도 문화교류 활동에 관해서는 통신사행원들이 남긴 40여 종의 일본사행록과 200여 종에 달하는 필담창화집이 가장 상세하며 중요한 일차사료이다. 전자는 한국인이 저술하였던 만큼 주된 자료로 이용되어 왔다. 그런데 후자는 주로 일본인들에 의해 편찬되었고 대부분 일본에서 간행되었다. 자료의 열람과 해독상의 어려움도 있고 해서 지금까지 국내의 연구에서는 이용도가 높지 않았다. 그런데 일본에서는 이를 이용한 연구가 꾸준히 진행되어 왔다. 다행스럽게도 최근 200여 종에 달하는 필담창화집에 대한 역주 간행작업이 국내의 연구팀에 의해 이루어졌다. 따라서 앞으로의 연구에서는 필담창화집이 일본사행록과 비교검토하면서 반드시 활용되지 않으면 안 될 것이다.

넷째, 통신사행 연구에서 학제적이고 종합적인 접근이 필요하다. 통신사행원들의 필담의 주제와 문화교류 활동을 보면 문학·유학·역사·불교·의학·지리·그림·서예·음악·건축·음식·무용·복식이 매우 다양한 분야에 걸쳐 있음을 알 수 있다. 당연히 접근방법도 다양한 학문의 도움을 받아야 한다. 이 가운데에는 그림이나 글씨, 음식 등 분야에 따라서는 문헌자료에 나오지 않는 부분도 많다. 이러한 분야에 대해서는 현지조사를 비롯해 학제적 접근을 해야만 실상을 복원할 수 있을 것이다.

4장
1711년 신묘통신사행과
가가번(加賀藩)의 문화교류

1. 신묘통신사행과 문화교류의 양상

일본열도의 서북쪽 해안가에 자리잡은 가가번(加賀藩)은 그 지리적 위치로 인해 고대부터 조선과의 교류가 많지 않았다. 가가번은 가나자와번(金澤藩)이라고도 하는데, 에도시대 가가노쿠니(加賀國), 노토노쿠니(能登國), 엣츄노쿠니(越中國)를 합쳐 가나자와번으로 되었다. 이후 1872년 폐번치현(廢藩置縣) 때 가나자와현(金澤縣)이 되었다가 노토노쿠니와 합쳐 이시카와현(石川縣)으로 바뀌었다.

가가번은 발해와 일본의 교류가 활발할 때는 양국 사절단이 왕래하는 중요한 통로가 되었지만 발해가 멸망한 이후로는 한반도국가와의 교류가 없었다. 고려시대에도 마찬가지였다. 조선시대에 들어와서 한일 양국은 약 600년 만에 국교를 정상화하였지만, 조선정부의 주요한 교섭상대는 무로마치막부(室町幕府)와 서국(西國) 지역의 영주들이

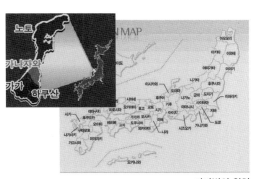

가가번의 위치

통신사 등성행렬도

었다. 조선 전기에는 이른바 다원적 통교체제로서 막부 쇼군(將軍)뿐만 아
니라 막부의 세 칸레이(三管領)를 비롯해 서부지역의 다양한 영주들과 교
류가 있었다. 그러나 가가번과 조선과의 교류사는 별로 알려진 바가 없다.

　에도(江戸)시대에도 조선의 통신사가 12차례 일본을 방문하면서 다양한
교류를 하였지만, 가가번은 통신사행이 통과하는 연로(沿路)에 위치하지
않았기 때문에 교류가 쉽지 않았다. 조선뿐만 아니라 에도시대 가가번이
외국과 교류한 사례는 매우 드물다.

　통신사가 일본의 혼슈(本州)를 지나갈 때 각지에서 다양한 형태의 문화
교류가 있었다. 거기에는 막부와 연로상의 각 번(藩)을 중심으로 교류가 이
루어졌다. 그들은 통신사 접대에 막대한 경제적 부담을 졌기 때문에 통신

악대

용정(국서 모신 가마)

사와의 교류에서도 당연히 우선권이 주어졌다. 그런데 17세기 후반 이후 문화교류가 활성화되면서 연로 상에 위치하지 않은 번에서도 문사(文士)와 유관(儒官)을 파견해 교류하도록 장려하였다. 당시로서 유학과 한문학, 의학 등에서는 조선의 우위가 인정되었기 때문에 각 번에서 통신사행원과의 교류를 통해 적극적으로 배우고자 하였다.

　가가번에서도 1711년 신묘통신사행 때 문사와 유학자를 파견하여 통신사 일행과 교류하였다. 당시의 필담창화의 내용을 수록한 창화집이 상당수 남아있는데, 그 중의 하나가 이토 신야(伊藤薪野)의 『정덕화한창수록(正德和韓唱酬錄)』이다. 이것은 가가번의 문사가 단독으로 저술한 필담창화집으로 가가번과 조선의 문화교류사를 이해하는데 매우 중요한 자료이다.

이 자료를 중심으로 가가번과 조선의 문화교류에 대해 살펴보도록 하자.

일본에서도 17세기 후반에 이르면 도쿠가와막부(德川幕府)의 문치주의 정책이 정착되면서 유학과 한문학이 발전하였다. 도쿠가와막부 5대 장군 이에요시(綱吉: 1680-1709)는 에도에 유지마세이토(湯島聖堂)을 설치하는 등, 유학을 중흥시킨 인물로 평가받고 있으며, 그 효과는 6대 장군 이에노부(家宣: 1709-1713) 때 확대되었다. 1711년 신묘통신사행 당시 일본의 문물은 융성하고 많은 유학자와 문사가 배출되고 있었다. 그래서 1682년 임술통신사행에서는 활발한 문화교류의 결과 거질의 필담창화집이 간행되었고, 종류도 다양하였다. 18세기에 들어와 양국 문사들의 필담창화는 본격적으로 활성화되었다. 1711년 신묘통신사행 후에 간행된 필담창화집은 간본이 10종, 필사본이 14종에 달한다.

10종의 간본(刊本)은 모두 사행 후 2년 내인 1713년 이전에 간행되었다는 점이 특징이다. 그 구체적인 내용은 다음과 같다.[01]

①『계림창화집(鷄林唱和集)』: 15권 8책으로 통신사행이 통과한 전 지역의 문사들과 나눈 필담창화가 망라되어 있는 것으로 분량면에서도 가장 거질이다. 교토(京都)의 서사(書肆)에서 모아 편집한 것으로 지역별로 구성되어 있으며, 등장하는 일본문사는 115인이다.

②『칠가창화집(七家唱和集)』: 10권 10책으로, 막부의 유학자 7명의 필담창화를 집대성한 것이다. 작가별로 별도의 제목이 달려 있다.

③『양동창화록(兩東唱和錄)』: 2권 2책으로 등장하는 일본문사는 43인이며, 오사카(大阪)에서 이루어진 필담창화만 수록하였다.

④『양동창화후록(兩東唱和後錄)』:『양동창화록』을 이어 보완한 것으로 무라카미 키난(村上溪南) 부자(父子)와 통신사행의 양의 기두문(奇斗文)이 나눈 의학 관련 필담이 실려 있다.

⑤『양동창화속록(兩東唱和續錄)』:『양동창화록』을 보완한 것으로 우시마도(牛窓)에서 교류한 일본 문인의 필담창화를 수록하였다.

⑥『문사이종(問槎二種)』: 『문사기상(問槎畸賞)』 3책과 『광릉문사록(廣陵問槎錄)』 2책을 합친 것으로, 오규 소라이(荻生徂徠)의 제자 6인의 필담창화를 모은 내용이다.

⑦『사객통동집(槎客通筒集)』: 쇼고쿠지(相國寺) 승려 벳슈 소엔(別宗 祖緣)의 필담창화집이다.

⑧『상한의담(桑韓醫談)』: 일본의 의관(醫官) 기타오 슌포(北尾春圃)와 통신사행의 양의 기두문의 의사문답집(醫事問答集)이다. 시문창수는 없고 의술 관련 내용만 선별해 편찬한 점이 특징이다.

⑨『좌간필어 부강관필담(坐間筆語附江關筆談)』: 아라이 하쿠세키(新井白石)와 통신정사 조태억(趙泰億)의 필담을 정리한 내용으로 현전하는 간본은 훨씬 후대인 1789년에 간행된 것이다.

⑩『일광산팔경시집(日光山八景詩集)』: 16인의 일본문사의 시와 함께 통신사 삼사(三使)와 제술관 이현의 시를 편집한 것이다. 1711년의 통신사 일행은 일광산(日光山)을 방문하지 않았으나 소엔 상인(祖緣上人)을 통해 일광산 팔경(八景)에 대한 시를 요청하였기에 보내준 화시(和詩)를 같이 수록하였다.

사본(寫本)은 총 14종인데, 대표적인 필담창화집을 소개하면 아래와 같다.

①『호정풍아집(縞亭風雅集)』: 14권 6책의 거질로 간본인 『계림창화집』과 버금갈 정도이다. 쓰시마번(對馬藩)의 기실(記室) 아메노모리 호슈(雨森芳洲)가 편집한 것으로 추정되는데, 지역별로 통신사행원과 교류한 필담과 창화시를 종합하였다. 4권 2책의 부집(附集)에는 일본문사의 시만을 따로 편집하여 수록하였다. 이것까지 합치면 20권 8책에 달한다.

②『신묘한객증답(辛卯韓客贈答)』과 『한객증답별집(韓客贈答別集)』: 다이가쿠노카미(太學頭) 하야시 호코(林鳳岡)와 문인, 막부의 유신(儒臣)들이 나눈 필담창화기록을 모은 것으로, 간본 『계림창화집』, 『칠가창화집』, 『호정풍아집』의 내용과 중복되는 부분이 많다.

③ 기타 특정지역이나 개인의 필담창화집: 『신묘창수시(辛卯唱酬詩)』(江戶의 林鳳岡 등), 『남도왜한필어창화(藍島倭韓筆語唱和)』(福岡藩의 竹田春庵 등), 『한사창수록(韓使唱酬錄)』(岩國藩의 宇都宮圭齋), 『우창시조(牛窓詩藻)』(岡山藩의 儒官 松井河樂 등), 『한객창수록(韓客唱酬錄)』(荻藩 문사 小倉尙齋), 『산현주남여조선신사창수필어(山縣周南與朝鮮信使唱酬筆語)』(荻藩의 山縣周南), 『한객사장(韓客詞章)』(相國寺 승려 祖緣), 『조선빙사창화집(朝鮮聘使唱和集)』(淸見寺 승려 芝岸), 『정덕화한창수록(正德和韓唱酬錄)』(加賀藩 문사 伊藤薪野)

이상 사본 필담창화집의 내용은 『호정풍아집』을 제외하고는 모두 특정 그룹, 혹은 개인의 필담창수를 서술한 것이다. 특히 지역의 각 번의 문사들이 대부분이다. 그 가운데서도 가가번의 이토 신야(伊藤薪野)는 통신사행이 통과하는 연로 밖에 있는 지역의 문사로서는 유일하게 창화집을 저술하였다.

1711년 신묘통신사행에서 학술 및 문화교류의 특징을 정리해 보면 다음과 같다.

첫째, 신묘통신사행에 연관된 필담창화집에 등장하는 일본문사는 모두 250여 명에 달하였다. 그런데 그들의 대부분은 막부와 번에 소속되어 있는 유관(儒官)들이었다. 에도에서는 하야시가(林家)와 문인(門人)들이 중심이었고, 연로의 번에서도 유관, 문사들과 교류가 이루어졌다. 이들은 번주(藩主)의 명을 받들어 접대를 하러 나왔다고 스스로를 소개하였다. 에도(江戶)에서의 하야시가와 연로의 번 소속 유관들의 통신사행원과의 시문창화가 제도화하는 양상을 보인다.

둘째, 초기 시문창화를 주도했던 교토의 경학파(京學派) 문사들과 하야시가(林家)에서 새로운 한문학 담당층을 배출해 내고 있었다. 또 하야시가를 중심으로 통신사행원과의 접촉이 통제되고 있었기 때문에 오규 소라이의 문하의 문인과 유학자들의 필담창화가 별로 없었다는 점도 특징이다.

셋째, 번(藩)에 소속되어 있지 않은 민간인 유학자의 기록은 거의 보이지 않는다는 점이다. 막부나 번에 소속되어 있지 않으면 통신사를 만나기가 어려웠다. 그런데 1719년 기해통신사행 때는 일반문사들에게 필담창화의 기회가 확대되었다. 다자이 슌다이(太宰春台)도 1711년에는 통신사행원을 만나는 기회를 얻지 못했지만 1719년에는 만나 교류할 수 있었다.[02]

넷째, 일본 문사들이 통신사행과 교류하고자 하는 주된 목적은 시문창화였다. 18세기에 들어서 유학과 의학 등 필담의 주제가 다양화하지만 1711년 신묘통신사행까지는 시문창화가 중심이었다. 일본문사들은 통신사행의 삼사(三使)나 4문사로부터 화운시를 받음으로써 자신의 한문학과 한시 능력을 인정받으려는 것이 일반적인 경향이었다. 시문창수 외에 필담이 본격화하는 것은 1748년 무진통신사행부터였다.

다섯째, 막부나 번의 의관과 통신사행의 양의 간에 의학문답의 결과, 『상한의담(桑韓醫談)』과 같은 전문의학필담집이 최초로 등장하였다는 점이다.

2. 가가번 문사와 통신사행원의 교류

통신사 일행이 입국하면 각 번의 유학자들과 문화인들이 몰려들어 그들과 대화를 나누기 원하였다. 통신사행이 통과하는 지역은 물론이고 그렇지 않은 번에서도 유관과 문사를 파견하여 문화를 흡수하도록 장려하였다. 1711년 신묘통신사행 때 오사카와 교토의 객관에는 호쿠리쿠(北陸), 주고쿠(中國), 시고쿠(四國), 규슈(九州) 등 전국에서 유명무명의 허다한 문사와 유학자들이 교류를 위해 몰려들었다. 이 가운데 가가번의 인물도 있었다. 그들은 유학자 이노 자쿠스이(稻生若水)·아오치 쥰신(青地浚新)·이토 신야(伊藤薪野)를 비롯해 사카이 요리모토(坂井順元)·가와시마 난로(河島南樓) 등이다. 이토 신야에 관해서는 후술하기로 하고, 이때 교토에 파견된 다른 가가번의 인물을 간단히 소개하도록 하자.

① 이노 자쿠스이(稲生若水) : 에도에서 출생하여 아버지를 이어 유학과 의학을 연찬하였다. 20세에 오사카에 나가 후루바야시 한기(古林見宜)에게 의학을 배우고, 교토에서 이토 진사이(伊藤仁齋)에게 유학을 배웠다. 단고 미야즈(丹後宮津) 번주(藩主) 나가이(永井)의 시강(侍講)을 지냈다. 23세에 『황명경세문편(皇明經世文編)』을 편찬하면서 본초학(本草學)에 뜻을 두게 되었다. 그 후 키노시타 쥰안(木下順庵)과 가이바라 엣켄(貝原益軒)을 통해 학술을 존중하고 격물궁리(格物窮理)에 깊은 관심을 지닌 가가번주(加賀藩主) 마에다 쓰나노리(前田綱紀)에게 포부를 전하고자 하였다. 번주가 그의 포부를 듣고 초빙해 자신의 숙원사업이었던 『서물유찬(庶物類纂)』의 편찬을 전담시켰다. 그는 내외의 전적(典籍) 12만 권을 모으고 전심전력으로 편찬하기 20여 년 만에 『서물유찬』 362권을 저술하였다. 필사본을 가가번주가 막부에 헌상하자 8대 쇼군 요시무네(吉宗)는 자쿠스이(若水)의 제자들에게 증수(增修)하라고 명해 1729년부터 시작해 1735년에 완성시켰다. 이 『서물유찬』은 에도시대 박물학의 보전(寶典)으로 막부에 소장되었다. 이로써 이노 자쿠스이는 격물궁리의 학과 본초학의 종장(宗匠)으로 인정받게 되었다. 에도시대 본초학을 대표하는 『서물유찬』의 편찬 배경에는 인삼 등 조선의 약물을 국산으로 자급하여 조선무역의 적자를 개선하려는 막부의 의도도 있었다고 전해진다. 그가 통신사행을 만난 것이 57세 때였으며, 4년 후인 1715년에 61세를 일기로 교토에서 죽었다.

② 아오치 쥰신(青地浚新) : 형 세이켄(齊賢)과 함께 무로 규소(室鳩巢)의 문인으로 수학하였으며, 유학뿐 아니라 시문에 능했다. 『준신재시문집(浚新齋詩文集)』을 남겼다.

③ 사카이 요리모토(坂井順元) : 가가번의 유학자의 후손으로 의학에 밝아 번의 의원으로서 430석(石)을 받았다. 시에도 능하여 현란한 아름다움이 있다는 평을 받았으며, 1711년 통신사행원과 창화할 때에도 문명(文名)이 조선에까지 미칠 것이라는 칭찬을 받았다.

④ 가와시마 난로(河島南樓) : 가가
번의 상인으로, 시에도 능하여 1711
년 통신사행원 이중숙(李重叔)·남중용
(南仲容)과 창화한 시가 『계림창화집』
에 실려 있다. 가나자와(金澤)는 100만
석의 부를 자랑하는 가가번의 죠카마
치(城下町)로서 풍류문아(風流文雅)가
성행하였기 때문에 상인 가운데에도
이러한 인물이 적지 않았던 것 같다.

아메노모리 호슈

이들은 다른 지방의 사람과 비해
큰 혜택을 받아 통신사일행을 직접 만날 수 있었다. 여기에는 특별한 이유
가 있다. 당시 통신사일행을 호행하는 일은 이정암윤번승(以酊庵輪番僧)인
두 장로(長老)가 담당하면서 필담창화를 할 수 있게 주선하였다. 그리고 오
사카·교토에 도착한 이후로는 교토고잔(京都五山)의 가장 권위 있는 석학
이 에도까지의 왕복에 동행하면서 호행하는 일을 맡는 예가 많았다. 1711
년 사행 때에는 쇼고쿠지(相國寺)의 소엔상인(祖緣上人)[03]이 그 역할을 맡았
다. 그는 1699년에는 쓰시마번에 있는 이테이안(以酊庵)에 윤번승(輪番僧)
으로 가서 주지(住持)를 맡아 2년간 체재하면서 대조선외교의 일선에서 활
약하기도 한 인물이다. 따라서 막부에서는 그의 경험을 높이 사서 이정암
장로 외에 특별히 선발하여 통신사일행을 호행하도록 하였던 것 같다. 그
는 본래 가나자와 출신으로서 당시 가가번의 5대 번주 마에다 쓰나노리(前
田綱紀)의 후원을 받고 있었다. 번주의 내락 하에 오사카·교토로 갔던 위의
가가번의 인물들은 모두 소엔상인의 주선으로 통신사일행을 접견할 수 있
었던 것이다. 가가번 인사들의 통신사일행과의 교류에는 번주의 강한 의
욕이 있었던 사실을 알 수 있다.

또 쓰시마번의 기실로 통신사를 호행하면서 응접을 주선하였던 아메노

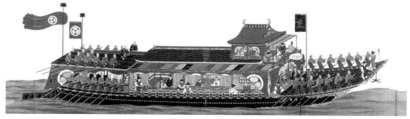

통신사를 영접한 막부 쇼군의 유람선(御座船)

모리 호슈(雨森芳洲)와 마쓰우라 가쇼(松浦霞沼)는 모두 가가번의 유학자로서 막부에 발탁된 키노시타 준앙(木下順庵)에게 학문을 배웠기 때문에 가가번의 사람들과는 매우 가까운 사이였다. 따라서 가가번의 문사들은 소엔 상인뿐 아니라 쓰시마번의 두 사람에게도 도움을 받을 수 있었다.

이하 가가번의 인사들과 통신사행원의 교류내용을 살펴보자.

신묘통신사 일행은 1711년 5월 15일 창덕궁에서 국왕에게 사폐(辭陛)하고, 7월 5일 부산을 출발하였다. 두 달간 해로(海路)를 거쳐 9월 14일 오사카에 도착해 혼간지(本願寺)에서 27일까지 머물렀다.

소엔상인은 9월 14일 요도가와구치(淀河口)에 나가 통신사 일행을 영접하고 15일 혼간지(本願寺)로 가서 삼사를 비롯해 사문사들과 시문창수를 하였다. 소엔은 이어 가와시마 난로를 인도해 제술관 이동곽(李東郭)[04]과 3인의 서기 등 4문사에게 면접시켰고, 난로는 그들과 시문창수를 하였다. 난로는 4문사에게 인사를 건네면서 "가가번과 셋쓰주(攝津州)는 700리 정도 떨어져 있는데, 통신사일행이 동쪽으로 온다는 소식을 듣고는 맹추(孟秋: 7월)에 서경(西京: 京都)에 도착하였고, 벳슈화상(別宗和尙: 祖緣)을 따라 나니와(浪華: 大阪)의 나루에 가던지 하면서 기다린 지 오래였다."고 하였다. 당시 가가번의 문사들이 통신사의 내빙을 얼마나 학수고대하고 있는지의 모습을 잘 묘사하고 있다.

이어 난로는 오사카에 머물고, 소엔은 이토 신야 등과 함께 통신사일행을 따라 교토로 동행하였다. 통신사 일행은 막부에서 제공한 수십 척의 유람선('御座船')와 작은 배를 타고 요도가와를 거슬러 올라갔는데, 소엔과 신야는 제술관 이동곽의 배에 동승하였다.

통신사 일행은 9월 27일 오사카를 출발, 28일 교토에 도착해 4일간 혼고쿠지(本國寺)에 머물렀다. 교토에서 오랫동안 기다렸던 이노 자쿠스이와 아오치 준신은 10월 1일 소엔의 주선으로 통신사행의 4문사를 면접할 수 있었다. 자쿠스이는 이동곽에게 인사를 건네면서 편찬 중인『서물유찬(庶物類纂)』에 도움이 되는 질문을 하고 싶다고 하였다. 이하 본초학에 관한 필담을 나누었다.

준신 또한 4문사와 시문창화를 하고, 필담을 나누었다. 필담 내용은 조선의 유학자 이퇴계(李退溪)와 가가번에 관한 문답이었다. 준신은 자기소개를 하면서 가나자와후(金澤候: 加賀藩主)의 가신(家臣)으로서 작년 가을부터 교토에 와있었고, 교토와 가가번의 거리는 660리라고 대답하였다. 준신은 이날의 방문에 대해, "10월 1일 나는 이노 자쿠스이와 함께 제술관 이동곽의 처소를 방문해 인사를 하고 쓰시마번의 유관 마쓰우라 가쇼의 안내로 자리를 잡아 필담창화를 하였다. 새벽부터 시작해 오후에 파하였다. 자쿠스이는 날이 저물어서 물러났다고 한다."라고 하였다. 이상의 내용은 모두『계림창화집』에 있는데, 소엔상인에게 보낸 시에서 그는 "창수의 아름다움이 있을 것이라는 소문을 듣고 반드시 참가하고자 예약하였다. 사절이 빈관에 도착하는 날 선사(禪師: 祖緣上人)에게 의뢰해 이방(異邦)의 인물과 예악문장을 보았으니 실로 생애의 큰 행복이라 무엇을 더할 것인가"라고 감상을 토로하였다.

통신사 일행은 교토에서 4일간 체재한 후 에도를 향해 출발하였다. 소엔은 접반사(接伴使)로서 동행하는데, 이토 신야가 같이 수행하기로 하였다. 자쿠스이와 준신은 다시 재회할 것을 기약하면서 교토에 남았다. 자쿠스이는『서물유찬』의 편찬을 위해, 준신은 기야쿠(祇役: 藩의 관리)로서의 임무

「후지산(富士山)」(『사로승구도』)

때문에 교토에 머물렀다.

　소엔은 에도까지의 왕복 중에 매일 통신사의 숙소를 문후(問候)하면서
위로하였고, 시문을 창수했는데, 창수시가 많았다. 삼사 또한 그에게 신뢰
를 보냈다.

　통신사일행이 다시 교토로 돌아온 것은 12월 4일이었다. 자쿠스이와 준
신은 이튿날인 5일 빈관(賓館)을 방문하였다. 자쿠스이는 『서물유찬』의 편
찬에 관해 필담을 나누었고, 4문사에 서문을 요청하였다. 이에 이동곽이
서문을 써서 보내주었다. 준신은 동곽에게 보내는 질의서를 미리 작성해
왔고, 스승 무로 규소(室鳩巢)의 저서인 『대학신소(大學新疏)』를 기증하였다.
그는 6일과 7일에도 계속 방문해 필담창화를 하고 화폭에 찬(贊)을 요청하
였으며, 정몽주(鄭夢周)에 관해서도 질문하였다. 사카이 요리모토(坂井順元)
도 12월 7일에 빈관을 방문해 이동곽을 면접하였다. 가가번의 명의(名醫)였
던 그는 양의 기두문과도 필담을 나누었다.

　통신사일행은 12월 8일 교토를 출발해 오사카로 향하였다. 준신 등은
출발에 앞서 미리 요도가와하시(淀河橋) 쪽에 도착해 일행이 승선하는 모
습을 보았고, 빈관에서 승려 코호(光峰)가 그린 홍경호(洪鏡湖)의 초상화를

소엔상인과 이토 신야에게 맡기면서 오사카에서 전해주라고 하였다. 홍경호는 초상화를 신야로부터 받은 후 준신에게 감사의 시를 전하였다.

3. 이토 신야와 『정덕화한창수록(正德和韓唱錄)』

다음으로 우리의 주인공 이토 신야와 교류 내용에 대해 알아보도록 하자. 신야는 가나자와에 있는 중 이전부터 알고 지냈던 소엔상인이 통신사 접대의 임무를 맡아 오사카와 에도를 왕복하면서 동반한다는 소식을 듣고, 좋은 기회라고 생각하며 먼저 교토에 도착해 쇼고쿠지(相國寺)의 지쇼인(慈照院)을 방문하였다. 그는 9월 초순 소엔과 함께 오사카에 가서 14일 통신사일행이 요도가와구치에 도착할 때 영접하였으며, 그 후 소엔을 따라 통신사일행과 함께 에도까지 왕복하는 숙원을 이루었다. 3개월 정도 통신사일행과 같이 동행한 그의 행동은 매우 이례적이며, 그가 얼마나 통신사행원과의 교류에 열성적이었나를 잘 보여주는 사실이다. 그 후 신야는 12월 중순 오사카에서 통신사일행이 조선으로 귀환하는 것을 환송하였다. 통신사행원과의 교류의 시종을 기록한 것이 『정덕화한창수록』이다. 이하 신야와 이 책에 관해 살펴보도록 하자.

『정덕화한창수록』

1. 이토 신야는 어떤 사람인가?

이토 신야(伊藤薪野: 1681-1736)의 본명은 쓰케유키(祐之), 자는 쥰쿄(順卿), 신야(薪野)는 호이다. 그는 교토에서 출생하였고, 유학을 업으로 삼았던 이토 만넨(伊藤萬年)이 그의 양부(養父)이다.

그의 행장(行狀)은 문인(門人) 후바 아쓰노리(不破篤敬)가 지은 비문에 자세하다.

"서실(書室)에 방(榜)을 붙여 춘추관(春秋館), 관문서당(觀文書堂)이라고 하였고, 루의 이름을 백설루(白雪樓)라고 지었다. 이토 만넨은 마쓰나가 세키고(松永尺五) 아들 쇼에키(昌易)의 사위가 되었고, 춘추관 교수를 맡아 이어갔다. 그는 자식이 없어 신야를 양자로 삼았다. 신야는 어릴 때부터 경오(穎悟)하여 속문(屬文)을 일찍 깨우쳤다. 14,5세에 논어, 맹자 등을 강론했다 1697년에 만넨 선생을 따라 가가번으로 가서 교수생활을 하였다. 1711년 한인(韓人: 신묘통신사 - 필자 주)이 내빙했을 때 승려 소엔(祖緣)을 만나 관명(官命)을 받들어 접대하였다. 선생과 소엔은 사이가 좋았는데 그를 따라 오사카와 에도의 왕복길에 조선인과 동행하였다. 창수를 약간 하였으며 1712년에 가가번으로 돌아왔다. 지은 시문과 필어(筆語) 몇 개 조를 필사해 번주에게 바쳤는데, 번주가 칭찬하였다. 1729년 서당을 개설하여 제자들이 날로 늘어났는데, 이는 지방의 학자로서 선례가 없는 일이었다. 1736년 2월 22일 병으로 가가번에서 돌아갔으니 향년 56세이다. 2남 2녀를 두었고, 저서로는 『백설루집』이 있다. 본래 근검수약(勤儉守約)하였으나 거함에 여유가 있었고, 술을 좋아하였으나 나태하지 않았으며, 용의(容儀)가 엄정하였다. 가가번에서는 비천한 처사(處士)라도 선생을 뵈면 감동해 존경한다고 한다. 선생 또한 굴종하는 것을 좋아하지 않았고 고아한 풍(風)이 볼만하였다. 죽음에 이르러 진신(搢紳)과 여러 문인들이 슬퍼하지 않는 이가 없었다."

한편 『연대풍아(燕臺風雅)』의 저자인 토요다 가게치카(富田景周)는 "무릇 가가번의 유학자라고 칭하는 자는 반드시 키노시타 쥰안(木下順庵)과 무로 규소(室鳩巢) 두 사람을 종(宗)으로 삼는다. 두 사람이 에도에서 불려간 이후로 붉은 기치를 세운 자는 오직 쥰쿄(順卿)뿐일 것이다."라고 평하였다.

대개 가가번의 문교는 교토의 마쓰나가 세키고를 모셔 흥기하였다고 한다. 그런데 후지와라 세이카(藤原惺窩)의 제자인 마쓰나가 세키고

마에다 쓰나노리

의 유학은 아들 쇼에키를 거쳐 이토 만넨 - 신야로 이어졌기 때문에, 신야는 세키고학맥(尺五學脈)의 정통에 해당하였다. 또 그는 가가번에서 큰 영향을 끼친 키노시타 쥰안과 무로 큐소 이후로 유학의 적통을 잇는 위상을 인정받았음을 알 수 있다.

요컨대 신야는 후지와라 세이카로부터 시작하는 일본주자학의 정통의 한 맥을 계승한 유학자였다. 그는 시문에도 능하였으며, 가가번 5대 번주 마에다 쓰나노리(前田綱紀)[05]의 문교정책에 일익을 담당하였다. 또 그가 번주로부터 신임을 받게 된 중요계기가 신묘통신사행을 만난 것이라는 사실도 비문의 문맥으로 알 수 있다.

2. 『정덕화한창수록(正德和韓唱酬錄)』의 체재와 내용

이 책은 이토 신야가 신묘통신사행의 제술관 이동곽 등과 오사카에서

에도까지 왕환하면서 시문창화를 하고, 필담을 나누었던 내용을 기술한 필담창화집이다. 1책의 필사본으로 현재 가나자와시립도서관에 소장되어 있다.

그런데 이 책에는 서문, 발문 등이 없고, 언제 써졌는지 확정할 수 있는 기록이 없다. 문인 후바 아쓰노리의 묘갈명(墓碣銘)에 의하면, 1711년 음력 12월 18일 오사카의 요도가와구치에서 통신사일행을 전송한 신야는 이듬해인 1712년에 가가번으로 돌아왔으며, 여행 중에 기록해 보관했던 비망록 혹은 초고류(草稿類)를 다듬고 체재를 갖추어 정서(淨書)한 다음 번주 마에다 쓰나노리에게 바쳤다고 한다. 그런데 번주에게 올린 '헌정본'은 현재 전하지 않으며, 현존하는 필사본은 헌정본을 후대의 누군가가 전사(傳寫)한 것이다.

가가번의 문사가 통신사행을 직접 만나 교류한 일은 매우 희귀한 사례이다. 1711년 신묘통신사행과 연관된 필담창화집이 간본 10종과 필사본 14종이 일본에서 편찬되었지만, 그 가운데서 통신사가 통과하지 않는 번의 문사로서 창화집을 남긴 사례는 이토 신야의 『정덕화한창수록』이 유일하다. 그런 만큼 이 책은 신묘통신사행의 필담창화 양상뿐만 아니라 가가번과 조선 사이의 문화 교류의 모습을 엿볼 수 있는 귀중한 자료이다.

책의 체재를 보면, 1711년 9월 14일 오사카에서 통신사일행과 처음으로 대면하기부터 12월 18일 이별할 때까지의 왕환과정에서 신야와 이동곽을 비롯한 통신사행원과의 시문창화와 필담의 내용을 월일순, 여정순으로 기술하였다.

수록된 시의 숫자는 차운시(次韻詩)를 합해 51수이다. 유형별로는 오언절구(五言絶句) 4수, 칠언절구(七言絶句) 33수, 오언율시(五言律詩) 2수, 칠언율시(七言律詩) 12수이다.[06] 작자별로는 신야 18수, 이동곽 16수, 남범수(南泛叟) 6수, 엄용호(嚴龍湖) 5수, 홍경호(洪鏡湖) 5수, 조평천(趙平泉) 1수 등이다. 시의 주제는 다양한데, 인적 교류, 우의, 왕환 길의 풍경, 여정, 봉사(奉謝)

등을 읊었다.

창화시와 필담 속에 등장하는
통신사일행의 인물을 보면, 이동
곽이 가장 많이 등장하고, 남범수
(종사관 소속 서기로 본명은 聖重), 엄용호
(부사 소속 서기로 본명은 漢重), 홍경호(정
사 소속 서기로 본명은 舜衍), 조평천(통신
사행의 정사로 본명은 泰億), 기두문(奇斗
文: 良醫), 이화암(李花庵: 寫字官으로 본명
은 爾芳), 정초관(鄭哨官), 박직장(朴直

공복을 갖춰 입은 조태억

長: 본명은 泰信), 김초관(金哨官: 본명은 益聲), 홍준걸(洪峻屹: 제술관의 小童) 등이다. 이
밖에 대화 속에서 이름만 등장하는 인물로는 남용익(南龍翼: 1655년 을미통신사행
의 종사관), 여우길(呂祐吉: 1607년 사행의 정사), 경섬(慶暹: 1607년 사행의 부사), 정호관(丁
好寬: 1607년 사행의 종사관), 이삼석(李三錫: 李花庵의 父로 1682년 사행의 寫字官), 임수간(任
守幹: 1711년 신묘통신사행의 부사), 이방언(李邦彦: 1711년 사행의 종사관) 등이 있다.

일본측의 등장인물을 보면, 데라다 타치가와(寺田立革: 본명은 臨川, 廣島藩
儒官), 쓰시마번주(馬島候: 對馬藩主 宗義方), 가가번주 마에다 쓰나노리(菅相
公, 加賀藩主 前田綱紀), 엔장로(綠長老: 別宗和尙, 相國寺 慈照院의 승려로 接伴僧),
기온 난카이(祇園南海: 본명은 政鄕, 紀州藩 儒官), 하야시 호코(林鳳岡: 본명은 信篤,
太學頭), 하야시 류토(林龍洞: 본명은 信充, 林信篤의 아들), 키슈번주(宗室紀候, 紀州
藩主 德川吉宗), 아메노모리 호슈(雨森芳洲: 본명은 誠淸, 對馬藩 儒官), 마쓰우라
가쇼(松浦霞沼: 본명은 允任, 對馬藩 儒官), 가노 모(狩野某: 화가), 무로 규소(室鳩
巢: 본명은 直淸, 幕府 儒官), 시바키시(芝岸老師: 淸見寺 승려), 아오치 쥰신(靑地浚
新: 본명은 禮幹, 加賀藩 藩士), 바이레이(梅嶺: 본명은 本保長益, 加賀藩 인물), 시스이
(四水: 본명은 大澤猶興, 加賀藩 인물), 겐보쿠(玄牧: 武州人), 코호(光峰: 승려) 등이
다. 이상과 같이 매우 다양한 인물들이 교류의 현장이나 혹은 화제 가운데

등장하고 있다. 등장인물 가운데 유학자의 경우 학통으로 보면, 대부분이 신야와 같은 정주학(程朱學) 계통임을 알 수 있다.

다음으로 『정덕화한창수록』의 내용을 서술된 순서를 따라 살펴보도록 하자. 번호는 편의상 붙인 것이다.

① 대판전록(大阪前錄) : 초대면에서의 상호인사, 자기소개

② 신묘지국추(辛卯之菊秋) : 시문 창화와 필어문답

③ 서경필어(西京筆語) : 교토(京都)에서 나눈 필담

④ 신묘양월상한(辛卯陽月上澣) : 후지산(富士山)에 대한 창화

⑤ 신묘맹동(辛卯孟冬) : 에도(江戶) 체재 중의 다양한 교류

⑥ 신묘초동(辛卯初冬) : 세이겐지(淸見寺)에서의 창화와 필담

⑦ 대판후록(大阪後錄) : 재회와 석별

이하는 계동십석(季冬十夕), 신묘납월상완(辛卯臘月上浣), 신묘계동상완(辛卯季冬上浣), 신묘납월상완(辛卯臘月上浣), 신묘납월18일(辛卯臘月十有八日), 신묘계동일(辛卯季冬日) 등의 소제목을 붙여서 시기별로 창화시와 필담내용을 나열하였다.

4. 이토 신야의 교류활동과 조선 인식

1. 통신사행원과의 교류

1. 통신사행원과의 초대면

이토 신야는 9월 15일 오사카 혼간지(本願寺)에서 통신사행의 제술관 이동곽, 종사관 서기 남범수와 처음 대면하였다. 이 자리에서 서로 인사하고 자기소개를 하였다. 신야는 혼간지에 소엔상인(祖緣上人)과 같이 머물렀기 때문에 16일과 17일에도 객관을 방문해 4문사와 창화하였다. 그는 3일간

4문사와 두 차례 창화시를 교환하였다.

이들의 대화내용을 간단히 요약해 살펴보자.

신야 : 창화한 것을 영광으로 생각하며 감사드린다. 앞으로 에도까지의 왕환하는 도중에도 시문창화를 부탁드린다.

동곽 : 멀리서부터 온 것을 처음에는 몰랐다. 그 뜻과 진지한 태도에 감탄한다. 앞으로의 일정은 잘 모르겠다.

신야 : (남범수에게 부친 남용익의 사적을 이야기하며) 부자가 귀중한 임무를 맡았으니 감탄스러울 따름이다. 앞으로 왕환 중에 친할 수 있으면 큰 행운이겠다.

범수 : 부친의 일을 깨우쳐 주니 감격스럽다. 에도까지 동행하면 실로 다행이다. 장로(長老: 祖緣上人)가 동행하는 것은 들었지만 귀하는 무슨 일을 맡고 있는데 장로와 동행하는지, 숙소는 어딘지 궁금하다.

신야 : 저는 장로의 고향사람으로 따라왔을 뿐이고 임무와 직책도 없다. 따라서 한가하고 여유가 많으며 빈관 가까운 곳에 머무르니 매일 창화를 같이 해주시기 바랄 따름이다.

이어 신야는 관상공(菅相公: 加賀藩主 前田綱紀를 가리킴 - 필자 주)의 명을 받아 이동곽에게『대명률강해(大明律講解)』를 비롯한 7개 서적의 인본(印本)의 유무를 질문하였다. 이 기사는 당시 가가번주가 대명률에 관련된 문헌에 깊은 관심을 지니고 있다는 사실을 보여주는 흥미있는 기록이다.[07] 그밖에 운초(芸草), 단풍나무, 표범 등에 관해서도 질문하였다.

2. 사행 중의 교류

「서경필어(西京筆語)」, 「신묘양월상한(辛卯陽月上澣)」에서는 오사카를 떠나 교토를 거쳐 에도까지 가는 도중에 나눈 시문 창화와 필어문답에 관해 서술하였다. 신야는 에도까지 동행하게 해 준 것에 대해 감사하였고, 후지산에 대해 시문을 창수하였다.

「입강호(入江戸)」(『사로승구도』)

3. 에도에서의 교류

통신사일행 371명은 10월 18일 에도에 도착하여 객관인 히가시혼간지 (東本願寺)에 여장을 풀었다. 신야도 소엔상인과 함께 근처에서 머물렀다.

신묘통신사행 때에는 아라이 하쿠세키(新井白石)가 주도한 빙례 개변으로 인한 갈등과 국휘(國諱) 논쟁 등으로 인해 통신사 일행의 에도 체재가 길어졌다. 통신사일행은 11월 19일 에도를 출발하기까지 1개월 동안 에도에 머물렀다. 그런 만큼 교류의 기회는 더 많았다. 당연히 『정덕화한창수록』에도 많은 분량의 창화시와 필담 내용이 기술되어 있다. 주요한 필담 내용에 관해 소개하면 아래와 같다.

① 관문당(觀文堂) 휘호

신야가 자신의 호이기도 한 '관문당(觀文堂)'이란 글자를 제술관 이동곽에게 써달라고 요청해 받았다. 신야는 대필(大筆)로 써진 이 글자를 후에 판각하여 서재의 편액으로 걸었다.

② 기온 난카이(祇園南海)와의 교류 주선

기온 난카이는 마쓰우라 가쇼, 아라이 하쿠세키 등과 함께 키노시타 준안 문하의 3대가로서 호유(豪儒)이며, 시 또한 평가가 높다. 그는 무로 규소

(室鳩巢), 미야케 칸란(三宅観瀾), 키노시타 기쿠단(木下菊潭) 등과 함께 10월 28일 첫 방문한 이래 몇 차례 빈관을 방문해 4문사와 창화하였다. 신야가 기온 난카이를 인도해 왔을 때 삼사(三使)는 하야시 노부아쓰(林信篤) 부자(父子)와 필담 중이었다. 이에 엄용호가 키슈번(紀州藩)의 문사 기온 난카이에 관해 묻자 신야가 대답해주었다.

③ 언문(諺文)에 관한 문답

신야가 엄용호에게 조선의 언문이 몇 글자이냐고 물으면서 써달라고 요청하였다. 이에 용호는 언문을 배우려면 아메노모리 호슈가 밝으니 물어보라고 하고 만일 여의치 않으면 내가 써주겠다고 대답하였다. 신야가 오늘 바로 직접 써주시면 고맙겠다고 다시 요청하자 다음날 객관에 오면 써주겠다고 대답하였다. 객관에 도착한 후 신야는 박직장(朴直長)에게 다시 언문에 대해 물었고, 그가 수십 자를 써주었다. 후에 신야는 귀로시 오사카에 있을 때 김초관(金哨官)에게 부탁해 언문을 써받았다. 또 신야는 박직장에게 낙랑(樂浪)의 음악에 관해 질문하였다. 이 기사는 신야가 조선의 언문과 문화 등에 관해 깊은 관심을 지니고 있음을 보여주는 대목이다.

④ 일본문사에 대한 평가

신야가 이동곽에게 이번 사행에서 교류한 일본의 문사 중 가장 뛰어난 인물은 누구인가라고 묻자 이동곽은 무로 규소[08]와 기온 난카이 등이라고 대답하였다.

⑤ 호초 사건과 화도(畵圖)의 찬사(讚詞) 요청

이동곽이 복통을 다스리기 위해 호초를 구해달라고 하자 신야가 소엔상인으로부터 얻어 주었다. 이후 소동(小童) 등에게도 호초를 구해주었다. 또 에도에서 출발하기 직전에 신야가 이동곽에게 동예법왕(東叡法王)과 집정(執政)이 소엔상인을 통해 부탁하는 것이라며 「일광산팔경시화도(日光山八景詩畵圖)」의 찬사(讚詞)를 요청하였다.

4. 귀로에서의 교류

① 대마도 동행 여부 문의

국서 전달을 마치고 돌아오는 길에 오다와라역사(小田原驛舍)에서 신야는 동곽과 시문창화와 함께 필담을 나누었다. 이때 동곽이 "그대도 대마도까지 같이 가는가?"라고 묻자, 신야는 대마도까지 가지는 못하고 서경(西京)과 오사카 사이에서 헤어져야 할 것이라고 대답하였다.

② 신야의 시문 칭찬

이어 슨푸(駿府)에 있는 세이겐지(淸見寺)에서 신야가 정사 조태억(趙泰億)에게 시를 보내었고, 동곽과도 창화하였다. 이때 동곽이 신야의 시를 두세 차례 읽고 두 번이나 '가작(佳作)'이라고 써주었다. 또 신야는 동곽을 통해 삼사에게 시를 바치고 회답을 얻기를 요청하였다. 이에 동곽은 교토에 도착하면 화시(和詩)를 얻어주겠다고 대답하였다. 이처럼 신야는 삼사와의 시문창화를 집요하게 요청하였다.

③ 이세신궁(伊勢神宮) 참배와 교토에서의 재회

신야는 나고야(尾州)에서 이세신궁에 가서 참배하기 위해 통신사 일행과 잠시 헤어졌다가 교토를 거쳐 오사카에서 일행과 재회하였다.

5. 석별

12월 8일 신야는 소엔상인과 함께 교토에서 오사카로 갔고, 12월 10일 오사카에서 통신사일행과 재회하였다. 석별하기 전날인 17일, 그는 4문사에게 송별시를 주고 화시(和詩)를 받았다. 이때 주고받은 창화시를 보면, 모두 이별을 아쉬워하는 마음이 절절하게 표현되어 있다. 또 신야는 이별 당일 요토가와구치의 배에까지 가서 삼사에게 올리는 시를 지어 전하였다.

12월 18일 요도가와구치에서 이별할 무렵, 신야는 눈물을 많이 흘려 옷이 다 젖었다. 신야가 이동곽에게 "언제 다시 만날까 하늘을 바라보니 뜬구름만 있구나"라고 하면서 석별의 아쉬움을 토로하였다.

2. 이토 신야의 조선 인식

1. 조선문화에 대한 관심과 동경

『정덕화한창수록』를 보면, 곳곳에서 신야의 통신사행원과의 교류, 나아가 조선의 문화에 대한 뜨거운 열의를 느낄 수 있다. 그는 통신사행원과 동행하면서 이동곽을 비롯한 4문사와의 창수를 간절히 희망하였다. 특히 그가 삼사에게까지 집요하게 화시를 요청하는데 대해 이동곽이 곤혹스러워 하는 모습마저 읽을 수 있다.

신야와 엄용호, 박직장 간에 이루어진 언문과 낙랑의 음악에 관한 문답 등은 신야의 조선문화에 대한 호기심과 관심의 심도를 잘 보여주는 사례이다.

신야는 조선을 '동화(東華)'라고 표현하였다. 오사카에서 이동곽과 남범수를 처음 만났을 때 "동쪽 중화국에 두 호걸선비가 있다는 것을 처음 알았네(初識東華有二豪)"라고 하였다. 또 귀로의 오사카에서 사문사를 다시 만났을 때에도 "동쪽 중화국의 네 선생을 다시 만났네"라고 하였다.

2. 인간적 교류와 상호 존중

신야와 동곽은 3개월 동안 동행하면서 인간적 신뢰와 함께 두터운 교분을 쌓았던 것 같다. 12월 18일 요도가와구치에서 이별할 무렵, 세주(細注)로 "동곽이 나의 손을 잡고 통곡하였고, 나 또한 눈물이 하염없이 나왔다"고 기술하였다. 두 사람 간의 정이 매우 두텁게 쌓였음을 말해주는 광경이다. 동곽이 귀로에 신야에게 대마도까지 동행하느냐고 물은 것도 단순한 질문일 수 있지만 권유의 성격으로 해석할 수도 있을 듯하다.

또 『정덕화한창수록』의 서술태도를 보면, 이 시기 다른 창화집에 보이는 바와 같은 경쟁의식이나 민족적인 선입견이 거의 드러나지 않는다. 시종 필담창화에 관한 사실적이고 객관적인 기술로 구성되어 있으며, 필담에서도 정치적인 주제는 일체 언급되지 않았다. 후지산에 대해 창수를 할 때도 다른 사행 때 흔히 있었던 것과 같은 조선의 백두산, 금강산과 우위를 다투는 내용이 전혀 없었다.

기본적으로 상대국의 문화에 대한 배려와 존중이 깔려 있었다고 느껴진다. 신야가 조선에 대해 '동화(東華)'라고 하면서 존숭감을 나타내자, 이동 곽도 "일본의 문명이 바야흐로 성한다(日域文明當盛際)"라고 하였고, 남범수도 "바야흐로 일본의 문화가 번성함을 알게 되었다(方知和國文華盛)"라고 화답하였다. 또 이동곽은 신야의 시에 대해서도 가작(佳作)이라고 하면서 긍정적으로 평가하였다.

1711년 신묘통신사행 때 가가번과 조선의 통신사행과의 교류에 있어서 주목할 만한 사실은 가가번주 마에다 쓰나노리의 적극적인 태도이다. 기본적으로 가가번 인사들이 통신사일행과 교류할 수 있었던 데에는 번주의 강한 권유가 있었기 때문에 가능하였다. 1711년 사행에서 통신사가 통과하지 않는 번의 문사로서 창화집을 남긴 사례는 이토 신야의 『정덕화한창수록』이 유일하다. 이것은 그만큼 가가번에서 통신사행과의 교류에 적극적으로 나섰음을 보여주는 사례이다.

또 신야가 동곽에게 『대명률강해』를 비롯한 7개 서적의 인본의 유무를 질문하면서 이것은 번주의 명을 받아 하는 것이라고 기술하였다. 이는 번주가 통신사행과의 교류에서 뚜렷한 목적의식을 가지고 있었다는 사실을 보여주는 것이다.

1711년 신묘통신사행 때 이토 신야는 31세였다. 그는 접반승(接伴僧) 소엔상인의 주선으로 오사카와 에도 사이를 왕복하는 사이 통신사일행과 동행하는 행운을 가질 수 있었다. 연로에 있는 번의 문사나 유관(儒官)의 경우에도 그 지역에서 교류하는 것이 원칙임에 비추어볼 때 신야의 경우는 매우 희귀한 사례이다. 여기에는 신야의 적극적인 열의가 바탕이 되었지만, 통신사행원 또한 그의 시문이나 유학의 수준에 대해 인정하였기 때문

관문당 편액

에 지속적인 교류가 가능하였을 것이다.

신묘통신사의 내빙과 통신사행원과의 교류는 신야에게 실로 행운의 기회였다. 신야가 후일 번주의 종용에 의해 서당을 개설해 후진을 양성하였고, 가가번을 대표하는 유학자로 평가받기까지 한 것도 통신사행과의 교류 사실과『정덕화한창수록』의 내용을 번주가 가상하게 여긴 것에 기인한다고 볼 수 있다.

신야가 이동곽에게 요청하여 받은 관문당(觀文堂)이란 글자는 세로 81cm, 가로 155cm 크기의 현판으로 새겨 그의 서재에 걸려있었다. 그런데 현재 이 편액은 가나자와시에서 이름난 고서점의 하나인 이케젠서점(池善書店)의 간판으로 걸려있다. 이케젠서점은 1832년 창업한 이래 한적(漢籍)을 중심으로 많은 도서를 간행하기도 한 명문 출판사이자 고서점인데, 이로 인해 관문당서점이라고도 하였다 한다. 이 편액은 근세 가가번에서의 근세한일문화교류를 상징하는 유산의 하나로 남아 있다. 또 신야가 50세 때 소장하고 있던 화연(花硯)이라는 벼루에 대해 지은 시가『백설루집』에 수록되어 있다. 그런데 이 벼루는 신야가 동곽으로부터 선물로 받은 조선의 자석(紫石) 벼루로서 번주가 직접 관람하였다고 한다. 신야는 그것을 보배로 오래도록 소장하면서 감상하였다는 사실을 말해준다.

　여러 가지 측면에서 1711년 신묘통신사행에서 가가번 문사 이토 신야의 교류와 『정덕화한창수록』은 특기할 만한 내용이 풍부한 사건이었다.

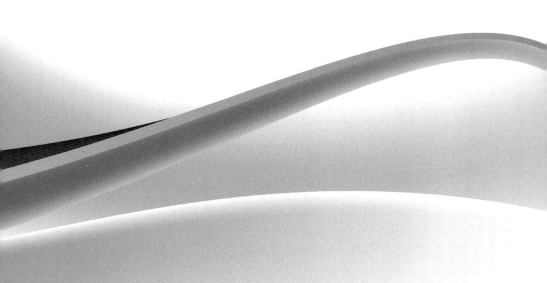

5장
19세기 초 대둔사 승려의
일본 표류와 교류

1. 조선시대에서 표류란?

표류(漂流)란 항해하는 도중 불가항력에 의해 목적지가 아닌 다른 곳에 닿게 된 해난사고를 뜻한다. 당시는 선박과 항해기술이 발달하지 못했고, 해외에 대한 지식도 적었던 시절이었으며, 한국·중국·일본 모두 쇄국체제 하에서 상호간의 정보체계가 원활하지 못하였다. 위와 같은 상황에서 표류사고가 많이 발생하였다. 비록 세 나라 간의 공조에 의한 '표류민 송환시스템'이 가동되고 있었지만 각국의 정치체제의 상이성에서 오는 문제 등 표류민은 표착지에서 송환되기까지 장기간 체류하지 않을 수 없었다.

국가 간의 공식적인 사행을 제외하고는 외국에 나갈 수 없었던 이 시기에 표류는 본인이 원하지 않은 결과이지만 하여튼 '해외여행'을 하고 '이국문화(異國文化)'를 체험한 드문 사건이었다. 표류민의 대다수를 차지하고 있는 민중의 경우 더욱 그러하다. 조선시대 민중이 외국인과 접촉할 수 있는 기회는 거의 없었다. 어떻게 보면 표류는 양국의 민중들 간에 교류할 수 있는 거의 유일한 통로이자 쇄국체제 하에서 조그맣게 열린 '숨구멍'일 수도 있다.

그런데 표류 문제를 접근하는 시각에 있어서 표류민을 송환시스템의 객체나 외교문제의 종속변수로 볼 것이 아니라 주체로 보는 시각이 필요하다. 그들이 '표류'라는 사건의 주역이며, 그들의 관점에서 본 표류란 어떠한 것인가 하는 점이 중요하다. 이런 점에서 표류민들이 기록한 '표류기(漂流記)'가 의미가 있으며 일차적 자료이다. 표류민들의 견문은 현지에서 비교적 장기간에 걸친 체험에 바탕을 둔 것이기 때문에 중요한 정보적 가치를 지니고 있다.

조선 후기 일본에 표류한 표류민이 직접 저술한 '표류기'로는 이지항(李志恒)의 『표주록(漂舟錄)』, 이종덕(李鍾德)의 『표해록(漂海錄)』, 풍계(楓溪) 현정(賢正)의 『일본표해록(日本漂海錄)』을 들 수 있다. 그런데 조선 후기만 하더라도 9,000여 명에 달하는 조선인이 일본에 표류했다는데 비해 그들이 남긴 표류기는 너무 적은 편이다. 그 이유는 대다수의 표류민이 어업과 상업에 종사하며, 신분적으로 하층민으로 구성되어 자신의 체험을 글로 남길 만한 능력이 없었기 때문이다.

조선 후기 일본에 표착한 표류민들은 일본의 어느 지역에 표착했든지 간에 원칙적으로는 모두 나가사키(長崎)로 이송되었다. 그들은 나가사키에 있는 쓰시마번(對馬藩)의 출장소[01]에 모여서 나가사키 부교(長崎奉行)의 심문을 받고, 대개 3개월 정도 체재하다가 대마도를 거쳐 조선으로 송환되었다. 나가사키에 머무는 동안 표류민들은 비교적 자유스러운 이동과 활동이 허락되었다. 그들은 시내를 활보하였고 일본인 집을 방문했으며 현지인과 필담창화(筆談唱和)를 하는 등 문화교류활동을 하기도 하였다.

한편 표류민들은 국가의 경계를 넘어서는 체험을 통해 소박하지만 '국가' 내지 '민족'을 의식하게 되었을 것으로 여겨진다. 일반적으로 다른 나라, 다른 문화를 보면서 자신을 되돌아보게 되고 정체성을 인식하는 계기가 된다. 즉 타문화를 보면서 비교와 판단의 기준으로서 조선, 조선인, 조선문화에 대한 자각이 싹틀 수 있는 것이다. 이런 점에서도 표류민의 활동과 인식은 흥미로운 주제이다.

19세기 초반 전라도 해남의 대둔사 승려 일행이 일본에 표류했다가 귀환한 사례가 있다. 더구나 그들은 대둔사에 새로 조성하려던 천불상(千佛像)을 이송하다가 표류하였고, 우여곡절 끝에 천불상을 무사히 송환하였다. 현재 해남 대흥사에 있는 천불전(千佛殿)에는 당시 일본에 표류했다 돌아온 천불상이 봉안되어 있다. 당시 표류하였던 일행 가운데 풍계 현정이라는 승려가 귀국한 후『일본표해록』이란 표류기를 저술하였다. 이러한 여러 가지 요소와 함께『일본표해록』이 지닌 사료적 가치도 높아 매우 주목할 만한 사례이다. 이하 풍계대사 일행의 표류 경위와 일본에서의 활동 및 일본인식에 초점을 맞추어 살펴보도록 하자.

2. 풍계대사 현정과『일본표해록』

1.『일본표해록』이란 어떤 책인가?

『일본표해록』은 1817년(순조 17) 11월 일본 규슈(九州)에 표류했다 귀환한 승려 풍계 현정이 1821년 7월에 저술한 표류기이다. 조선시대 승려가 쓴 유일한 일본표류기로서 희귀하며, 나가사키를 비롯한 경유지역에서의 견문사항을 상세하게 기술하고 있어 매우 중요한 자료이다.

『일본표해록』은 현재 두 종류의 사본이 전한다.

하나는 고 동빈(東濱) 김상기(金庠基)의 소장본으로 필사본 19매이며, 책의 크기는 가로 14.7cm, 세로 17.8cm이다. 각 장마다 10행이고 매 행이 24자로 되어 있다. 1971년 6월 10일 김상기 교수가 기증하여 현재 영남대학교 중앙도서관의 동빈문고(東濱文庫)에 소장되어 있다. 첫 장을 보면 제목은 '일본표해록(日本漂海錄)'으로 되어 있으며, "진고본(珍孤本)이며, 추사(秋史) 선생의 후예 가문에서 나왔다"라고 쓴 김상기 교수의 메모가 기록되어 있다. 이『일본표해록』은 1964년『고고미술』42호에 김상기교수가 쓴 간단

『일본표해록』(송광사 소장본) 표지와 서문

한 해제와 함께 활자로 게재되었다. 그런데 이 필사본이 풍계대사가 직접 쓴 원본인지, 아니면 언제 누구에 의해 필사된 것인지 알 수 없다.

또 하나는 송광사(松廣寺) 성보박물관에 소장되어 있는 필사본이다. 송광사 소장본의 제목은 '표해록 단(漂海錄 單)'으로 되어 있으며, 본문 앞에 1863년 8월 수암산인(睡菴散人) 정윤용(鄭允容: 1792-1865)이 쓴 「기풍계선사현정표해록(記楓溪禪師賢正漂海錄)」이란 제목의 '서문'이 첨부되어 있다. 이 글에 의하면 정윤용이 1863년 화순현의 집에 머무르고 있을 때 하루는 능주(綾州 : 지금의 화순) 개천사(開天寺)의 인원선사(印月禪師) 의관(義寬)이 소매에서 책 한 권을 꺼내며 말하기를 "이 책은 돌아가신 스승이며 법명이 현정인 풍계대사(楓溪大師)의 표해록(漂海錄)입니다."라고 하면서 건네주었다고 하였다. 그의 제안으로 정윤용은 서문을 써주었던 것 같다. 정윤용이 쓴 이 '서문'은 송광사소장본에는 있으나 영남대소장본에는 없다. 그런데 이 서문에서도 본래의 서명이 '표해록'으로 되어 있다. 또 오세창(吳世昌: 1864-1953)이 저술한 『근역서화징(槿域書畵徵)』「석풍계(釋楓溪)」에도 "(풍계대사가 일본에 표류해) 3년을 머물다가 돌아와서 표해록을 지었다."라고 기록되어 있다.

본문의 마지막 부분에 능주목사 이공(李公)이 써준 칠언절귀 1수가 첨부되어 있고, "신사년(1821) 7월에 능주 쌍봉사 승려 풍계가 기록하다"라고 기록하여 저술을 완성한 시기를 밝혀두었다. 이 부분은 영남대소장본에도 그대로 기록되어 있다.

그런데 송광사 소장본에는 이 본문 뒤에 능주목사 이장우(李章瑀)가 추가로 쓴 내용이 첨부되어 있다. 이장우는 1821년 당시 능주목사였던 도정공(都正公)의 조카로서 1850년 여름 왕명을 받들어 능주목사로 부임해 숙부의 행적을 추억하고 흠모하였다 한다. 그가 부임한 지 3일 만에 개천사 승려 인월이 와서 소매 속에서 1권의 책을 보여주었는데 풍계대사의 표해록이었다는 것이다. 인월은 풍계의 의발을 전수받은 제자였다. 그 책을 다 읽어보니 마지막 부분에 숙부의 절구시(絶句詩)가 있기에 그 시를 차운해 지은 칠언절귀 2수를 써주었다고 하였다. 이어 두 편의 시가 첨부되어 있으며, 마지막에 "죽수의 관리 이장우가 삼가 절하다. 일본표해록을 마치다. 석곡(石谷)이 삼가 글씨를 쓰다. 임오년(1882) 7월 모일에 베껴 쓰다."라고 되어 있다. 이 부분은 영남대 소장본에는 없다.

풍계대사의 제자인 인월 의관이 적극적으로 스승이 저술한 표해록을 알리려고 노력한 사실을 알 수 있다. 그런데 현재 전하는 송광사 소장본은 인월선사가 지니고 있었던 필사본이 아니라 1882년 7월 석곡이란 사람이 베껴 쓴 것이다. 그리고 주목되는 점은 이때는 '일본표해록(日本漂海錄)'이라고 썼다는 사실이다.

이상의 사실을 통해 보면 이 표류기의 본래 이름은 '일본표해록'이 아니라 '표해록'이었을 가능성이 높다. 후대에 옮겨지는 과정에서 '일본표해록'으로 고쳐졌다고 보이는데, 이 점 두 개의 필사본 모두 마찬가지이다. 추측컨대 '일본표해록'이라고 하는 것이 혼동할 여지없이 이해하기 편하기에 그렇게 명명하였고, 후대에 그것으로 전해졌던 것 같다. 여기서도 그런 사정을 고려해 편의상 '일본표해록'을 사용하고자 한다.

1989년 동국대학교 출판부에서 간행한『한국불교전서』제10책에 활자본으로 수록된 "일본표해록"은 송광사 소장본을 저본으로 한 것이다. 앞에서 본 것처럼 이것은 영남대 소장본과는 다른 필사본이다. 즉 1821년 풍계대사에 의해 저술된『일본표해록』이 몇 부 필사되어 다른 경로로 전해졌다고 여겨진다. 이러한 형식적인 차이 외에도 두 사본의 본문을 비교해보면 글자가 다르게 적힌 부분이 적지 않다. 그것은 옮기는 과정에서 발생한 사소한 오류 수준이다. 두 사본 간의 글자를 비교하고 정본화하는 작업은 역주본『일본표해록』(김상현 역, 동국대학출판부, 2010)에 의해 정밀하게 이루어져 있다.

2.『일본표해록』의 저술동기와 체재

풍계대사는 1817년 뜻밖의 표류를 통해 7개월 간 일본에서 기이한 체험을 하였고, 구사일생의 어려움을 겪은 후 귀환하였다. 1818년 귀국한 후 불상을 무사히 봉안하고, 이듬해에는 천불전의 후면에 신중탱화(神重幀畵)를 그려 봉안하는 등의 작업까지 해 임무를 마무리하였다. 1821년 귀국한 지 3년이 되는 해에 지난 기억을 더듬어『일본표해록』을 지었다. 그는 이 책을 저술한 동기에 대해 다음과 같이 밝혔다.

> "무릇 하나의 산과 하나의 강을 유람해도 기록을 남겨 후세에 전하는데 이번에 경험한 바는 지극히 험난하며 도착한 곳도 다른 나라이니 어찌 기록해 두지 않을 수 있겠는가? 그 풍토를 기록하고자 했기 때문에 각 진(津)과 관(關)의 도회(都會)와 사람들의 번화한 모습, 재화가 쌓여있는 것과 남녀의 분잡한 모습 등을 모두 기술하였다. 그리고 먹고 마시는 일, 행동하는 절도, 물고기와 채소 등의 사소한 것에 이르기까지 빠짐없이 서술하여 후세 사람들에게 참고자료가 되게끔 하였다."

다음으로 체재를 살펴보면, 『일본표해록』은 기본적으로 '표류일기'의 형식이지만 중간에 견문을 항목별로 정리한 일종의 '문견록'이 포함되어 있다. 그러나 양자가 체재상으로 확실히 구분되어 있지는 않다. 그런데 표류일기 부분뿐 아니라 특히 문견록의 곳곳에 그의 일본인식이 선명하게 피력되어 있다. 서술형식에는 세련성이 다소 부족하지만 묘사의 사실성과 생동감은 뛰어나며, 약 100일 간에 걸친 표류생활 중 보고 들은 것과 전문(傳聞)을 바탕으로 기술한 『일본표해록』의 '문견록'은 내용이 충실하다. 본인이 저술동기에서 밝힌 바처럼 후세인들의 참고가 되기에 충분한 자료라고 평가할 수 있다.

3. 19세기 전라도의 불화승(佛畫僧), 풍계대사

『일본표해록』의 저자인 풍계대사는 어떤 인물인가?

그는 법명이 현정(賢正)이며, 호는 풍계(楓溪)이고, 승려이면서 불화를 그린 화승(畫僧)이었다. 현재 기록상 확인되는 사실을 먼저 정리해보자.

그는 처음에는 광주의 원효사(元曉寺)에 있었다가 1817년 대둔사의 고승이었던 완호대사(玩虎大師) 윤우(倫佑)의 초빙으로 해남의 대둔사(大芚寺: 지금의 大興寺)로 옮겨 활동하였다. 1817년 가을 대둔사 승려들과 함께 경상도 경주 기림사에서 천불상을 만들어 대둔사로 돌아오던 중 11월 일본으로 표류하여 이듬해 7월 귀국하기까지 일본에서 7개월 간 체류하였다. 그는 귀환한 후 1821년 7월 『일본표해록』을 저술하였는데, 본문의 마지막에 "능주 쌍봉사 승려 풍계가 기록하다(綾州 雙峰寺僧 楓溪記)"라고 한 점으로 보아 이 시점에는 능주 쌍봉사의 승려로 있었음을 알 수 있다.

한편 오세창(1864-1953)은 『근역서화징(槿域書畵徵)』에 「석 풍계(釋楓溪)」란 항목을 설정해 '화공파별(畵工派別)'을 인용하면서 조선후기의 화가로 소개하였다.

"석 풍계 : 화원승으로 광주의 원효사에 있었다. 해남 대둔사의 천불상을 경주의 석굴암에서 만든 지 여러 해 만에 일이 끝나서 배에 싣고 돌아오다가 풍랑을 만나서 일본의 나가사키섬(長崎島)에 정박하게 되었다. 그런데 싣고 있던 천불상이 홀연히 광명을 나타내니 일본인들이 대단히 이상하게 여기고 신앙하는 사람들이 매우 많았다. 그대로 3년을 머물다가 돌아와서 표해록을 지었다. 그 제자 해운(海雲) 또한 화원으로 세상에 이름이 났다.(화공파별)"

정리해 보면, 풍계대사는 1811년 광주 무등산의 원효사에 재직하였고, 1821년에는 능주(화순)의 쌍봉사에 있었다. 『일본표해록』에 나오는바 그의 제자인 인월 또한 능주의 개천사(開天寺)에 있었던 점으로 보아 풍계대사는 무등산의 남쪽으로 이어진 화순지역과 연고가 깊었을 것으로 추정된다.

풍계대사의 생몰연대는 불확실 하지만 1796년부터 1868년 사이에 작품활동을 한 것은 확인할 수 있다. 그는 1817년 대둔사 완호대사의 초빙을 받아 천불상을 만드는 일을 도맡았다. 이어 불상을 호송하던 중 일본으로 표류했다가 귀환하여 1818년 8월 불상을 천불전에 봉안하였다. 1819년에는 대흥사 천불전에 천불상과 함께 봉안되어 있는 신중탱화(神衆幀畵 - 千佛殿神衆圖)를 직접 그렸다. 이때의 화기(畵記)를 보면, 증사(證師 - 證明比丘)는 초의 의순(草衣意恂)이며, 송주(誦呪)는 호의 시오(縞衣始悟)이고, 금어(金魚)[02]는 풍계현정(楓溪賢正)이고, 화주(化主)는 완호윤우(玩虎倫祐)로 되어 있다.[03] 가경(嘉慶) 24년(1819) 기묘 7월 회일(晦日)에 봉안하였다고 나와 있는데, 이로 보아 천불전의 마무리 작업까지 풍계대사가 하였음을 알 수 있다.

그밖에 1797년에 전남 고흥군의 금탑사 극락보전 불상을 개금(改金)하였고, 1804년경에는 해남군 서동사의 목조삼세불좌상을 개금하였다는 사실이 알려져 있다.[04] 또 1826년에 제작된 도장사 석가모니 불화가 풍계대사의 작품으로 확인되며, 1868년에는 금강산 표훈사의 불상을 개금하고 도서(圖畵)를 조성하는 불사(佛事)의 대화주(大化主) 역할을 하기도 하였다.

그러면 당시 불교화단에서 풍계대사의 위상은 어떠하였을까?

조선초기에는 강력한 억불정책으로 인해 화승(畵僧)들의 활동도 주춤하였지만, 임진전쟁 시 의승병(義僧兵)의 활동 이후 불교에 대한 인식이 호전되었다. 전란 후 수많은 사찰들의 복구와 함께 불화(佛畵)도 다수 제작됨에 따라 화승들의 역할도 커지게 되었다. 후기에 와 화승들은 지역별로 유파를 형성하며 활발한 활동을 하였다. 조선 후기 불화를 그리는 화승들은 중앙의 일반회화 화단과 달리 불교화단을 형성하였는데, 대체로 산문(山門)을 중심으로 집단체제를 이루었으며, 각 사찰의 불사가 있을 때 초빙되었다.

조선후기 화승들의 계보는 대개 명산대찰을 중심으로 형성되었고, 다시 인접사찰로 파생되어 갔다. 전라도 지역의 경우 조계산과 지리산 주변에 대찰이 있어 불교문화를 꽃피운 명장들이 대대로 출현해 맥을 이어갔다. 특히 조계산에 있는 송광사와 선암사의 화승들이 원류를 이루며 중심적인 화맥으로서 불교화단을 주도하였다. 이 조계산문의 유파 가운데 하나가 광주 무등산의 원효사이며 풍계 현정이 주도하였다.

18세기 말에서 19세기 전반에 걸쳐 조계산과 지리산 주변의 전라도지역 사찰을 중심으로 활동했던 불화승의 계보는 의겸파(義謙派), 금암천여파(金巖天如派)와 함께 풍계현정파로 분류되는바 풍계대사는 주요한 활동을 한 것으로 추정된다.

그는 19세기 전반기 전라도지역을 무대로 활동하였던 불화승의 한 유파를 거느린 인물로서, 원담 내원(圓潭乃圓), 해운 익찬(海雲益讚) 등의 뛰어난 제자를 배출하였다. 이 유파는 그 후에도 많은 불화승이 맥을 이으며 번성하였고, 금암 천여(金巖天如)를 중심으로 하는 선암사파(일명 금암천여파)와 더불어 19세기 전남지역을 대표하는 양대 불화승 계파이다.

4. 대둔사의 천불전 조성과 풍계대사

1817년 대둔사의 고승 완호대사가 화승인 풍계대사를 초빙한 계기는 무엇일까?

여기에는 대둔사의 화재와 천불전의 중건이라는 사건이 배경에 있다. 그 경위를 좀 더 자세히 살펴보자. 대둔사의 화재와 중건, 천불상 조성의 경과와 천불전에 관해서는 범해 각안(梵海覺岸: 1820-1896)이 쓴 「천불조성약기(千佛造成略記)」나 「완호강사전(玩虎講師傳)」에 상세히 기록되어 있다.[05]

1811년 2월 대둔사에 대화재가 일어나 남원(南院)의 9개 전각이 모두 소실되었다. 이 화재의 경위와 천불전 조성의 과정에 대해서는 「완호강사전」이 자세하다.

"신미년 2월 가리포첨사가 2경에 사찰로 들어와 세 번이나 횃불을 보충하며 창고로 들어왔다가 불씨가 떨어진 줄 몰라 이로 인해 불이 났다. 가허루(駕虛樓), 천불전(千佛殿), 대장전(大藏殿), 용화당(龍華堂), 팔해당(八解堂), 적조당(寂照堂), 지장전(地藏殿), 약사전(藥師殿), 향로전(香爐殿) 등 9채가 하룻밤만에 불타버렸다. 완호대사가 직접 재건의 책임을 맡아 차례로 일으켜 세웠다. 임신년(1812) 봄에 호의(縞衣)가 입실하였고, 정축년(1817)에 상경하여 화사(畵師)를 구해 경주 기림사로 내려가 크게 불사를 일으켰다. 석 달 사이에 빛을 발한 것이 세 차례, 상서로운 기운이 서린 것이 세 차례였다. 10월에 천불상이 조성되어 점안을 마쳤다. 11월 16일에 부터를 배로 운반하여 7백 구는 큰 배에 실었는데 인봉증사(仁峰證師)와 풍계화사(楓溪畵師)가 동승하였다. 3백구는 작은 배에 실었는데 호의선사가 동승하였다. (중략) 이듬해 무인년(1818) 6월 17일에 일본에서 배가 출발하여 11일 만에 부산진 앞바다에 다시 정박하였다. 7월 14일에 완도 원동의 대진강에 도착하여 15일에 절에 올라왔다. 8월 15일에 새로 조성한 법당에 천불상을 봉안하였다. 표류하였던 불상은 그 어깨 위에 모두 '일(日)'자를 써서 표시하였다."

대화재 사건 이후 완호대사가 몸소 화주(化主)가 되어 차례로 중건하였는데, 1812년 5월에 극락전, 용화당, 지장전을 중건하였다. 소실된 천불전은 완호대사가 1813년에 중건한 후 1817년 원효사에 있던 화원승 풍계 현정을 초빙하여 천불상 조성의 임무를 맡겼다.

천불상을 조성하는 구체적 과정에 대해서는 「천불조성약기」의 기록이 더 소상하다.

> "1817년 완호대사가 천불상을 조성하기 위해 서울에 올라가 주선하고 경주 기림사로 내려갔다. 8월 7일 처음으로 신중(神衆)에 마지(摩旨)를 올리고 화원들에게 불상을 만들도록 했는데 시작한 화원은 경산(京山) 화원 8명이었다. 10월 18일에 첫 번째 333불을 점안하였고, 10월 19일에 두 번째 333불을 점안한 것은 영남화원 24인이었다. 20일에 세 번째 333불을 점안한 것은 전라화원 11인이었다."

경주 불석산의 옥돌을 쪼아 천불상을 만드는 대역사로서 8월 7일 시작해서 3개월도 채 안 되는 기간에 완성하였다. 서울과 영호남의 화원 43명을 총동원해 초스피드로 진행한 셈이다. 이 과정에서 풍계대사는 불상의 조각과 채색 등 제작의 책임자였을 것으로 추정되며 운반의 책임도 맡았다.

그러면 19세기 전반기 대둔사는 어떠한 위상을 지닌 사찰이며 완호대사는 어떤 인물인지 살펴볼 필요가 있겠다.

조선후기 불교계의 자생적인 활동양상에서 가장 두드러진 모습을 보인 지역은 호남이었다. 17세기 이후 다수의 고승들이 출현하면서 새로운 분위기를 주도하였는데, 그 대표적인 사찰이 송광사(松廣寺)와 대둔사(大芚寺)이다. 18세기 후반에는 대둔사의 연담 유일(蓮潭有一; 1720-1799, 제12대 종사)과 송광사의 묵암 최눌(黙庵最訥: 1718-1790)이 심성 논쟁을 벌였다. 19세기 전반에는 대흥사의 초의 의순(草衣意恂: 1786-1866)과 백파 긍선(白坡亘璇: 1767-1852)이 선(禪) 논쟁을 벌였는데, 이것은 이후 100년간 불교계의 중심적인 화두가 되었다. 18세기의 심성 논쟁과 19세기 선 논쟁의 중심지였던 대둔사는 조선 후기에 가장 역동적인 사찰이었다. 특히 18세기말 서산대사(西山大師)의 충의를 기리는 표충사(表忠祠)로 지정되고, 19세기 전반 『대둔사지(大芚寺志)』를 간행하면서 대둔사의 위상은 크게 높아졌다.

『대둔사지』의 편찬 시기는 1814년에서 1818년 사이로 추정되는데, 완호대사 윤우가 대둔사 화재 이후 중창불사를 주도했던 시기와 일치한다. 『대둔사지』의 가장 큰 의미는 '종원(宗院)'의 표방과 함께 12종사(宗師)와 12강사(講師)를 설정한 것이다.[06] 여기서 완호 윤우는 제10대 강사이고, 아암 혜장은 12대 강사로 선정되었다.

완호대사 윤우는 19세기 초반 대둔사의 '종원' 운동을 주도해 나갔던 핵심적인 인물이었다. 그는 13세에 대둔사로 출가하였고, 17세에 구족계(具足戒)를 받은 후 백련 도연(白蓮禱演)에게 교학을 익히고, 12대 종사인 연담 유일(蓮潭有一)에게 선학을 배운 뒤 도연의 의발(衣鉢)을 이었다. 1811년 대둔사에 화재가 발생하자 그는 권선문(勸善文)을 짓고 법당 중건에 앞장섰다. 1817년에는 인봉 덕준, 풍계 현정, 호의 시오 등과 함께 경주 기림사로 가서 옥으로 된 천불상을 조성하였다. 69세로 입적했을 때 조정에서 '선교양종화엄강주(禪敎兩宗華嚴講主)'라는 승직(僧職)을 추증하였다. 두륜산에 부도탑과 비석을 세웠고 비문은 상국 권돈인(權敦仁)이 지었다. 문하에 많은 제자들이 배출되었는데, 12대 강사인 아암 혜장(兒庵惠藏)과 초의 의순, 호의 시오(縞衣始悟) 등이 있다. 이와 같이 완호대사는 대둔사의 최전성기였던 18세기와 19세기의 교량역할을 한 승려였으며, 그의 큰 업적 중의 하나가 대둔사의 중창과 천불전의 건립이다.

5. 「조선표객도(朝鮮漂客圖)」란 그림

풍계대사의 일본 표류와 관련해 일본에서도 「조선표객도」란 자료가 있다. 이것은 풍계대사 일행이 1818년 나가사키의 쓰시마번저(對馬藩邸)에 머물고 있을 때 이들과 필담을 나눈 일본인 화가 우키다 잇케이(浮田一蕙)[07]가 그린 그림과 글로 구성되어 있다. 오른 쪽에는 우키타 잇케이가 묘사한 삽화 한 폭과 그 아래에 그림을 그린 경위를 기술한 글이 있고, 왼쪽에는 '표객(漂客)'이 준 2수의 시와 글이 첨부되어 있다. 우선 그림을 보면, 옥불상을 제단에 모셔놓고 불경을 읽는 승려가 있고, 오른쪽에 승려 두 분이 서 있다. 그 중 한 스님이 붓과 종이를 들고 있는 모습으로 보아 필담을 하는 장면을 묘사한 것 같다. 아래쪽에는 뱃사공 두 사람이 앉아 대화하는 모습이 그려져 있다. 오른쪽 하단에 화가가 쓴 글('題記')의 내용을 보면 다음과 같다.

> "분세이(文政) 원년 무인년(1818) 봄 정월에 나그네로 나가사키에 놀러갔다가 쓰시마번저에서 조선표객을 보았다. 대개 전라도 대둔사 승려 17인이었고, 나머지는 모두 뱃사공이었다. 승려 2,3인이 문자를 약간 이해하였으므로 붓으로 혀를 대신해 서로 심정을 통하였다. 이번 텐포(天保) 9년 무술년(1838) 겨울 11월에 무가무불가정(無可無不可亭)에 들렀다가 화로 둘레에서 화제가 지난 일에 미쳤는데, 주인이 그것을 그려달라고 하기에 그림을 그려주고 표객 승려 아무개의 필적 한 장을 첨부해 주었다. 가위(可爲)"

우키다 잇케이가 1818년 1월 나가사키의 쓰시마번저에서 조선에서 표류한 승려 일행을 만나 필담을 나눈 기억을 되살려 20년 후인 1838년에 그린 그림임을 알 수 있다. 그와 필담을 나눈 승려 2,3인은 인봉증사(仁峰證師)와 풍계대사일 것으로 추정된다. 추측컨대 제단 앞에 독경하는 승려가 인

조선표객도

봉증사이고, 붓을 든 승려가 풍계대사이며, 오른쪽에 있는 승려가 상좌 인담(印潭)이 아닐까 생각된다.

　이어 왼쪽에는 조선 표객이 준 2편의 시와 편지글이 적혀 있다. 첫째 시는 오언절구인데, 뜻하지 않은 사고로 일본으로 표류해 왔는데, 일본 산하의 경치가 훌륭하다는 내용이다. 두 번째 시는 칠언절구로서 쓰시마번저의 풍경 묘사와 함께 세모를 맞아 불법을 염송하면서 시름을 달랜다는 내용이다. 편지에서는 예상외의 표류에 대한 감상과 일본의 후의에 대한 감사를 표하였고, 이어 잇케이가 표류승려에게 모종의 제안을 했는데 대해 완곡하게 거절하는 내용이 기술되어 있다. 잇케이의 제안은 옥불상을 이곳에 봉안하는 것이 어떻겠느냐는 것이 아닐까 여겨진다.

　잇케이는 조선의 표류승려들과의 대화와 그들이 준 시와 편지를 오래 보관하고 있었음을 알 수 있다. 그러다가 20년 후 어떤 지역인지 모르지만 무가무불가정이란 정자에서 이야기를 하다 주인이 요청하자 기억을 더듬어 그림을 그리고, 이때 받은 시와 편지를 첨부해 주었던 것이다. 한편 풍계대사는 잇케이와의 만남에 대해 『일본표해록』에 기술하지 않았다. 3개월 반 동안 나가사키에 머물면서 많은 일본인을 만나고 교류하였는데, 우키다 잇케이와의 만남이 깊은 인상을 주지 못한 것 같다. 그러나 이 「조선표객도」는 『일본표해록』과 「천불조성약기」 등 천불상의 표류사건에 관한 기사의 신빙성을 방증해 주는 귀중한 자료라고 할 수 있다.

3. 풍계대사 일행의 표류와 일본에서의 활동

1. 표류의 경위와 귀환 과정

풍계대사 일행이 일본으로 표류한 경위를 구체적으로 살펴보면 다음과 같다.

1811년(순조 11) 2월 대둔사에서 큰불이 나 대장전을 비롯한 9개 건물이 소실되었다. 당시 이 사찰의 지도자였던 완호대사 윤우가 권선문(勸善文)을 짓고 앞장서 노력한 결과 소실된 전각을 차례로 중건하였으며, 1813년 가을에는 천불전을 완성하였다. 이에 그는 1817년 몸소 호의 시오와 인봉 덕준, 화승 풍계 현정 등 여러 승도를 거느리고 경주 기림사에 들어가 천불상 조성이라는 큰 불사를 행하고자 하였다. 그는 풍계대사 등에게 명하여 불석산에서 옥을 쪼아 천 개의 불상을 만들게 하였다. 아마도 풍계대사는 천불상 제작을 위해 특별히 외부에서 초빙된 만큼 실질적인 책임자였던 것으로 보인다.

풍계대사를 비롯한 대둔사 승려들과 화원들의 노력 끝에 1818년 10월 하순 비로소 천불상이 완성되었다. 풍계대사는 호의대사, 인봉대사 등과 함께 이 천불상을 대둔사까지 운송하는 책임을 맡아 11월 16일 천불상을 경주 장진포로 옮겼다. 18일에는 장진포에서 강진군의 완도상선이 도착하였기에 그 배를 임대해 울산 장생포로 향하였다. 이튿날이 되어서야 완도상선이 장생포에 도착하였는데, 그 이유는 배가 작고 불상은 무거워 운행하기에 어려움이 있었기 때문이었다. 때마침 장생포에는 홍원에서 온 상선이 있어 해남으로 간다 하기에 이를 임대하여 운반하기로 하였다. 그래서 불상 768좌는 홍원상선에 싣고, 232좌는 완도상선에 나누어 실어 24일 장생포를 출발하였다. 그런데 울산 군령포에 이르러 일기가 좋지 않아 배를 멈추고 유숙하였다. 25일에 동래를 향해 출항하였는데, 동래를 수십 리 앞둔 해상에서 강한 서북풍을 만났다. 완도선은 곧바로 배를 돌려 동래 해안으로 정박하였는데, 홍원선은 선체가 큰데다 역풍으로 배를 돌리지 못하고 결국 표류하게 되었다.

이 배에는 풍계대사를 비롯한 승려 15인과 속인 12인이 타고 있었는데, 동남쪽으로 사흘간 표류하다가 대마도를 거쳐 27일 밤 무렵 일본 규슈의 서북부지역인 치쿠젠주(筑前州)의 무나카타군(宗像郡) 오시마우라(大島浦)에 표착하였다. 28일 아침 풍계대사 일행은 표착지에서 현지관리의 심문을 받았다. 그러나 일본의 법규에 따라 육지에 내려가지는 못하고 배 위에서 지냈으며, 식량과 각종 물품을 지원받았다. 이곳에서 닷새를 유숙한 뒤 나가사키로부터 조선표류민에 대한 처리지침을 전달받은 무나카타군 관리들이 비선(飛船) 40여 척과 호송하는 관선(官船) 1척과 지로선(指路船) 1척을 보내왔다. 풍계대사 일행은 홍원상선에 탄 채 일본인들의 호송을 받아 이동하였다.

일행은 12월 2일에 무나카타군 쓰야사키우라(津屋崎浦)에 정박하였다. 여기서도 간단한 현지관리의 심문을 받았다. 이곳은 4,5백호가 되었으며 오시마우라에 비해 자못 번화하였다고 하며, 황촉(黃燭)을 공급해 밝힌 것에 대해 사소한 일이지만 그 나라의 부유함을 알 만하다고 기술하였다. 10일간 머문 뒤 12월 11일 아이노시마우라(藍島浦)를 거쳐 가라시로우라(唐白浦)에 도착하였다. 9일간을 머문 뒤 23일에는 카시와지마(柏島)에 도착하였다. 24일에는 요부코지마(呼子島)에 도착해 5일간 머문 뒤 28일에는 미구리지마(三栗島)에 머물고, 29일에 니시지마(西島)에 정박하였다. 각 지역에 이를 때마다 현지 관인들이 일행을 인수인계하면서 호송하였다. 마침 섣달 그믐을 맞이하자 풍계대사는 담당관리에게 요청해 쌀을 더 얻어 768좌의 부처상에게 공양하고, 남는 밥은 바다에 뿌려 해신제(海神祭)를 지냈다.

1818년 정월 2일 히젠주(肥前州) 나가사키진(長崎鎭)에 도착하였으며, 나가사키에 있는 쓰시마번저에서 3개월 15일간 체류한 후 귀환하였다. 귀환할 때 대마도까지의 경로를 보면 4월 14일 나가사키를 출발하여 미치우시지(道馬峙) - 후쿠다우라(福田浦) - 히라도시마(平戶島)를 거쳐 잇키노시마(一岐島)의 토요모토우라(豊本浦)에 도착하였다. 여기서 11일간 머물렀는데 우리나라의 역관이 통신(通信)에 관한 일로 대마도에 와 정박했다는 소식을 들었다.[08] 일행은 일기도에서 출선하여 5월 3일 대마도에 도착하였다. 이때 문위행 일행은 4월 그믐날에 대마도에 도착하였기 때문에 그들과 조우할 수 있었다. 문위행 일행을 만난 풍계대사는 표류한 후 구사일생의 환란을 격고난 후에 조선사람을 만나니 기쁘기 그지없다고 술회하였다.

풍계대사 일행은 대마도에서 45일간을 체류하였는데, 관례에 따라 다시 조사를 받았다. 6월 17일 비로서 대마도의 부중(府中)을 출발하여 도내의 화천촌(化泉村)과 대풍소(待風所)를 거쳐 귀국하였다. 그런데 동래 앞바다에 이르러 갑작스런 동풍이 불어서 다시 표류해 가덕도 천성진(天成鎭)에 정박하였다. 『일본표해록』에서는 가덕도에서 며칠 머문 후 배를 출발시켜 7월 14일 해남 앞바다에 정박하였다고 되어 있다. 그러나 일본에 표류한 조선인이 귀국하면 반드시 부산진과 동래에 도착하여 관리들의 심문을 받은 후 고향으로 가는 것이 필수적인 규칙이었다. 또 『일본표해록』에 동래부 사람으로부터 들은 이야기를 소개한 내용도 있는 만큼 7월 14일 이전에 동래부를 거쳐 심문을 받은 후 해남으로 귀향하였다고 보는 것이 타당할 것이다.

7월 14일 해남에 도착한 후 배를 정박시키고, 대둔사에 급하게 소식을 알렸더니 절에 있던 사람들이 모두 놀라고 기이하게 여기며 무사생환을 기뻐하며 축하해 주었다. 풍계대사는 먼저 완도상선의 안부를 물었더니 동래에서 기다리다가 먼저 도착해 불상을 불전에 먼저 봉안하였다고 하였다. 8월 15일 마침내 768좌 일체를 불전에 봉안하고 특별히 천불전이라고 명명하였다고 하였다. 완도선을 통해 운반되었던 232좌의 불상들은 이미 봉안되었는데, 이제 일본에 표류하였던 768좌의 불상을 함께 모시게 되니 명실상부한 천불전이 되었다.[09] 이때 구분하기 위해 일본에 표류했다가 천신만고 끝에 돌아온 불상의 어깨 위에는 '일(日)'자를 써서 표시하였다 한다. 다산 정약용이 호의 시오에게 1818년 3월 9일 보낸 답서를 보면, 천불상이 일본으로 표류한 후 돌아올 때까지 완호대사는 계속 바닷가에서 기다렸다고 한다.[10] 또 다산이 1818년 8월 불상이 무사히 돌아왔다는 소식을 듣고 완호대사에게 보낸 편지에는 "작년 겨울 석불이 동쪽으로 떠내려가 눈물로 돌아오기를 기다린다는 말을 듣고 누군들 노인을 불쌍히 여기지 않았겠습니까?"라고 위로하였다. 이어 불상을 혼동할 여지가 있다고 하면서 "훗날 누가 어느 것이 먼저 온 300개의 부처이고, 어느 것이 동쪽으로 떠내려갔던 700개의 부처인 줄 알겠습니까? 반드시 불상의 등에다 모두 작은 전자(篆字)로 '일(日)'자를 써서 표시로 삼아 일본으로부터 온 것임을 적어둔 뒤라야 서로 뒤섞이는 탄식이 없게 될 것입니다. 이 뜻은 모름지기 초의 의순과 함께 의논해보십시오."라고 하였다. 「천불조성약기」나 「완호강사전」에 모두 일본에서 돌아온 불상의 어깨에 '일(日)'자를 써 표시하였다는 기사가 나오는데, 이것이 다산의 당부에 기인하였을 가능성이 매우 높다는 사실을 보여준다. 매우 흥미있는 기록이다.

풍계대사는 『일본표해록』에서 구사일생의 과정과 일본에서 불상을 배로 움직일 때 상서로운 무지개가 호송하는 기서현상(奇瑞現象)을 기술하였다. 또, 무사히 불상을 보존해 봉안하였다는 사실에 감격하면서 "이 어찌 부처님의 가피력(加被力)이 더욱 밝게 드러난 것이 아니겠는가"라고 하면서 소회를 피력하였다. 이어 이 기이한 체험과 견문을 빠짐없이 서술하여 후세인들에게 보여야겠다는 사명을 가지고 표해록을 저술하였다고 밝혔다. 이상 풍계대사 일행이 일본에 표착한 이후 귀국하기까지의 과정과 경유하였던 경로는 조선후기 조일 간의 표류민송환시스템에 따른 전형적인 모습이었다.

2. 나가사키에서의 활동과 인상

풍계대사 일행은 일본의 규정에 따라 나가사키에 도착하기까지는 육지에 내리지 못하고 배 위에서 있었기 때문에 일본인들과의 교류나 별다른 활동을 할 수 없었다. 나가사키에 도착한 이후에 '조선관(朝鮮館)'에 도착하면서부터 안정적으로 지낼 수 있었다.

나가사키는 16세기 중반에 개항되었고, 17세기 초반 도쿠가와막부의 직속관할지역인 천령(天領)으로 지정되면서 1854년 미일수호통상조약이 체결되기까지 유일한 국제항구로서 대외무역과 교류, 정보소통의 중심지 역할을 하였다. 또한 일본 내에 표착하는 조선·중국·유구·동남아시아·서

조선관의 내부 모습

데지마 **병풍도**

양을 막론하고 모든 외국인은 일단 나가사키로 이송되어 심문을 받은 후 본국으로 송환되었다. 타국에 표류한 일본인이 귀환할 경우에도 모두 나가사키로 이송된 후 부교(奉行)의 심문을 받은 후 고향으로 돌아갈 수 있었다. 요컨대 나가사키는 근세 동아시아 표류민송환시스템의 중심무대였다고 할 수 있다.

풍계대사는 조선관에 대해서 본관의 고직(庫直)은 대마도인으로 전례에 따라 와서 머물렀고, 대마도 관인(官人) 1명, 통사 2명, 훈도 2명이 함께 거주하였다고 설명하였다. 풍계대사 일행 27명은 모두 8곳의 조선관에 보내졌다고 기술하였는데, 조선관 안에서 8개의 방에 나누어 머물렀다는 의미일 것이다. 풍계대사는 조선관에서의 접대에 대해 매우 풍부하고 후하다고 하면서 만족하였다.

풍계대사 일행은 나가사키에 도착한 후 나가사키부교(長崎奉行)에게 관례에 따라 인사차 방문하였다. 그 접견하는 의례와 나가사키부교의 인상에 관해 상술하였고, 관아의 짜임새와 크기에 대해서도 감탄하면서 전주감영의 두 배나 되겠다고 하였다.

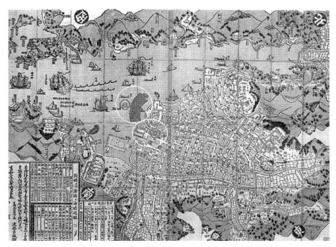
데지마 전경(ⓐ화란관, ⓑ조선관, ⓒ당인관)

　풍계대사 일행은 나가사키에 있으면서 비교적 자유로운 활동을 하였던
것으로 보인다. 그들은 조선관에 3개월 이상 머무는 동안 근처에 있는 아
란관(阿蘭館)의 네덜란드인과도 친숙해졌으며 그 중에는 왕래하는 자들도
있었다고 하였다. 또 조선관의 옆에 있는 일본인의 집에도 자주 방문하여
술과 식사 대접을 받는 등 많은 일본인과 접촉하였으며, 별다른 제한 없이
거리에도 나가 관광하기도 하였다.

　풍계대사 일행은 승려나 화가 등 일본인 문사들과 문화교류 활동도 하
였다. 자신들이 머물러 있던 조선관에 찾아 온 일본인 화가 우키다 잇케이
와 필담을 하고 한시를 창수하였던 사실이 「조선표객도」에 의해 확인된다.

　풍계대사는 나가사키의 첫 인상을 다음과 같이 표현하였다.

　"나가사키는 대도회이다. 누각과 저택이 장엄하고 화려하였으며, 여염집들
　이 즐비하였다. 중국의 배와 네덜란드의 배가 이곳에 정박하였는데, 큰 배들
　이 서로 인접하여 앞바다에 가득 찼다. 서양의 물화가 폭주하고 사람들은 많
　은데, 이른바 '집집마다 금은이요 사람마다 비단옷으로 수놓았다'라는 말 그

대로였으니, 사람의 눈을 현혹하고 황홀하게 하는 것이 이루 다 말로 다 표현
할 수 없을 정도로 많았다."

그는 나가사키가 중국·네덜란드·일본의 물화가 교역되는 곳으로 부유
하고 번화함이 일본 내의 다른 지방과 비교가 되지 않는다고 보았다. 또 시
장과 유흥가는 매우 흥청거리고 화려한데 우리나라에서 제일 번화하다고
하는 서경(西京; 지금의 평양)도 이에 비하면 몇 단계 아래일 것 같으며, 중국
양양(襄陽)의 대제(大堤)나 강남(江南)의 항주(杭州)라면 거의 비슷할지 모르
겠다고 하였다.

이어 풍계대사는 나가사키에 있는 조선관과 당인관(唐人館), 아란관(阿蘭
館)에 관해 상세히 기술하였다. 조선관은 대마도주의 번저 내지는 출장소
라고 할 수 있는데, 정식명칭은 쓰시마구라야시키(對馬藏屋敷)로서 무역물
품을 보관하는 장소로 사용하였다. 그런데 일본에 표류한 조선인들이 귀
국할 때까지 이곳에 체재하였다. 그래서 조선표류민들은 이 건물을 '조선
관'이라고 불렀다. 풍계대사 또한 『일본표해록』에서 시종일관 '조선관'으
로 표기하였으며, 중국의 상관(商館)은 '당인관', 네덜란드의 상관은 '아란
관'으로 기술하였다.

당인관과 아란관은 당시 일본이 통상하였던 청과 네덜란드에 대해 도쿠
가와막부가 그 창구를 나가사키로 한정하였기 때문에 이곳에 교역활동을
할 수 있는 상관으로서 허락한 것이다. 조선정부가 일본인들에게 허락한
왜관과 성격이 같은 것인데, 세 곳 모두 지금의 데지마(出島) 부근으로 근
접해 있다. 데지마의 화란상관과 조선표류민들이 머물렀던 대마번저와는
도보로 10분 정도의 거리에 있다. 화란상관에서 다리를 건너 바로 맞은편
에 있는 큰 건물이 나가사키부교가 거주하는 관사이다.

당인관은 도진야시키(唐人屋敷)라고 해서 중국의 무역상인들이 거주하도
록 허가한 지역이다. 풍계대사는 당인관에 대해 중국 상선의 장사치들이

머물러 있는 곳이라고 하였다. 당인관은 조선관보다 훨씬 크고 웅장하여 많은 사람들이 수용하며 접대할 수 있다고 기술하였다. 매년 중국의 무역선 8척이 와서 정박하는데 1척당 100여 명이 탄다고 하였다. 자신이 체류할 당시에는 4척이 정박 중이고 473명의 선원이 왔는데, 그들은 양국을 왕래하면서 중국의 귀한 물건을 수입한다고 하였다. 이어 풍계대사는 중국 선박의 규모와 모양에 관해 홍원상선과 비교하면서 상세히 묘사하였다. 시험삼아 홍원선을 끌어다가 중국선 옆에 두었더니 홍원선의 돛대머리가 겨우 중국선의 중간쯤에 이르렀으니 그 배의 높이와 크기가 이 정도였다고 기술하였다.

아란관은 아란타 사람들이 와서 수(戍)자리하는 곳이라고 설명하였다. 아란관에는 네덜란드인 100여 명이 상주하며 3개월씩 체류하는데, 그 사람들과 많이 친숙해지고 혹 왕래도 했다고 하였다.

4. 풍계대사의 일본 인식

풍계대사는 『일본표해록』에서 일본에서 견문한 바를 19개의 항목에 걸쳐 정리하였다.

① 일본의 부자 ② 도적 섬 ③ 기후 ④ 일본인의 조선관 ⑤ 방역(方域) ⑥ 공부(貢賦) ⑦ 군병 ⑧ 학문 ⑨ 불법 ⑩ 옥우(屋宇) ⑪ 자연숭배의식 ⑫ 나라이름 ⑬ 인사법 ⑭ 우산과 가마 ⑮ 화폐 ⑯ 장례 ⑰ 시장과 세금 ⑱ 동물 ⑲ 고래잡이

이상의 기사에서 나타나 있는 그의 일본인식의 특징적인 면을 주제별로 나누어 정리해 보면 다음과 같다.

화란상관도(가와하라 그림, 19세기초)

1. 정치와 대외관계

풍계대사는 일본 국내의 정치상황에 대해 깊이있는 관찰력을 보여주지 못하였다. 군사제도에 대해 토요토미 히데요시(豊臣秀吉) 때에는 병농일치 정책을 사용하였는데 비해 지금은 토지세의 절반을 사용하면서 군병을 모집하지 않고 여러 호(戶)를 편대로 하여 부대를 삼으므로 예전과 다르다고 소개하였다. 또 각 주가 황제에게는 공물을 내지 않으면서 칸파쿠(關白)[11]에게는 반드시 낸다는 이야기를 소개하면서 호기심을 보였다. 그러나 이에 관해 일본인과 대화하였지만 '변방의 소인'들이 하는 이야기라 확실히 믿을 수 없다고 하였다.

그는 당시 일본의 통상국으로서 나가사키에서 교역하였던 청과 네덜란드에 대해 깊은 관심을 보였다. 조선관의 주변에 있는 중국인 거류지인 당인관과 네덜란드의 상관인 아란관에 대해 상세히 기술하였고, 그들과 교류한 사실을 소개하였다.

그는 네덜란드에 대해 "아란국은 일본의 남쪽에 있는데 백여 년 전에 일본이 가서 정벌하여 항복시켰다고 한다. 이로부터 아란이 일본에 조공하였고, 그 나라 사람 백여 명이 항상 와서 나가사키진에 수자리한다."라는 나가사키 사람들의 설명을 그대로 기술하였다. 이것은 물론 사실과 다르지만 구체적 사실을 알 수 없었던 풍계대사로서는 그대로 옮겨 놓았다. 이어 아란타인의 용모와 복장 등을 상세히 묘사하였는데, "용모가 흉측하여 마치 원숭이 같았다."라고 하면서 이질감을 드러내기도 하였다.

2. 경제

풍계대사는 일본 경제의 번성함에 놀라면서 그 번화상을 누누이 강조하였다. 그는 당시 번성하였던 국제적인 무역항구 나가사키의 부에 감탄을 금치 못하였다. 번화가와 관청은 물론 개인의 가옥이나 일상생활도 조선보다 훨씬 호화롭다고 보았다.

또 '일본의 부자'란 항목에서 그는 일본 부자의 규모가 우리나라에 비해 커서 쌀과 동전이 많음을 가지고 부자로 인정받는 것이 아니라 황금창고와 백금창고가 몇 칸이냐에 따라 부자로 인정받는다고 하였다. "나가사키 사람들은 항상 말하기를 '천하의 모든 나라 가운데 금과 은이 많기로는 일본보다 많은 곳이 없다. 금이 가장 많기 때문에 매번 다른 나라의 침략을 걱정한다'라고 하였다. 그 나라의 부자들이 모두 금창고, 은창고를 가지고 있었고, 이에 중국 선박과 네덜란드 선박이 폭주해 왔던 것이다." 라고 기술하였다. "나가사키가 이 정도라면 오사카성과 나아가 왜국의 은부(殷富)함을 짐작할 수 있겠다."라고 하였다.

조세제도에 관해 기술하면서, 일본에는 조선과 달리 신역(身役)과 호역(戶役)이 없고 토지세만 있다고 지적하며, 토지세의 절반을 나라(藩)에서 경비로 사용한다고 하였다. 그러므로 백성들이 부유하여, '집집마다 사람마다 풍족한 나라'라고 할 만 했다고 평하였다. 또 나가사키의 시전상인이 5,6천 명에 달한다." 고 소개하였다.

3. 학문

일본의 학술과 문학에 대해서는 낮게 평가하였다. 풍계대사는 "나가사키 사람은 모두 상인으로 돈만 알 뿐 문헌을 몰라 상세히 알 수 없으니 탄식스럽다."라고 하였으며, 자신이 만난 관리나 승려들도 겨우 필담으로 의사를 소통할 수 있을 뿐이라고 하였다. 또 그는 "황성(皇城)은 어떤지 모르겠으나 내가 경유했던 여러 곳을 논한다면 어느 지역에도 학당이 없었고 책 읽는 사람이 한 사람도 없으며 필담할 때도 겨우 뜻이 통할 뿐이었다. 대개 그 풍속에 대소 관인이 모두 세습되었고, 또 과거가 없어 학문으로 입신양명하는 경우가 없었다. 따라서 학문을 귀하게 여기지 않는 것이 이 때문인 것 같았다."라고 평하였다. 학문이 발달하지 못한 원인이 세습제 때문이라고 비판하였는데, 고관뿐 아니라 잡직, 천직들도 모두 세습되고, 농공상인의 직업 또한 세습된다고 소개하였다. 그러나 세습제로 인해 백공들이 물건을 만드는데 지극히 정묘하였고, 검 하나의 값이 은 천 냥에 이르는 것도 많이 있다고 소개하면서 세습제의 효용도 지적하였다.

4. 불교

불교에 관해서는 "집집마다 작은 부처상을 만들어 모시고 음식을 먹을 때 반드시 제를 올린다. 공후경상(公侯卿相)과 왜황(倭皇)의 동생들이 모두 중이 되었으니 불교를 존숭하는 것이 이와 같다."고 하여 일본불교의 번화상을 소개하였다. 그러나 한편으로 "승려들이 법화경만 암송할 뿐이고 다른 경전을 이해하지 못하였다. 또 참선도 알지 못했으며 수륙불사(水陸佛事)[12]도 알지 못하니 이름은 있으나 실질이 없다고 할 수 있겠다."라고 비판하였다.

5. 풍속

풍계대사는 일본의 풍속에 대해 담담하게 소개하였다. 일본인의 기질에 관해서는 "개개인이 남자나 여자나 모두 맑고 밝으며 빼어나다."고 하였으며, 풍속은 청결한 것을 매우 좋아한다고 하였다. 일본인의 기질과 풍속에 대해 비교적 긍정적으로 기술하였다. 일본인의 인사법에 대해 "윗사람을 만날 때는 꿇어앉아 합장하고 몸과 머리를 숙여서 지극한 공경의 예를 표하였다."고 기술하였다.

그러나 문란하게 보이는 성풍속과 가족제도의 특이함 등에 관해서는 부정적으로 평가하였다. 즉, 남자와 여자, 자국인과 외국인이 섞여 앉는 것에 대해서는 비판하였다. 그래서 간통하는 일이 적지 않고, 자신의 일행에게도 유혹했다고 하였다. 실제 일행 중에 일본인 여자와 통간한 자가 있어 귀국하였을 때 부산진에서 심문 받을 때 문제가 되기도 하였다. 부산진에 도착하자 관리가 "이번에 표류인 중에서 일본에서 간통한 자가 있었기 때문에 일본으로부터 일본여자가 관에 보고했다는 전갈을 받았다면서 심문하였다. 이것이 만약 감영에 보고되면 이물(異物) 통간죄로 다스려질 것이니 아래서부터 덮어서 그 말을 없는 것으로 하겠다."라고 하였다. 그는 일본여자가 관에 보고한 것이 거짓이 아닐 것이라고 하면서 소개하였다.

그는 또 당인관 옆에 있는 창가(娼家)에 관해 상세히 묘사하였다. 높은 누각에 금으로 벽을 칠해 지극히 휘황찬란하였고, 창녀들은 30여 명 정도 되는 것 같은데 빛나는 옷은 눈을 아찔하게 했고 향기는 날아서 코에 와 닿았다. 멀리서 보면 마치 구름 속의 선녀 같았지만 행실은 개나 돼지 같았다고 하였다. 그들은 행인들이 지나가면 유혹하고 당인관에도 날마다 갔으며, 아란관에도 가서 자고 오는 일이 있다고 소개하였다.

그밖에 풍계대사는 자신이 경유한 규슈(九州)지역의 지리, 도적을 유배 보내는 도적섬 이야기, 일본의 기후와 물산, 화폐인 관영통보(寬永通寶), 가

옥제도와 의식 생활, 우산과 가마(轎子), 자연숭배의식, 장례의식, 동물의 종류, 고래잡이 풍경 등에 관해 소개하였다.

6. 대마도에 대한 인식

풍계대사는 대마도인에 대해서 아주 부정적인 인식을 지니고 있었다. 그는 표류민들이 지급받은 물품을 대마도인들이 빼앗았다고 의심하면서 "표류한 사람의 옷과 음식은 본래 일본이 공급해 준 것인데 이것을 속여서 탈취하였으니 나가사키 사람들이 대마도인은 도적이나 다름없다고 말하는 것도 이러한 일이 있기 때문이다."라고 비판하였다.

그는 "대마도의 풍속은 지극히 교묘하게 속이는데 일본과 다르다."라고 하여 대마도인을 혼슈인(本州人)과 구별하였다. 또 "대마도인들은 대부분 조선어를 할 줄 안다. 우리를 보러온 사람 들 대부분이 '우리도 조선사람이다'라고 하였다. 평소의 언어가 조선어와 일본어였으며 한번도 일본을 본국이라고 하는 적이 없다. 대개 일본과 다르며 일본의 순전한 신하가 아니었다."라고 하여 대마구분의식을 드러내었다. 나아가 "우리나라에 도착한 후 동래부 사람들의 말을 들어보니 대마도는 본래 우리 땅이며 그 사람들도 우리나라의 자손이라고 하였다. 그러므로 대마도인들이 와서 나도 조선사람이라고 말했던 것이다."라고 하여 대마고토의식(對馬故土意識)을 피력하기도 하였다.[13]

7. 일본인의 조선 인식

풍계대사는 일본인의 조선관에 대해서 독특한 견해를 제시하였다. 그는 일본인들이 매우 우호적이고 우리나라를 존경한다는 인식을 하고 있었다. 그는 "왜인은 우리나라를 아주 숭모한다. 그래서 제주도 사람 가운데 혹 표류해서

도착하는 사람이 있으면 그 입고 있는 갓이나 도마 같은 것도 모두 귀한 물건이라고 하면서 보관한다.", "몇 해 전에 정의현감이 교체하기 위해 돌아가다가 이곳에 표류해 도착하였을 때 7개월간 조선관에 머물렀다. 그의 글씨와 서한을 왜인들이 모두 보물처럼 족자로 만들고 비단으로 수놓아 장식하였다."고 소개하였다.[14] 이러한 사례를 들면서 "일본의 풍속이 남녀를 막론하고 우리나라를 매우 사모한다."고 하였다. 그래서 조선인들을 집에 초대해 술과 식사를 권하면서 대접하는데 중국인을 대하는 것과 다르다고 하였다. 그 이유를 물으니 모두 말하기를 '조선은 부처님의 나라(佛國)이기 때문'이라고 하였다라고 주장하였다. 이것은 자신이 만난 소수의 사람들이 보여준 조선문화에 대한 동경과 우호적인 태도를 보고 일반적인 것으로 생각하였을 가능성이 있다. 승려였기 때문에 더 정중한 대우를 받았을 수도 있는데, 자신의 체험을 바탕으로 해석한 것으로 여겨진다.

5. 『일본표해록』의 가치와 표류의 의의

　표류민의 구조·접대·송환으로 이루어지는 전근대 동아시아의 표류민 송환시스템은 이 시기 평화적 국제관계의 상징이자 유지의 토대가 되었다고 해도 과언이 아니다. 표류는 불가항력적인 천재(天災)에 의한 것이었지만 그것을 통해서 해외교류, 신문화 접촉, 인식의 확대라는 결과적 현상이 일어났다는 점에 주목할 필요가 있다.

　지식인들의 인식이 주로 문헌에 의한 간접적인 지식을 바탕으로 하였다면, 표류민의 그것은 직접적인 체험과 견문에 바탕을 둔 점에서 차이가 있다. 전자는 서적을 기초로 한 만큼 체계성과 객관성을 지닐 수 있지만 동시에 국가이데올로기의 영향을 받으며 다소 선험적인 경향을 띠고 있다. 여기에는 상대국에 대한 부정적 이미지, 상호견제의식, 상호멸시관이 표출되기 쉽다. 후자는 자신들의 체험한 범위 안에서 이해하고 있는 만큼 단편적이고 주관성을 띠고 있지만 직접적인 정보인 만큼 독자적인 가치가 있다.

표류민이 남긴 '표류기'는 해양문학 내지 표류문학이라는 새로운 장르로서 기행문학의 한 범주를 이룰 만큼 역사적, 문학적 가치를 지니고 있다. 표착한 나라와 표류하면서 경유한 지역의 제도와 문물, 자연과 지리, 사회와 생활상 등을 생생하게 묘사함으로써 역사 연구의 일차적인 자료가 된다.

조선시대 표류와 연관된 한·일 양국의 교류사에는 다양한 모습이 나타나 있다. 거기에는 무엇보다 인간끼리의 만남이 있었고, 지식인 사이에는 필담(筆談)과 시문창화를 통한 문화교류가 있었다. 이와 같이 전근대시기의 표류는 여러 가지 측면에서 재조명할 부분이 많은 아주 흥미로운 소재이다.

19세기 전반 일본 규슈지역에 표류해 7개월 정도 일본에 체류했다가 귀환한 풍계대사의 경우 표류하기 전까지는 일본에 관해 관심이 없었고, 일본사회의 이해를 위한 사전 정보나 준비가 전혀 없었던 상태였다. 그는 귀국 후 자신이 직접 겪은 기이한 체험과 견문, 일본인과의 대화를 통해 얻은 정보를 바탕으로 『일본표해록』이라는 표류기를 남겼다.

그런데 풍계대사의 이러한 일본 관찰은 제한된 경험에 기초한 견해인 만큼 모두 사실이라고 보기 어렵다. 자신이 만난 나가사키인들의 지적 관심과 수준에 대해 불신을 표시하며, 매우 안타까웠다고 소회를 피력하기도 하였다. 그러나 일본사회의 심층적인 이해를 위해 일본의 서적을 구해본다거나 하는 더 이상의 노력을 기울이지 않았다. 따라서 『일본표해록』에는 틀린 정보에 기인한 오류가 적지 않게 발견된다.

그럼에도 불구하고 『일본표해록』의 자료적 가치는 결코 낮지 않다. 조선시대 승려가 저술한 일본표류기로서 유일하다는 점만으로도 『일본표해록』은 희귀성이 있다. 또 승려로서의 관심과 안목은 유학자나 외교관리들과 다를 수밖에 없다. 전체적으로 볼 때, 풍계대사는 일본의 풍속에 대해 담담하게 소개하면서 수용적인 인식을 보였으며, 화이관(華夷觀)에 입각한 일본이적관(日本夷狄觀)은 별로 드러내지 않았다. 통신사행원들이 보여주었던 문화우월감이나 사행 과정에서 팽팽한 긴장감을 느끼게 해주는 국가 간의 경쟁의식 같은 것은 표출되지 않았다. 풍계대사는 '나라이름'이라는 항목에서 일본들과 대화할 때 '일본'이라 하면 좋아하고, '왜'라고 말하면 싫어한다는 사실을 소개하였는데, 이것도 조선사람이 일본인을 접할 때 필요한 상식을 제공한다는 차원에서의 배려 내지 이해를 나타낸 것으로 보인다.

또 1811년에 대마도에서 빙례를 한 이른바 대마도역지통신을 마지막으로 통신사의 일본 사행이 종언을 고하였다. 그 이후로는 1860년까지 대마도를 왕래하는 문위행만 있었을 뿐이다. 따라서 『일본표해록』은 19세기 초반에서 개항 이전까지의 시기에 일본 혼슈(本州)를 여행한 기행록으로서는 유일하게 전한다. 그만큼 19세기 전반 일본사회의 모습과 변화상을 생생하게 전해준다. 통신사행원의 사행록에 비하면 학술적, 정보적 수준이 떨어지는 한계성이 있지만 독자적인 특성과 가치를 지니고 있는 귀중자료이다.

풍계대사는 『일본표해록』에서 오시마우라(大島浦)와 쓰야사키우라(津屋崎浦)에서 심문받을 때의 대화내용과 각 경유지 간의 거리, 체류일정 등에 관해 상술하였다. 또 두 포소의 지세·기후·가옥·인구·채소 등에 관해서도 자세하게 기술하였다. 첫 표착지인 오시마우라의 풍경, 관리 및 일반인들의 복장, 신발, 여성의 머리모양과 장식 등에 관해 섬세한 필치로 묘사하였다. 특히 그가 화승이었던 만큼 일본승려와 여인들의 복식, 건축물의 구조와 색채 등에 대한 묘사를 보면 마치 그림을 보는듯한 착각이 들 정도이다.

『일본표해록』의 하이라이트는 나가사키에 관한 기사와 견문을 정리한 '문견록'이다. 조선시대 통신사행원들도 규슈지역, 특히 나가사키를 직접 볼 기회가 없었다. 나가사키는 에도시대 막부의 직할령으로 국제무역도시이며, 대외창구로서의 역할을 하였다. 네덜란드와의 교역을 통해 '난학(蘭學)'의 발원지이기도 하였다. 당시 일본에서 새로운 지식을 추구한 개명적 지식인은 대부분 나가사키를 방문하였다. 거기서 새로운 정보와 유럽문화를 감지하였고, 후일 일본의 '근대화'에 기여하였던 것이다. 당시 우리나라에서도 북학파를 비롯한 일부 실학자들이 나가사키의 해외무역에 관심을 가지고 있었지만 직접적인 견문이 없었기 때문에 일본의 일방적인 정보에 의존할 수밖에 없었다. 그만큼 왜곡되고 잘못된 정보도 많았다. 또 나가사키는 이른바 표류민송환시스템의 무대였다. 풍계대사는 표류 당사자로서 일본에서의 송환과정을 직접 체험하였고, 그 무대인 나가사키에서 100일 정도 체재하면서 견문한 사항을 기록으로 남겼기 때문에, 표류민 송환과 관련해서도 구체적인 정보로서의 가치를 지니고 있다.

6장
유구와의 문물 교류

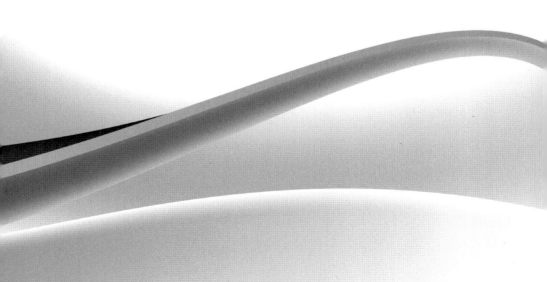

1. 15세기 해상왕국이었던 유구

조선시대 유구와의 문물 교류를 이해하기 위해 우선 유구의 역사에 대해 간략히 살펴볼 필요가 있겠다. 해금체제(海禁體制) 하에서 바다를 통한 해외교류에 소극적이었던 조선시대에 유구와의 교류는 주목할 만하다. 이점에서 조선시대의 사대교린(事大交隣) 체제와 대외정책의 실상을 아는 데

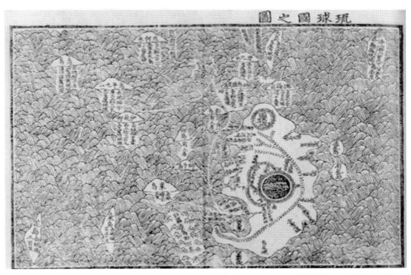

「유구국지도」(『해동제국기』)

유구사신도

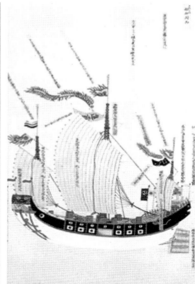
진공선도

에도 유구와의 교류사는 중요하다.

　유구는 현재 일본의 국토로 소속되어 있는 오키나와군도 지역에 있었던 나라로 유구(琉球)라는 국명이 정착된 것은 명대(明代) 이래이다. 물론 그 이전에도 사람이 살았으며, 『수서(隋書)』에 '유구(流求)'라는 지명이 나오기도 한다. 대체로 8,9세기에 농업이 발달하면서 계급사회로 이행하였고, 11,2세기 안사(按司)라고 불리는 고대적 성격의 지방호족들이 등장하여 쟁란을 계속하였다. 14세기 초반에 이르러 이들 간의 이합집산이 진행된 결과 유구에는 각 지역을 바탕으로 중산(中山)·남산(南山)·북산(北山)이라는 세 개의 부족연맹체적 성격의 소국가가 정립하였다. 1314년에서 1429년까지 지속되는 이 시기를 유구의 역사에서는 삼산시대(三山時代)라고 한다. 이 가운데 중산의 우라소에안사(浦添按司)였던 찰도(察度)가 1372년 명에 조공하였고, 뒤이어 1380년 남산의 우지안사(羽地按司)였던 승찰도(承察度)가 1380년에, 북산의 다이리안사(大里按司)였던 박리지(怕尼芝)가 1383년에

유구국 슈리성(首里城)

각기 명에 입공하면서 유구는 국제사회에 모습을 드러내었다. 삼산의 왕
들은 각각 명으로부터 중산왕·산남왕·산북왕이라는 왕호(王號)와 함께 은
인(銀印)과 관복을 하사받았다. 세 나라 가운데서 중산이 가장 대외교섭에
활발하였고 나라도 부강하였다. 14세기 중반 중산왕 찰도는 2대 60년간에
걸쳐 찰도왕통시대(察度王統時代, 1350-1422)를 열었는데, 고려말과 조선 초
기에 사신을 보내 교류를 시작한 것도 바로 그였다.

1406년 중산의 패자 상파지(尙巴志)가 찰도에 이어 중산왕이 된 무령(武
寧)을 멸망시키고 이어 1416년에는 북산을, 1429년에는 남산을 공략하여
삼산시대를 마감하고 유구 본도(琉球本島)의 통일을 완성하였다. 상파지는
유구를 통일한 이듬해 명에 그 사실을 고하였다. 이에 명으로부터 상(尙)이
라는 성을 하사받은 상파지는 수도를 우라소에(浦添)에서 슈리(首里)로 옮
기고 자신의 아버지인 사소(思紹)를 왕으로 추대하여 이후 7대 60여 년간
의 상사소왕통시대(尙思紹王統時代, 1406-1469)를 열었다. 이 시기를 제1상씨
왕조시대라고 부르기도 한다. 상파지는 해외무역을 통해 국부를 축적하였

번화한 나하항의 모습

으며 국분사(國芬寺)와 같은 큰 절을 건립하는 등 유구를 크게 발전시킨 중
흥의 군주였다.

유구의 해외교역에는 명의 대외정책의 영향이 크게 작용하였다. 즉
1368년 명 태조에 의해 시행되어 1567년까지 지속된 해금령(海禁令)에 의
해 중국 상인들의 해외상업 활동은 엄격하게 금지되었는데, 이는 결과적
으로 유구인들에게 해상활동의 길을 열어주게 되었던 것이다.

유구는 동남아시아 제국의 물산을 수입하여 조선·중국·일본에 파는
중계무역을 활발하게 전개하였다. 이에 따라 당시의 수도 슈리(首里. 현재의
나하시)는 중국·조선·동남아시아제국 및 일본상인이 모여 교역을 하였던
국제도시로서의 면모를 과시하였다. 이러한 상황을 상징하는 것으로 1458
년 상태구(尙泰久: 1454-1460)가 만들어 수리성 정전(正殿)에 걸어두었던 '만
국진량(萬國津梁)의 종'이 있다. 그 종의 명문(銘文)에 "유구국은 남해의 승
지(勝地)로서 삼한의 뛰어난 문화를 취하고, 대명, 일본과 보거순치(輔車脣

齒)의 관계를 이루니 우리나라는 그 가운데 용솟아오른 봉래도와 같다. 주즙(舟楫)으로써 만국의 나루터가 되니, 이국의 물산과 보물이 십방의 사찰에 가득하도다."라는 귀절이 있는데, 당시 유구의 해외교역의 활동상과 기개를 잘 나타내주고 있다.

만국진량의 종

상파지 왕통도 후기에 이르러 지방호족(家督)들이 서로 분열되어 왕위계승전을 거듭하다 몰락하고, 1470년 해외무역을 주관하던 금환(金丸)이 왕으로 추대되었다. 그는 즉위 후 상원(尚圓)이라 칭하며 이후 400여 년간 지속된 상원왕통시대(尚圓王統時代, 1470-1879)를 열었다. 이 시기를 제2상씨왕조라고도 한다. 특히 상원왕통시대의 3대 왕 상진(尚眞, 1477-1526)은 신분계급제를 확립하였으며, 지방호족의 군사적 기반을 해체하고 안사제(按司制)를 폐지함과 동시에 대신 중앙관료인 지두대(地頭代)를 파견하는 등 중앙집권체제를 확립하였다. 그는 또 새로운 지배이념으로서 불교를 중시하여 원각사(圓覺寺)·숭원사(崇元寺)를 건립하였고 종묘에 해당하는 옥릉(玉陵)을 건설하여 왕실의 권위를 세웠다. 이와 함께 명에 유학생을 파견하여 선진문화를 수용하였으며, 명에 대한 조공을 2년1공에서 1년1공으로 바꾸고 동남아교역도 활발하게 추진하여 유구역사상 황금시대를 구가하였다.

그러나 16세기에 들어서면서 유구도 국제정치의 흐름 속에서 쇠퇴하기 시작하였다. 특히 16세기 중반 이후 명의 대외정책의 변화에 따른 중국 상인들의 남방진출과 포르투갈을 비롯한 유럽 상인들이 동남아해역으로 내항하자 유구의 중계무역은 크게 타격을 입었다. 일본 국내정세의 변화에도 영향을 받았다. 이 시기 창궐한 이른바 후기왜구는 유구의 대외활동을 방해하는 위협세력이었으며, 남서해 상의 항행권에 대한 통제를 강화하는 일본의 사쓰마주(薩摩州)와 당시 해외교역의 주역으로 번성하였던 하카다(博多)는 유구의 중계무역의 기반을 약화시켰다. 여기에 연유된 조선과의 교역 단절도 쇠퇴의 한 요인이 되었다.

임진전쟁 때 유구는 도요토미 히데요시(豊臣秀吉)의 명령을 무시하고 침략정보를 사전에 명에 알려주었으며, 전쟁 후 도쿠가와 이에야스(德川家康)의 내빙 요구에도 응하지 않았다가 1609년에는 사쓰마주의 시마즈씨(島津氏)에 의해 정복당하였다. 이후 유구는 중국과 책봉관계를 맺는 한편 일본 사쓰마주의 간섭을 받는 등 이중적 관계를 유지하였다. 중국에 대한 진공무역(進貢貿易)은 지속되었지만 유구의 외교권과 교역권은 사실상 사쓰마주의 수중에 들어가 쇠퇴의 길을 걷게 되었다. 1872년에 이르러 일본의 메이지정부는 '폐번치현(廢藩置縣)' 정책에 입각하여 유구왕국을 해체하고 유구현(琉球縣)으로 편입시켰다. 이 조치는 유구와 청나라의 격렬한 항의를 받았지만 1879년 일본은 다시 유구현을 오키나와현(沖繩縣)으로 바꾸었다. 이 문제는 그 후에도 일본과 청의 외교절충으로 이어지다가 1895년 청일전쟁에서 청이 패배하자 결국 일본에 귀속되는 것으로 확정되었다.

본 장에서는 조선시대 유구와의 문물 교류에 대해 살펴보고자 한다. 즉 양국 간에 문화적으로 어떠한 문화적 물품이 오고갔고 또 기술의 교류는 어떠한 양상으로 전개되었는지를 구명하는 것이다. 조선 전기 양국 간의 문화적인 교류로서 가장 중요한 의의를 지니는 것은 대장경과 불교서적 등 조선 불교문화의 유구에로의 전래였다. 반면 유구로부터는 병선(兵船) 제작기술 등의 도입이 시도되었다.

그런데 양국의 교류가 활발하였던 조선 전기에는 유구측 기록이 거의 없기 때문에 조선측의 자료에 바탕을 두고 서술될 수밖에 없다. 따라서 가장 풍부한 기록이 수록되어 있는 『조선왕조실록』을 중심으로 하면서 그밖에 개인의 문집이나 표류기를 참고하였다. 한편 유구의 자료로서는 『역대보안(歷代寶案)』과 최근 유구에서 발굴된 유물을 바탕으로 하면서 부족한 부분은 조선의 사서(史書)와 자료에 나타나있는 기록을 통해 유추해 볼 것이다.

2. 유구에 문물을 전수하다

직물(織物)과 같은 전형적인 교역품을 제외한 문화적 물품으로서 조선에서 유구로 전래된 것으로는 대장경·서적·문방구류가 있다. 이에 비해 유구에서 조선으로 전래된 것은 대부분 소목(蘇木)·후추와 같은 남방물산과 유황·사탕 등 유구의 특산물이고, 문화적인 성격을 지닌 물품은 거의 없었다. 단지 1467년(세조 13) 유구 사신이 중국의 희귀본 서적 3종과 금불상(金佛像) 3구를 진헌한 사건이 있었던 정도이다. 그런 점에서 보면 문물의 교류라기보다는 일방적인 전수라고 하는 편이 사실에 가깝다.

조선에서 유구로 전해진 가장 중요한 문물은 대장경을 비롯한 불전(佛典)·불구(佛具)·범종(梵鐘) 등 불교문화재이다. 실제 조선으로부터 전해진 불교문화재는 유구의 불교문화 발전에 크게 기여하였으며, 이는 불교전파사 및 동아시아의 문화사적인 측면에서도 중요한 의의가 있는 일이었다.

1. 대장경

유구에 불교가 처음 전래된 것은 13세기 송(宋)의 승려 선감(禪鑑)이 와서 우라소에(浦添)에 극락사를 건립한 때부터이며, 그 후 중산왕(中山王) 찰도(察度) 때 일본의 승려 뇌중법인(賴重法印)이 와서 호국사를 지으면서 점차 확대되었다고 한다. 그런데 유구의 불교가 본격적으로 발전하게 된 계기는 삼산(三山)의 통일이라는 정치적 배경과 그에 따른 왕실의 적극적인

『역대보안(歷代寶案)』

팔만대장경

보호에 의해서였다.

　1430년 삼산시대를 마감하고 유구 본도를 통일한 제1상씨왕조의 상파지(尚巴志, 1422- 1439)로부터 유구열도 전체를 통일한 제2상씨왕조의 상진(尚眞, 1477-1526)에 이르기까지 유구 왕실은 중국의 정치제도를 수입함과 동시에 불교를 통일왕조의 사상적 구심점으로 삼아 적극적으로 장려하였다. 즉, 삼산이 각각 지니고 있었던 종족종교를 극복할 수 있는 보편적 이념으로서 불교를 내세워 종교적·사상적 통일을 도모하였던 것이다. 그 결과 유구의 불교는 흥융하였고, 천계사(天界寺)·천왕사(天王寺)·원각사(圓覺寺)·흥국사(興國寺)·숭원사(崇元寺)를 비롯한 많은 사찰이 건립되었다. 이러한 사찰에 당시 세계적으로 가장 우수하였던 고려대장경을 안치한다는 것은 왕실의 권위를 높이는 일이었다. 따라서 유구왕실에게 조선의 불교문화재는 큰 매력의 대상이었고, 그것을 얻기 위해 동남아무역으로부터 구한 남방물산을 조선에 바치면서 요청하였던 것이다. 15세기 이후에는 대장경이 대조선 통교의 주요목적이 되었다고 해도 과언이 아닐 정도였다.

　1455년(세조 1) 8월 유구국사 도안(道安)이 대장경을 구청한 이래 1500년(연산군 6) 11월 유구국왕사 양광(梁廣)에 이르기까지의 유구 사신들은 대부분 대장경을 구청하였다. 그들은 대개 새로운 사찰을 건립하였는데 그 곳에 둘 경전이 없으니 대장경을 사급해 달라고 하였다. 혹시 대장경이 없으

원각사 터

면 다른 불전을 얻어가기를 원하였고, 또 불구나 범종을 요청하기도 하였
다. 『조선왕조실록』에 기록된 바에 의하면 유구국왕사에 의한 대장경 구청
은 총 7회에 이른다. 이 중 대장경의 사급이 허락된 것이 5회이고, 한번은
다른 불경으로 대체해 지급하였다.

조선 조정으로서는 유구국왕이 요청할 경우 위사로 의심되지 않으면 대
개 하사하였다고 볼 수 있는데, 이는 일본의 경우와 비교해 볼 때 매우 호
의적으로 대응한 것이었다.[01]

또 대장경 구청의 양상을 보면 세조대에 시작되어 성종대까지 대부분의
유구국왕사가 요청하였다. 그런데 세조대에 처음으로 대장경이 유구로 전
해진 데에는 외국 사신의 왕래를 통해 왕권의 위엄을 과시하고자 했던 목
적과 함께 본인 스스로 불심 깊었던 임금으로서 불교를 널리 전파하자는
의도도 있었을 것으로 보인다.

〈표 1〉 대장경의 구청과 하사

순서	연대	송신자	사 신	주요내용	출 전	비 고
1	세조 1 (1455)	유구국왕 尙泰久	道安	대장경 요청	세조실록 원년8월 무진, *해동	하사받음 사례 자문 옴
2	세조 7 (1461)	유구국왕 상태구	정사 普須古 부사 蔡璟	기서현상 축하, 대장경구청, 표류인송환	세조실록 7년 12월 무진 *해동	하사받음
3	성종 2 (1471)	유구국왕 尙德	상관인 信重	성종즉위 진하, 대장경구청	성종실록 2년 11월 경자 *해동, *역대 권41	하사받음
4	성종 10 (1479)	유구국왕 상덕	상관인 新時羅 부관인 三木三甫羅	대장경구청 표류인송환	성종실록 10년 5월 신미	받지못함 위사의심
5	성종 14 (1483)	유구국왕 尙圓	전사 新四郎 부사 耶次郎	대장경 및 사찰 건립지원 요청	성종실록 14년 12월 정축	받지못함 위사의심
6	성종 22 (1491)	유구국왕 상원	정관 耶次郎 부관 伍郎三郎	대장경구청	성종실록 22년 12월 갑진	하사받음 (낙질본) 사례 자문 옴
7	연산 6 (1500)	유구국왕 尙眞	정사 梁廣 부사 梁椿	대장경구청 (흥국사건립)	연산군일기 6년 11월 무오	하사받음

** '00실록'이란 『조선왕조실록』, '*해동'은 『해동제국기』, '*역대'는 『역대보안』을 가리킨다.

대장경을 받았을 경우 유구국왕은 별도의 자문(咨文)을 보내거나 아니면 다음 사행시의 자문에 감사의 표시를 하였다. 별도의 자문을 보낸 경우를 보면, 1455년(세조 1) 하사한 대장경에 대해 3년 후 유구국왕사 종구(宗久)를 통해 대장경 사급을 감사하는 자문을 보내왔고, 1491년(성종 22) 사급한 대장경에 대해 2년 후 야차랑(耶次郎)을 보내 대장경의 회사(回賜)를 감사하며 안국선사(安國禪寺)에 안치했다고 보고하는 내용의 자문을 보내왔다.

그러면 다섯 차례에 걸쳐 사급된 대장경은 유구에 잘 전달되었을까? 그리고 그 후 어떻게 보관되었을까?

세조와 성종대의 유구사신 가운데에는 위사(僞使)의 의심이 가는 사절단이 많기 때문에 확실하게 단정하기가 곤란한 측면이 있다. 그 중에서도

1471년(성종 2)의 신중(信重)과 1491년(성종 22)의 야차랑의 경우 위사일 가능성이 높아 유구에 전달하지 않았을 것으로 추정된다. 나머지 3차례의 경우에는 일단 유구에 전달되었을 것으로 보인다.

　유구에 전달된 대장경은 왕실의 보배로 진중하게 모셔졌다. 유구의 『유구국유래기(琉球國由來記)』라는 자료에 의하면, 유구국왕 상진(尙眞) 26년(1502) 때 전왕인 상덕(尙德)이 세조로부터 받은 대장경을 봉안하기 위해 수리성 앞에 원감지(圓鑑池)와 장경각(藏經閣)을 지었다고 한다. 그런데 여기에 보관되었던 대장경은 1609년 사쓰마주(薩摩州)에 의한 유구 침입과 폭풍 등으로 산일되었는데, 1621년 유구국왕 상풍(尙豊)이 흩어진 대장경을 모아 장경각이 있었던 자리에 다시 변재천녀당(弁財天女堂)을 지어 보관케 하였다. 그러나 이것도 2차 대전 때 모두 소실되어 현재로서는 전해지는 바가 없다고 한다. 한편 일본 사료인 『남빙기고(南聘紀考)』에 의하면 유구국왕 상진이 1502년 사쓰마번주에게 조선본 대장경의 일부를 증정했다는 기

흥해대사 동종   동종의 용두 부분

록이 나오는바 국가 간의 선물로 사용되기도 하였던 것 같다.²

　대장경이나 불전 이외에 범종과 불구도 하사하였다. 1471년(성종 2) 유구국왕사 신중은 요청한 대장경 1부, 사찰의 편액과 함께 운판(雲板)·중고(中鼓)·대경(大磬)·중요발(中鐃鈸) 등의 법기(法器)를 하사받았다.³ 또 조선의 범종도 다수 유구로 전해졌다. 그 가운데 하나가 유구의 국보로서 슈리(首里)의 파상궁(波上宮)에 보관되어 있었던 흥해대사종이다. 이 종은 고려시대 광종 7년(956) 만들어져 경상도의 흥해대사에 보존되어 있었다는 사실이 명문에 의해 확인되었는데, 유구에 전해진 경위는 확실하지 않다.『조선왕조실록』에 의하면 세조 13년(1467)에 대장경을 비롯한 불교문화재를 전수할 때 유구국왕 상덕의 요청에 의해 전해주었을 가능성이 있다. 유구의 사료인『역대보안』3년(1467)의 기사에도 "조선에서 범종이 전해졌다."라는 기사가 있어 이를 뒷받침해준다.⁴ 이 종은 나하시의 대표적인 사당인 파상궁(波上宮)에 보존되었으며, 1908년 유구의 종 가운데 유일하게 국보로 지정되었다. 그런데 안타깝게도 1945년 오키나와전투 때 미군의 공습에 의해 불타 녹아버리고 용두와 음통 일부만 남았다.⁵ 흥해대사종을 사랑하는 오키나와인들은 1995년 오키나와전투 50주년을 맞아 이 종을 복원해 현재 오키나와현립박물관에 전시하면서 아쉬움을 달래었다.

2. 서적

유구사절단을 통해 전수된 대량의 서적도 문화교류사상 중요한 의미를 지니고 있다. 여기에는 유교서적과 시문집도 있었지만 무엇보다 큰 비중을 차지한 것은 불교서적이었다. 한편 유구도 조선에서 요구하였던 중국 서적을 구해온 사례가 있어 서적을 통한 문화교류는 보다 그 내용이 충실해졌다고도 하겠다.

유구사절단은 대장경이 없으면 불교서적이라도 달라고 요청하였다. 특히 세조는 많은 불교서적을 유구국왕에게 보내었고, 사신들에게도 별도로 하사하였다. 이때 전수된 30수 종의 불전(佛典)은 유구의 불교 발전에 중요한 역할을 하였을 것으로 추측된다. 또 불교서적 외에 중국의 시문집이나 사서(史書), 서예의 법첩(法帖)도 다수 전해졌는데, 이것 또한 유구문화의 발전에 일정한 기여를 하였을 것으로 보인다.

유구에 대한 대규모의 불교서적 전달은 1461년(세조 7) 종교적 기서(奇瑞) 현상을 축하하면서 표류민을 송환해 온 유구국왕사(정사 普須古)에 대해서였다. 유구국왕에 대해서는 구청한 대장경 전질 1부를 하사하였고, 별폭으로 『금강경(金剛經)』, 『법화경(法華經)』, 『사교의(四敎儀)』, 『성도기(成道記)』, 『심경(心經)』, 『대비심경(大悲心經)』, 『능엄경(楞嚴經)』, 『증도가(證道歌)』, 『영가집(永嘉集)』, 『기신론(起信論)』, 『원각경(圓覺經)』, 『번역명의(飜譯名義)』, 『능가경소(楞伽經疏)』, 『아미타경소(阿彌陀經疏)』, 『유마경(維摩經)』, 『종요관(宗要觀)』, 『무량수의의(無量壽義議)』, 『금강경오가해(金剛經五家解)』, 『종경록(宗鏡錄)』, 『법경론(法經論)』, 등 20종의 불전을 보내주었다.

이와 함께 사행원들에게도 별도의 예물과 함께 서적을 하사하였다. 즉, 정사 보수고와 부사 채경에게는 『한문(韓文)』, 『유문(柳文)』, 『이백시선(李白選詩)』(韓退之, 柳宗元, 李白 등 중국 문장가의 시문)의 법첩을 각각 1건씩 주었고, 동행한 정관 원우(圓吘)에게는 『성도기』, 『법화경』, 『금강경』, 『번역명의』,

『증도가』,『기신론』,『영가집(永嘉集)』,『심경(心經)』,『대비심경』,『원각경』,
『능엄경』,『사교의』,『능가경소』,『아미타경소』,『유마경』,『종요법경론관』,
『무량수경의기』 등 17종의 불전을 1부씩 하사하였다.[6]

　세조는 6년 후인 1467년에도 대량의 불전을 유구에 하사하였다. 즉,
1467년(세조 13) 유구국왕사(上官 同照, 副官 東渾)가 와서 앵무새와 공작, 천축
주(天竺酒) 등 희귀한 물건과 전에 조선에서 구해보라고 요청하였던 중국
서적을 진헌하였고, 세조를 인견할 때에는 금불상 3구를 바쳤다. 이에 대
해 세조는 매우 만족하였든지 유구에 대해 서적뿐 아니라 면포와 명주 등
회사품을 매우 후하게 주려고 하였다. 이에 대사헌 양성지가 상소문을 올
려 과다한 회사의 불가함을 간하기도 하였다.

　이때 유구국왕에게 준 서적을 보면,『법경론』,『법화경』 각 2부,『사교
의』,『성도기』,『대비심경』,『영가집』,『원각경』,『번역명의』,『금강경오가
해』,『릉엄의해』,『법수』,『유마힐경』,『수륙문』,『벽암록』,『릉가경』,『진실
주집』,『고봉화상선요』,『릉엄회해』,『금강경』,『야부종경』,『도덕경』,『함허
당원각경』,『능가경소』,『아미타경소』,『유마경종요』,『관무량』,『수경의기』,
『증도가』,『심경』 등 불전 29종과 조학사(趙學士)가 쓴『진초천자(眞草千字)』
『고세첩(高世帖)』,『팔경시첩』,『완화류수첩』,『동서명』,『적벽부』,『난정기』,
『왕우군난정기』 등 시문집의 법첩 8종이었다.[7]

　한편 일본 하카다(博多)의 승려로 구성되었던 사절단에게도 거의 같은
종류의 불전 30종과 중국 시문집의 법첩 8종 1부씩을 별도로 하사하였다.
한편 이때 전해준 회사물품의 목록은 유구의『역대보안』에도 기록되어 있
다. 이를 검토해 보면, 서적명은 총 35종으로『세조실록』의 그것과 약간의
차이가 있으나 내용은 거의 똑같다. 단지 주목되는 점은 서적과 법첩이 모
두 2부씩으로 기록되어 있는 것이다. 그 이유는 사절단인 동조와 동혼이
자기들에게 내려진 서적을 모두 유구국왕에게 바쳤기 때문으로 추측된다.

　유구사신들은 불전 이외의 중국의 역사서적, 시문집이나 법첩 등에 대

해서도 그 정교함에 감탄하면서 '영원토록 자손의 이익이 될 것'이라며 받아갔다. 이밖에 유구에게 준 회사품에는 붓·종이·벼루·먹 등 이른바 문방사우(文房四友)가 포함될 경우가 많았다.

한편 이때는 유구사절단이 『사찬록(史纂錄)』, 『임간어록(林間語錄)』, 『나선생문집(羅先生文集)』 등 3종의 중국서적을 가져왔다. 이 책은 실은 이전의 사행(세조 8년의 보수고 일행)이 왔을 때 희귀본 중국서적이 있으면 찾아보도록 요청한데 대한 응답이었다.[8]

3. 기술을 서로 교류하다

조선에서 유구로 전래된 기술로는 불교문화와 함께 사원 축조 기술이 전해졌던 것으로 보인다. 유구국에서 고려계 기와가 본격적으로 출현하는 시기는 12, 13세기 이후라고 한다. 그런데 만들어진 기와만 수입된 것인지 아니면 기와를 굽는 기술자집단이 고려에서부터 유구로 이주해서 만든 것인지 그 경위를 확실히 알 수 없다. 최근 우라소에 지역에서 고려계 기와의 가마유적이 출토되고 있어 당시부터 고려계통의 기와가 유구에서 독자적으로 만들어졌다는 사실을 시사해준다.

근년의 발굴조사에 의하면, 우라소에(浦添)를 비롯한 슈리(首里)·가츠렌(勝連) 등 중산(中山) 지역의 주요한 근거지였던 지방의 성곽유적과 우라소에의 국분사(國芬寺) 등지에서 '계유년 고려의 기와 기술자가 만듦(癸酉年高麗瓦匠造)'라는 명문(銘文)이 새겨진 기와가 출토되었다. 그런데 계유년이 언제인가에 대해서는 학설이 나뉘어져 있다. 1153년(고려 의종 7), 1273년(원종 14), 1333년(충숙왕 2)이라는 설이 있고, 조선시대에 와서는 유구와 조선과의 접촉과정으로 볼 때 1393년(태조 2년)이거나 1453년(단종 1년) 설까지 제기되고 있다. 이 가운데서도 필자는 1273년 설이 가장 유력한 것으로 생각

유구에서 출토된 고려기와   용장성 기와

된다. 즉 진도와 제주도에서의 항몽전쟁에서 패퇴한 삼별초(三別抄)의 일부 세력이 유구로 건너가 정착하였으며, 그 집단이 고려기와를 주조하였을 가능성이 가장 높다고 여겨진다. 그 이유는 우라소에서 출토된 고려기와의 연꽃무늬가 진도 용장성에서 출토된 와당(瓦當)과 흡사하다는 점, 기와에 '계유년'이란 간지를 사용했다는 점. 조선 초기인 1393년에는 대규모 유이민 기술자 집단이 유구로 이주할 가능성이 낮다는 점, 발굴조사 결과 우라소에 유적의 고고학적 편년이 13세기 후반으로 추정된다는 점 등을 고려할 때 그러하다.[9]

또 우라소에지역의 성곽 유적지에서는 고려청자도 출토되었다. 『포첨성적(浦添城跡)발굴조사보고서』(1985)에 의하면 봉변문(蓬弁文)과 국화무늬가 새겨진 상감청자의 파편이 12점 정도 확인되었다고 한다.[10]

유구국의 도자기 제조에도 조선의 도공(陶工)이 기술을 전래하여 기반을 확립하였다. 유구에서 도자기의 발상은 15세기 무렵으로 추정되고 있지만, 1616년 사쓰마주(薩摩州)로부터 초빙된 조선 도공에 의해 조선의 기법이 전래되어 비약적으로 발전하였다. 그 사실을 좀 더 자세히 살펴보자.

14-16세기 무렵 유구는 활발한 해외교역을 하였지만 자체적인 도자기 제조기술은 초보적인 단계에 머물러 있었다. 1609년 유구는 사쓰마주(薩

유구국에서 출토된 고려 청자와 파편

摩州)의 침략에 의해 지배를 받게 된다. 해외교역에서도 다양한 제약을 받게 되었기 때문에 유구 정부는 지역 내의 산업진흥책을 도모하였다. 이에 1616년 상령왕(尙寧王)은 도자기 제조기법을 배우기 위해 사쓰마번주(薩摩藩主)에게 요청해 3명의 조선 도공을 초빙하였다. 그들은 장일육(張一六, 일명 獻功, ? - 1638), 안일관(安一官), 안삼관(安三官)이었는데 모두 정유재란 때 남원에서 사쓰마주의 시마즈 요시히로(島津義弘)에게 포로로 잡혀온 피로인들이다. 이들은 유구에 와 와키다(湧田, 현 那覇市 泉崎의 오키나와현청사 부근)에 정착하여 도기를 만들었는데 이것이 와키다도자기(湧田燒)의 시초이다. 그 후 이들은 유구국의 왕성인 슈리성(首里城) 아래에 있는 츠보야도자기(壺屋燒)로 이주해 왕명을 받아 왕실에서 사용하는 어용품 도자기를 만들었다.

그들은 14-16세기 경 베트남에서 전래된 기존의 제작방식인 아라야키(荒燒)에서 탈피해 조선식 방식을 도입한 죠야키(上燒)라는 새로운 도자기

단풍무늬풍로(유구국보)

녹유촛대(유구국보)

삼채항아리

술잔

를 제작하였다. 이것은 도토(陶土)에 백토(白土)를 덮어 화장하고 그 위에 화려한 색채의 그림과 무늬를 조각한 후 유약을 발라 굽는 방식으로 아라야키에 비해 훨씬 세련되어 왕실을 비롯한 상류계층에게 환영을 받았다. 뿐만 아니라 술병, 접시, 사발, 다기 등의 일용품을 제작함에 따라 서민들에게도 보급되었다. 그 후 1671년에는 유구 왕부에서 청나라에 도공을 파견해 붉은 그림 도자기의 기법을 배워와 더 발전시켰지만, 근세 초기 유구의 도자기 생산의 기반은 조선 도공이 확립하였다고 할 수 있다.

세 사람의 조선 도공은 유구의 도자기 기술 발전에 전력을 다했는데, 그 가운데서도 장헌공은 유구국에 귀화하여 중지려신(仲地麗伸)이라는 이름을

도조 이삼평 비 　　　　　　　　　도자기 신사

얻었으며 영주하였다. 안일관과 안삼관은 쓰시마주로 돌아간 것으로 추정된다.

　장헌공은 와키다도자기와 츠보야도자기의 창시자로서 지금도 오키나와인들로부터 큰 존경을 받고 있다. 말하자면 임진전쟁 후 일본도자기의 창시자로 추앙받는 도조(陶祖) 이삼평(李參平)과 같은 위상을 차지하고 있다고 할 수 있다. 장헌공의 무덤이 나하 시내의 시민공원에 모셔져 있는데, 묘비에는 '장씨원조일육중지려신(張氏元祖一六仲地麗伸)'이라고 새겨져 있다. 그의 도자기 제작기술과 가마는 그 후손들에게 계승되었는데, 지금도 후손들이 매년 4월에는 한국을 향해 앉아 청명제(淸明祭)를 지낸다고 한다.[11]

　사원 축조에 있어서도 조선의 영향이 일정하게 있었던 것 같다. 제2상씨왕조 시대의 황금기를 구사하였던 상진은 중앙집권체제를 확립하는 한편 새로운 지배이념으로서 불교를 장려하였다. 그는 원각사·숭원사 등의 사찰을 건립하였는데, 특히 1492년 완성된 유구 최대의 사찰 원각사는 조선의 세조가 건립한 원각사를 모방해 만들었다고 하며, 건축양식에도 조

이예

선식이 많이 가미되어 있다고 한다.[12] 원각사에는 역대국왕의 위패를 봉안하고 있었으며, 일본의 국보로 지정되었다. 그러나 2차 세계대전 중 전소되었고 현재는 그 일부가 복원되어 있을 뿐이다.

유구에서 조선에 전래된 기술로는 조선(造船) 기술을 들 수 있다. 조선에서는 왜구방비책의 일환으로 조선의 전함보다 속도가 빠른 왜선(倭船)에 대해 일찍부터 관심을 가졌다. 일본에 통신사로 사행한 이예(李藝)·박서생(朴瑞生)

등이 조선의 병선(兵船)을 개량할 것을 잇달아 건의하자, 태종은 1413년(태종 13) 귀화왜인 평도전(平道全)으로 하여금 왜선을 건조하도록 하였다. 성능 시험 결과 그 우수성이 증명되자 1417년(태종 17)에는 왜인 선장(船匠)을 초청하여 왜선을 만들도록 하기도 하였다. 세종대에는 유구선(琉球船)에 대해서도 관심을 보였다. 이는 대호군 이예의 건의에 따른 것이었다. 즉 이예는 당시 일본 국내정세가 혼란스러운 만큼 왜구가 다시 극성을 부릴 우려가 있으므로 무사할 때에 각 포구의 병선과 군기(軍器)를 살펴 만일에 대비하도록 좋겠다는 것과 그 대책의 일환으로 강남·유구·남만·일본 병선의 장점을 도입하는 것이 좋겠다는 건의를 올렸다.[13] 이에 따라 1431년(세종 13) 조선의 요청에 의해 유구의 조선기술자(船匠)가 사절단을 따라 왔다. 『조선왕조실록』에 나오는바 유구 선장은 모두 세 사람으로 오보야길(吳甫也吉)·삼보라(三甫羅)·오부사두(吳夫沙豆)이다. 이들에 대해 조정에서는 조선여자와 결혼시켜 영주하도록 허락하였고, 하사미두(下賜米豆)와 정기적인 월급을 주어 생활을 안정시켜 주는 등 후하게 대접하였다.

유구 선장들에 의한 배의 제작과정을 살펴보면 다음과 같다. 유구 선장들이 1433년(세종 15) 7월 배의 모형을 만들어 올리자 세종은 그것을 사수색(司水色)에 보내 검토하게 하였다. 이로부터 6개월 후인 세종 16년 3월 유구 선장들은 전함(戰艦)을 완성하였고, 서강(西江)에서 국왕과 왕세자의 친림 하에 시범훈련을 하게 되었다. 물결을 따라 내려가기도 하고 거슬러 올라가기도 하는 등 시험을 해본 후 조선의 배와 경조(競漕)하게 하였다. 그런데 유구인이 만든 전함이 조선의 배보다 약간 빨랐으나 큰 차이는 없었다고 한 점으로 보아 실험결과가 몹시 만족할 만한 수준은 못되었던 것 같다.

유구선의 제조방식의 특징은 배의 상·하체를 쇠못으로 박아 단단하게 하고, 또 배의 가운데를 높게 하는 대신 밖을 낮게 하여 물이 배 안에 들어가지 않고 가장자리로 흘러나가게 하는 것이었다. 그렇게 함으로써 선체가 견고하고 수명도 2,30년으로 길며 속도도 빨라진다고 하였다. 그런데 이것은 유구선 만의 독특한 방식이 아니고 중국의 강남지역과 동남아시아, 일본의 배도 마찬가지였다.

시험훈련이 있은 지 6개월 후 유구의 선장들은 월자갑선(月字甲船)이라는 전함을 만들었는데, 조선식으로 만든 동자갑선(冬字甲船)이나 왕자갑선(往字甲船)보다 쇠가 거의 두 배 가까이 들었고 속도도 가장 떨어졌다고 한다. 이에 세종은 조선식을 기본으로 하고, 유구의 선장이 만든 배는 전함에는 맞지 않으나 하체가 견실한 점은 참고할 만하니 견본으로 삼으라고 지시하였다.[14]

당시 유구의 항해기술은 훌륭하여 활발한 중계무역을 가능하게 한 요인이 되었지만 조선술이 그렇게까지 발전한 것은 아니었다. 실제 유구는 조공사절단이 타고 가야 한다는 명목으로 대형 선박을 중국으로부터 하사받았으며, 이 배를 무역선으로 사용하고 있었다. 병선에 있어서도 중국배가 제일이고, 다음이 유구배라고 알려지고 있었다. 10여년 후 세종이 왜구 방

슈리성 전경

우라소에구스쿠

지를 위해 중국에 화약 제조 기술과 병선 제조 기술을 배우고자 청하고자
하였던 사실을 보면, 유구의 병선에 만족하지 못하였던 것 같다. 이상과 같

은 모색 끝에 1451년(문종 1)에 이르러 중국 및 유구식의 갑조법(甲造法) 대신 조선의 전통적인 방식인 단조법(單造法)을 채택하기로 결정을 내렸다.[15] 이로써 보면 세종대에 일시 시도되었던 유구식 병선 제작 기술의 도입은 결국 시도만으로 끝났고, 실용화는 이루어지지 않았던 것 같다.

이밖에 유구의 성벽 축조 기술도 전해졌다. 본래 유구인들은 삼산시대 이전의 안사(按司)시대부터 '구스쿠(グスク)'라고 불리는 석성(石城)의 축조에 매우 능숙하였고, 통일된 이후의 유구왕국시대에도 슈리성(首里城)·중성(中城)·옥릉(玉陵) 등 우수한 석조건축물과 성벽을 만들었다. 조선에서는 왜구에 방비책으로 일환으로 유구의 이러한 성벽 축조 기술에 대해 관심을 가졌던 것 같다. 그러나 유구식 성벽 축조 방식을 사용하여 성벽을 지었는지에 대해서는 확실한 기록이 없다.

위와 같은 기술 외에 유구로부터 수입되는 특산물 가운데 우리나라에 꼭 필요한 물품에 대해서 조정에서는 자급하고자 하는 시도를 하였다. 세조는 활을 만드는데 소용되는 물소뿔을 자급하기 위해 유구에서 바친 물소 두 마리를 사복시(司僕寺)에 키우게 하면서 의경(醫經)과 여러 서적의 양우법(養牛法)을 초록하여 의생(醫生) 네 사람으로 하여금 익히도록 하는 등 정성을 기울였다.[16] 그리하여 물소는 한 때 70마리까지 증가하였으나 결국 토착화에 성공하지 못하였다.[17] 그리고 성종은 당시 수요가 높았던 후추의 종자를 일본과 유구 사신을 통해 구해보라고 지시하였다. 그러나 이것은 유구에서 생산되는 것이 아니라 유구도 남만으로부터 수입하는 것인데, 그들이 후추를 반드시 삶아서 팔기 때문에 종자를 구할 수 없다고 하여 뜻을 이루지 못하였다. 중종 때에는 유구 표류민들이 바친 벼이삭의 종자를 얻도록 하고, 유구에서 하는 2모작의 방식에 대해 상세히 알아보도록 지시하였다. 그러나 그 후의 기사가 없는 점으로 보아 이 또한 성공하지 못하였다고 보인다.

유구국 옥릉(玉陵)

4. 문물 교류의 특징과 의의

조선과 유구간의 문물교류 과정에서 보이는 특징적인 성격에 대해 정리해 보면 다음과 같다.

삼산시대를 마감하고 통일국가를 이룬 시기 유구는 중앙집권적인 통치체제를 만들기 위해 주력하였다. 그 가운데서도 제도개혁과 더불어 중요시했던 것이 부족국가적인 종교를 초월하는 보편이념으로서의 불교의 수용과 장려였다. 그래서 이 시기 유구 왕실의 주도하에 많은 사찰이 건립되었으며, 유구국왕은 대장경을 비롯한 조선의 불교문화재를 요청하였다. 15세기 이래 유구로 전해졌던 고려대장경 및 불교서적은 출발단계에 있었던 유구의 불교문화 발전에 큰 기여를 하였을 것으로 짐작된다. 불교문화만이 아니라 유교문화 및 조선이 정비한 중앙집권체제도 좋은 모델이 될수 있었던 같다. 당시 유구는 명과 일본으로부터도 문화를 수용하였겠지만 15세기에는 조선의 문화적 영향이 결코 적지 않았다고 여겨진다. 그렇

나카구스쿠(中城)

기 때문에 15세기의 유구를 상징하는 '만국진량의 종'의 명문에 중국과 일본을 제치고 조선의 우수한 문화를 배운다고 하였던 것이 아닐까?

문화교류도 활발히 이루어졌다. 조선 전기의 경우 유구에게 불교서적을 비롯해 시문집, 사서 등의 서적을 주었으며, 유구에 요청하여 중국서적을 구해오기도 하였다. 이러한 서적의 교류는 대일관계에서는 볼 수 없는 사례이다. 또 조선 전기는 물론 후기에 들어서도 이수광과 유득공이 북경에서 유구사신들과 만나 필담을 나누고 시문 창수를 한 것도 의미있는 문화교류의 사례이다.

문화의 교류만큼 큰 의미가 있었던 것은 아니지만 조선과 유구 간에는 기술의 교류도 있었다. 조선에서는 사원건축과 관련된 기술이 유구로 전해졌음이 최근의 발굴조사와 연구를 통해 밝혀지고 있다. 또 고려의 기와가 유구에서 대량으로 제조되었으며, 고려 청자도 만들어졌음이 확인된다. 조선 후기에 와서는 임진왜란에서 사쓰마주로 잡혀간 조선 도공이 유구에 초빙되어 도자기 제작기술을 전하였다. 1616년 유구로 건너간 장헌공 등 세 사람의 조선 도공은 와키다도자기(湧田燒), 츠보야도자기(壺屋燒) 등 근세 유구 도자기의 기반을 확립하였다.

한편 유구로부터 조선에 전래된 기술은 병선 제조 기술과 성벽 축조 기술 등이었다. 이것은 모두 왜구에 대한 방비책과 관련되어 있다는 점에서 공통적인데, 특히 병선 제조 기술에 대해서는 세종대에 꽤 적극적으로 시도하였다. 그밖에도 유구로부터 들어온 물소·후추·이모작 벼종자 등의 자급화를 시도해 보았으나 대부분 성공하지는 못하였다.

7장
시볼트, 조선표류민, 나가사키

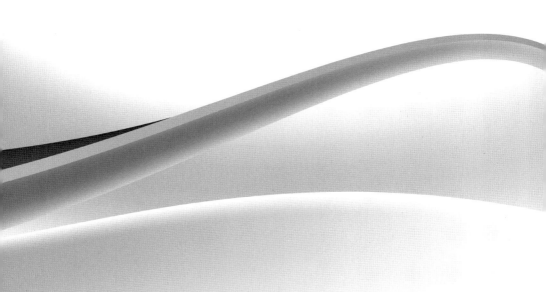

1.표류민 송환의 무대, 나가사키

전근대 조선, 일본, 청의 동아시아 삼국은 각각 해금체제(海禁體制) 아래서 자국민의 자유로운 항해를 금지하였다. 그 중에서도 동아시아 바다에서 발생한 표류는 해금체제의 경계를 넘어서는 사건이었다. 그것은 대부분 우발적 사고였지만 쇄국체제 하에서 해외여행과 사적인 교류가 금지당했던 민중들에게는 거의 유일하게 열린 '숨구멍'일 수 있었다. 그런데 17세기 중반부터 조선, 일본, 청, 유구 사이에서는 표류민에 대해 표착국(漂着國)에서 모든 비용을 부담하면서 무사히 송환하는 표류민 송환시스템이 운영되었다. 이 시스템은 19세기 후반까지 지속되었는데 매우 세련된 방식의 '국제협약'이라고 할 수 있다. 동시에 그것은 17세기에서 19세기까지의 근세 200여 년간 동아시아에서 평화를 유지시켰던 끈으로서 기능하였다. 표류민송환체제에 가입하지 않은 나라의 표류민의 경우 송환하지 않았다. 예컨대 베트남 표류민이나 네덜란드인인 벨테브레(Jans J. Weltevree, 1595-?)나 하멜(Hendrik Hamel, 1630-1692) 일행의 사례가 그것이다.

조선 후기 일본에 표착한 조선 표류민은 기록상 확인된 것만으로도 9,000여 명에 달한다. 그들은 일본의 어느 지역에 표착했든지 간에 모두 나가사키(長崎)로 이송되었다. 심지어 1696년(숙종 22) 홋카이도(北海道)에 표류한 이지항(李志恒) 일행도 나가사키로 가서 심문을 받은 뒤 정해진 절차에 따라 귀국할 수 있었다. 나가사키에 있는 쓰시마번(對馬藩)의 출장소[01]에 모여서 나가사키 부교(長崎奉行)의 심문을 받고, 대개 3개월 정도 체재하다가 대마도를 거쳐 조선으로 송환되었다. 나가사키에 머무는 동안 표류민들은 비교적 자유스러운 이동과 활동이 허락되었다. 그들은 시내를 활보하였고 일본인 집을 방문했으며 현지인과 필담창화(筆談唱和)를 하는 등 문화교류활동을 하기도 하였다. 그들이 남긴 '표류기(漂流記)'로는 이지항의 『표주록(漂舟錄)』, 이종덕(李鍾德)의 『표해록(漂海錄)』, 풍계대사(楓溪大師)의 『일본표해록(日本漂海錄)』이 있다. 『표주록』은 동래부의 무관이었던 이지항이 1696년 일본 홋카이도에 표류했다가 귀환한 후 저술한 표류기이다. 『표해록』은 제주도 정의현감이었던 이종덕이 1815년 규슈의 고토(五島)에 표착하여 이듬해 귀환하던 중 대마도에서 지은 것이다. 『일본표해록』은 1817년(순조 17) 11월 대둔사의 승려 풍계대사가 저술한 표류기이다. 이들 표류기에는 표류민들의 활동과 교류의 모습, 그리고 나가사키에 대한 묘사 등이 상세하게 기술되어 있다.

일본에도 조선의 표류민과 관련된 기록들이 남아 있다. 『표민대화(漂民對話)』[02], 『복산비부(福山秘府)』[03], 『오도편년사(五島編年史)』[04] 등이 대표적인 사례이다. 또 일본인 화가가 남긴 그림도 있었다. 「표류조선인지도(漂流朝鮮人之圖)」[05], 「조선표객도(朝鮮漂客圖)」[06]가 그것인데, 표류민에 대한 그림과 함께 간단한 설명문이 병기되어 있다.

나가사키는 16세기 중반에 개항되었고, 17세기 초반 도쿠가와막부(德川幕府)의 직속관할령('天領')으로 지정되었다. 1854년 미일수호통상조약이 체결되기까지 유일한 국제항구로서 대외무역과 교류, 정보소통의 중심지 역할을 하였다.

또한 일본 내에 표착하는 조선·중국·유구·동남아시아·서양을 막론하고 모든 외국인은 일단 나가사키로 이송되어 심문을 받은 후 본국으로 송

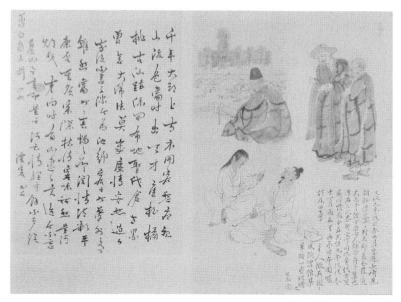

조선표객도(浮田一蕙, 1838)

환되었다. 타국에 표류한 일본인이 귀환할 경우에도 모두 나가사키로 이송된 후 부교(奉行)의 심문을 받은 후 고향으로 돌아갈 수 있었다. 요컨대 나가사키는 근세 동아시아 표류민 송환 시스템의 중심무대였다고 할 수 있다.

그런데 일본에 표착한 조선표류민이 일본인과의 교류가 아니라 유럽인을 만난 사례도 있었다. 19세기 초반 독일인 의사로서 나가사키 데지마(出島)에 있는 네덜란드상관(和蘭商館)에 파견 나와 있었던 시볼트(P. Siebold)가 조선 표류민을 수차례 만나 대화를 나누고 자신의 저서 『일본』에 그 대화내용과 모습을 상세히 기록하였다. 조선 표류민과 유럽인이 만난 것은 이것이 유일한 사례이다. 이 희귀한 만남의 주연배우는 시볼트라는 독일인 의사와 일본에 표류한 전라도 어민 일행이었고, 무대는 에도시대 일본 유일의 국제무역도시인 나가사키였다. 그런 만큼 이 사건은 흥미로울 뿐 아니라 시볼트가 남긴 기록물 또한 매우 귀중한 가

나가사키항도(長崎港圖, 川原慶賀 작)

치를 지니고 있다.

　시볼트의『일본』을 한국인이 보게 된 것은 언제일까?『일본』의 저술과
간행이 1832년부터 1851년까지 약 20년에 걸쳐 이루어졌고, 그것도 독일
어로 네덜란드에서 출간되었기 때문에 19세기 조선의 학자들에게 알려졌
을 가능성은 거의 없다. 일제강점기나 해방 이후의 시기에도 이 책이 한국
인 연구자들에게 알려지기는 쉽지 않았다. 시볼트에 관한 연구가 1896년
부터 시작해 현재에 이르기까지 그야말로 활발한 일본에서도, 또 독일이
나 네덜란드 등 유럽에서도『일본』에 수록된 조선에 관한 내용에 대해 관
심을 가지고 분석한 논문은 거의 없었다. 그런데『일본』이 1979년 일본어
로 번역되어 완간됨에 따라 1980년대 들어 국내학계에서도 관심의 대상
이 되었다. 1987년 유상희에 의해『일본』조선편이『조선견문기』란 제목
으로 초역되어 국내에 소개되었고, 또 고영근에 의해 어문학적 관점에서
연구가 진행되기도 하였다.[07] 그러나 역사학계에서 이 자료를 대상으로
분석한 연구는 거의 없다. 따라서 이 기록이 어떠한 시대적 배경 속에서
이루어졌으며, 시볼트와 조선 표류민과의 만남과 그에 따른 상호인식과

出島阿蘭陀屋舗景（1780）

데지마의 화란상관

후대에 끼친 영향 등에 관해 역사학적 관점에서 고찰하는 것은 매우 흥미로운 주제이다.

2. 시볼트는 누구인가?

필립 프란츠 폰 시볼트(Philip Franz von Siebold; 1796-1866)는 독일 출신의 의학자인데, 조부와 부친 모두 저명한 의사이자 의학교수로 의사가문 출신이다. 그는 1820년 뷔르츠부르크(Würzburg)대학 의학부를 졸업한 후 1822년 화란동인도육군병원의 군의관으로 임명되어 바타비아(Batavia; 현재의 자카르타)에 도착하였다. 이어 일본 나가사키 데지마에 있는 화란상관(和蘭商館)의 의사로 임명되어 1823년 7월 6일 나가사키에 도착하였다.

1826년에는 화란상관장과 함께 에도삼푸(江戸參府)여행에 참가하였다.

시볼트(30세, 가와하라 그림)

3월 4일 에도에 도착하여 도쿠가와막부의 11대 쇼군 도쿠가와 이에나리(德川家齊)를 알현한 시볼트는 4월 12일 에도를 출발할 때까지 많은 문인, 사상가 및 에도지역의 난학자(蘭學者)들을 만났다.

그는 6년간 일본에 머물렀기 때문에 일본에 익숙하고 친구도 많았다. 1823년 가을에는 16세의 일본인 유녀(遊女) 출신의 타키(タキ)와 결혼하여 딸을 출산하기도 하였다. 1827년 둘 사이에 태어난 딸 이네(イネ)는 일본 최초의 산부인과 의사가 되었고, 그 후손들은 지금도 번창하다고 한다. 시볼트는 1828년 8월 5년간의 임기를 마치고 귀국할 예정이었는데, 이 해 이른바 시볼트사건이 생겨 1829년 일본으로부터 추방되었다.

타키와 딸 이네

시볼트는 의사였지만 네덜란드 왕립 동인도연합회사의 직원으로서 특별한 임무가 주어졌다. 즉 그는 네덜란드 정부의 지령에 의해 일본의 자연환경·지리·물산을 비롯해 정치·경제·사회·문화를 종합적으로 조사하라는 임무를 부여받았다. 당시 네덜란드는 각지의 보호령 및 통상관계를 맺고 있었던 나라의 자연환경과 민속, 사회상을 파악하는데 주력

시볼트 초상화(만년의 모습)

하고 있었다. 따라서 그는 체일 기간 동안 정력적으로 일본에 관한 연구를 진행하였고, 각종의 문헌과 자료를 수집하여 본국에 보내었다. 그 종류의 풍부함과 수량의 방대함은 현재 네덜란드의 라이덴(Leiden)대학과 독일 베를린(Berlin), 보훔(Bochum)에 분산 소장되어 있는 콜렉션에 의해 확인된다. 그는 풍부한 연구자금으로 자료를 구매하고, 회화와 표본 등을 제작하기도 하였다. 그는 일본인 학자들과 많은 교류를 통해 정보와 지식을 얻었고, 고위직 인사와의 친분을 이용해 고급 정보도 수집할 수 있었다. 심지어는 자신이 직접 접촉한 일본인에게 '뇌물'을 증여하는 대신으로 귀중자료를 얻기도 하였다. 결국 이런 지나친 방식이 도쿠가와막부의 허용범위를 벗어나 '시볼트사건'이 일어나게 되었다. 즉 외국으로의 반출이 금지된 일본지도를 구입해 귀국할 때 가져가려던 시도가 발각되었던 것이다. 1828년 마침내 그는 화란상관에 억류되어 조사를 받았고, 이듬해 국외추방이라는 처분을 받았다. 1830년에는 그에게 일본지도를 넘겨준 막부천문방(幕府天文方) 다카하시 카게야스(高橋景保)가 사형선고를 받고 옥사하는 등 관련자 50명이 처벌을 받았다. 시볼트는 일본 난학(蘭學)의 발전에 지대한 공헌을 하였지만[08] 이 사건의 파장으로 난학의 발전이 일시 위축되었다.

귀국 후 타키에게 보낸 편지

1830년 7월 네덜란드 라이덴으로 돌아간 그는 일본에서 수집한 방대한 자료를 정리하면서 저작에 몰두하였다. 수집한 소장품을 중심으로 박물관을 개설하였고, 연구성과를 세계에 소개하였다. 1840년 아편전쟁 후에는 일본개국 운동을 벌이기도 하였다. 1845년에는 독일 귀족의 여인과 결혼해 두 아들을 두었다.

1858년 시볼트추방령이 해제되자 이듬해 여름 화란무역회사 고문으로 36년 만에 다시 일본으로 건너갔다. 1861년에는 도쿠가와막부의 고문으로 5월 에도로 가지만 9월 해촉되어 다시 나가사키로 돌아왔다. 1862년 네덜란드로 귀국하였고, 이듬해에는 네덜란드정부의 관직을 마치고 독일로 돌아갔다. 그는 노년에 고향인 남부 독일의 뷔르츠부르크에서 일본 연구에 열중하다가 1866년 70세로 생을 마쳤다. 그는 일본에 관한 많은 저술을 남겼는데, 주요저작으로는 『일본(Nippon)』, 『일본식물지(Flora Japonica)』, 『일본동물지(Fauna Japonica)』의 3부작이 있다.

3. 『일본』과 조선에 관한 저술

시볼트가 필생의 힘을 기울여 저술한 대저인 『일본』의 원제목은 『일본, 일본과 그 이웃나라 및 보호국 - 하이(蝦夷)·남천도열도(南千島列島)·화태

(樺太)·조선(朝鮮)·유구열도(琉球列島)의 기록집(NIPPON. Archiv zur Beschreibung von Japan und dessen Neben und Schutzländern ; Jejo mit den südlichen Kurilen, Krafto, Koorai und den Liukiu Inseln)』이다. 일본(NIPPON)이 주제목이고, 그 이하가 부제목인 셈이다. 요컨대 저술의 주된 내용이 일본을 중심으로 하고 있지만, 이웃나라 및 보호국의 기록도 포함하고 있다는 뜻이다. 따라서 통상 『일본』으로 줄여 부르고 있다.

1. 『일본』의 저술방식과 조선편

시볼트가 저서 『일본』은 1832년 초판이 완성된 이래 1851년까지 20년에 걸쳐 도합 20권의 분량으로 네덜란드에서 출간되었으며, 원본은 독일어로 써졌다.

이 책의 저술방식과 의의에 대해서는 일본의 권위 있는 연구자의 평가를 소개하는 것이 편리하겠다.

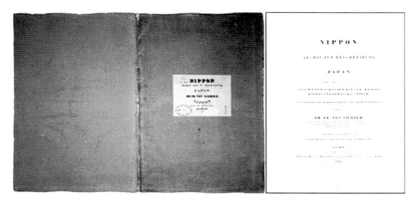

『일본』의 내외 표지

"독일인 의사 시볼트는 1823년부터 6년여의 체재기간에 팽대한 자료와 문헌을 수집하고, 다카노 쵸에이(高野長英) 등 당시 일본에서 제1급의 문인과 난학자 등의 협력도 얻어, 일본 및 주변지역의 지리·역사·민족·언어·사회·경제·종교·문화 등이나 동식물에 이르기까지 매우 진지하고 열심히 관찰 연구하였다. 그 동안 에도참부(江戶參府) 여행에도 참가해 머나먼 길을 여행하는 동안 각지에서 접했던 일본인의 풍속·생활·풍물이나 동식물 등을 자세히 관찰하였다. 1830년 국외추방을 당해 네덜란드에 돌아간 이후 일본 체재기간 동안 얻은 풍부한 현지견문과 치밀한 연구성과의 정리에 열중하였고, 후일 유럽에서 일본학의 선구자가 되었던 라이덴대학의 호프만 교수 등의 협력을 얻어 마침내 불후의 명저『일본』을 저술하였다. 그 내용은 학술적 향기가 높은 것으로 광범하고 다기하며, 게다가 그 분량의 팽대함은 외국인의 일본 연구서로서 고금을 통 털어 필적할 대상이 없다. 따라서 그는 한편으로 일본에 유럽의 선진학술을 도입해 막대한 공헌을 함과 동시에 다른 한편으로는 외국인의 일본 연구에 귀중한 기초를 마련하였다."[09]

그의 저작은 매우 방대하고 깊이 있는 내용으로 서구에 이 책만큼 일본을 학문적이고 체계적으로 소개한 것은 없다고 해도 과언이 아니다.

그런데『일본』은 일본을 연구한 저술이지만, 조선에 관한 서술내용도 매우 풍부하고 깊이가 있어, 조선과 한글을 서양에 체계적으로 전파하는데 큰 역할을 하였다. 이보다 앞서 1668년 로테르담에서 간행된 이른바『하멜표류기』에서도 조선의 문화와 풍속에 관해 서양에 소개하였지만 학문성과 체계성 면에서 볼 때 이에 못 미친다. 조선에 관한 기술은『일본』의 제7권에 해당하는데, 조선 부분만 하더라도 총 8장으로 구성되어 상당히 방대한 저술이라고 할 수 있다.

시볼트는 조선 표류민을 만나 한국의 역사·관습·지리·종교 등에 관해 들은 이야기를 기술하였으며, 부록으로 직접 만난 조선표류민의 초상화 6매를 비롯해 의상·화폐·소장물품·선박 등을 그린 11장의 그림과 2장의 지도(朝鮮八道之圖, 朝鮮地圖) 등을 첨부하였다.

『일본』에 삽입된 〈조선팔도지도〉와 〈조선지도〉

『일본』은 1832년 초판이 나온 이후 때때로 간행된 영국, 프랑스, 네덜란드, 러시아, 일본 등지에서 부분적으로 번역된 것 이외에는 독일어 원전이 4차례 간행되었다.

초판본은 1832년-1851년에 걸쳐 20책으로 도록과 함께 네덜란드 라이덴에서 최초로 출판되었다. 재판본은 1897년 시볼트의 아들 알렉산더와 하인리히 형제가 아버지의 탄생 100주년기념회를 계기로 독일 라이프치히에서 간행한 축책본 2권이다. 세 번째 판본은 1930년과 1931년에 독일 베를린의 일본학회에서 트라우츠(F. M. Trautz) 박사 감수 하에 간행되었다.

『일본』의 원전은 A3변형(세로 382mm / 가로 297mm)의 큰 책으로 2권 합계 1,428쪽에 달하는 팽대한 분량이다. 이 가운데 조선편이 포함되어 있으며, 지도와 그림은 별도의 도록(圖錄)에 수록되어 있다. 도록 2권도 『일본』의 큰 특색으로서 본문 내용 못지않게 불후의 가치를 지니고 있다. A2변형(세로 590mm/가로 382mm)의 대형본으로, 도판 총 366면에 달하며, 주로 나가사키의 화가 가와하라 게이카(川原慶賀)에게 위촉해 그리게 한 것을 복제 인

쇄한 것이다. 당시 일본을 중심으로 주변지역의 민족의 풍모나 풍속, 생활
용구, 그리고 산천 풍물 등을 극사실적인 화법으로 묘사하였다. 이것 또한
다른 일본 연구 소개서가 미치지 못하는 요소이다.

2. 「조선편」의 체재와 내용

우선 전체적인 내용을 개관해 볼 필요가 있겠는데, 8장으로 구성된 조선
편의 장과 절의 내용을 간략하게 정리해 보면 다음과 같다.

제1장 조선 표류민으로부터 들은 사정
① 조선어민의 그림
② 일본 연안에 난파한 조선 상인들과의 면담
③ 언어와 문자
제2장 조선인, 대마도의 일본무사 및 관리, 부산의 일본 상관(商館)으로
부터 얻은 정보
: 조선의 나라이름에서부터 유럽과 조선의 교류사에 이르기까지 23개
항목에 걸쳐 소개하였다.
제3장 어휘
: 455개의 단어를 독일어, 조선문자발음, 중국문자발음, 일본문자발음,
일본문자 뜻의 5개 항목으로 대비하면서 작성하였는데, 모두 알파벳으로
표기하였다. 또 뒤에는 별도의 표를 만들어 한자, 한글의 뜻과 발음, 일본
식 발음과 뜻의 5개 항목으로 대비해 작성하였다. 이 어휘표는 시볼트가
각고의 노력으로 이루어낸 작품으로서, 소규모의 독-한-중-일 사전이라
고 할 수 있다. 어휘표에 이어 한글로 된 조선의 시조 원문, 그리고 김치윤
과 허사첨의 한시를 원문 그대로 소개하였다.
제4장 달단해안(韃靼海岸)에 표착해 북경에 보내지고, 조선을 거쳐 귀

향한 일본인 어민의 조선견문기 - 일본책 『쵸센모노카타리(朝鮮物語)』[10]
로부터

　제5장 조선국의 제도, 관리 및 조정의 신하

　제6장 중국어휘 「유합(類合)」[11] (J. Hoffmann이 교정, 번역함)

　: 1,512개의 한자에 대한 한독사전(모두 알파벳으로 표기) 및 중한사전(한자를
중심으로 그 글자의 조선식 발음과 뜻을 각각 좌우로 표기함)의 성격을 지니고 있다.

　제7장 일본문헌에 나오는 일조·일중관계 (J. 호프만 저술)

　제8장 천자문 - 조선어역 및 일본어역을 참고로 해서 중국어를 독일어
로 번역함 (J. 호프만 저술)

3. 「조선편」의 저술동기는 무엇인가?

　시볼트는 '수용소'에 있는 조선표류민을 방문이 허락될 때마다 기꺼이
찾은 이유에 대해 "조선어는 유럽에 미지의 언어이다. (중략) 우리 서양에
거의 알려지지 않은 한국어와 한글자모를 학술적으로 연구해 서구 언어학
계에 기여하기 위한 것이다."라고 밝혔다. 시볼트의 한국어에 대한 호기심
과 관심이 얼마나 컸는지는 1824년 네덜란드 왕실을 통해 그동안 조사 연
구한 한국어 논문을 파리 왕립연구소에 전해주기를 바라는 편지에서도 잘
나타나있다. 단지 이 한국어 소개 논문이 1827년 5월 23일자로 네덜란드
왕실에서 받았다는 기록은 있으나 그 후 원고의 행방이 묘연해서 세계에
알려지지 못했다. 한국어 연구로 서구학계에서 인정을 받고자 했던 시볼
트의 희망이 생전에는 이루어지지 못한 셈이다.

　매번 나가사키부교(長崎奉行)의 허락을 받아야 하는 불편함을 무릅쓰고
시볼트는 조선 표류민을 방문해 대화하면서 정보를 수집하였다. 그는 서
구문헌과 일본, 중국문헌을 통해 이미 알고 있었던 정보와 지식을 바탕으
로 조선인들에게 질문하였고, 조선의 상인·유학자·한학(漢學)의 소양이

있는 선주·수부 등으로 구성된 면담자들에 대해 행동거지와 얼굴표정까지 놓치지 않고 꼼꼼하게 관찰하여 기록하였다.

이밖에도 "조선연구자에게 자료를 제공하기 위한 것이다."라는 구절이 책의 곳곳에 눈에 띄는데, 조선편의 주요 저술동기를 스스로 밝힌 셈이다. 또 그는 제8장 천자문을 서술한 목적에 대해 1833년 11월 리용에서 쓴 서문에서 "이 천자문을 출판함으로써 나는 아시아 여러 민족의 문자 역사를 스스로도 잘 참조하려고 한다. 또 우리나라의 동양학 애호자에게는 이 책이 비교언어학에 새로운 재료가 될 수 있을 것이다."라고 하였다.

요컨대 시볼트의 지적 호기심과 탐구열은 일본에 그치지 않고 조선국에 대해서도 미쳤다. 또 조선에 대한 그의 관심사는 조선의 언어와 문자에서 출발하였지만 이에 머물지 않고 조선의 역사와 문화 등으로 확대되었다. 이를 기록으로 남겨 유럽의 조선연구자들에게 자료로 제공하기 위해 조선편을 저술한 것이다.

4. 「조선편」의 학술적 의의

시볼트는 일본문헌과 중국 및 유럽의 문헌을 참고한 위에 조선 표류민을 직접 만나 대화를 통해 확인한 체험과 견문을 바탕으로 해서 나름대로의 연구를 통해 조선편을 저술하였다. 그의 학자적 면모는 그가 「조선편」을 저술하면서 참고한 문헌에서도 여실히 알 수 있다. 각 장을 서술하면서 참고한 서적이라고 스스로 밝힌 문헌의 목록은 다음과 같다.

제1장 「조선의 언어와 문자」에서의 참고서적 : ① 하멜(H. Hamel)의 보고서, ② 마르티우스(M. Martinius)의 자료, ③『삼국통람도설(三國通覽圖說)』(중국 서적인데 1832년 파리에서 J. Klaproth가 번역 출간함)

「단어표」(455개의 한글어휘집)를 만드는데 참고한 서적: ①『동국통람(東國通

覽: 東國通鑑의 오류임)」, ②『조선물어(朝鮮物語)』, ③『삼국통람도설』, ④『천자문』, ⑤『조선태평기(朝鮮太平記)』, ⑥『왜어유해목록(倭語類解目錄)』

제2장 「조선의 행정구역」에서 참고한 서적 : ①『삼국통람도설』, ②『조선물어』, ③『화한삼재도회(和漢三才圖會)』, ④ 마르티우스의 「중국신지도(中國新地圖)」, ⑤ 단뷔르(d'Anville)의 「중국신지도」

「화폐」에서 참고한 서적 : ①『화한고금천화감(和漢古今泉貨鑑)』(20책, 1805, 에도), ②『진화공방감(珍貨孔方鑑)』(2책, 1730, 교토), ③『개정공방도감(改正孔方圖鑑)』(1책, 1784, 에도)

제6장 「유합」에서 참고한 서적 : ①『왜어유해』

제7장 「일본문헌에 나오는 일조·일중관계」에서 참고한 서적 :

①『일본기(日本紀)』(30권, 720년에 성립), ②『일본왕대일람』(일본 역대정부의 총람, 1795년 오사카간행본, 7권. 영어로 번역됨), ③『조선물어』(조선의 역사, 1750년, 에도간행본, 5권), ④『삼국통람도설』(林子平 저술, 지도 첨부, 1785년, 에도. 영어로 번역됨), ⑤『화한삼재도회』(寺內良安 저술, 일본의 백과사전), ⑥『본조국군건치연혁도설(本朝國君建治沿革圖說)』(檜山義愼 저술, 일본의 역사지리를 그림으로 해설. 1810년, 에도 간행, 1권), ⑦『화한연계(和漢年契)』(일본 및 중국의 역사연표, 1797년, 1권), ⑧『장기연력(長崎年曆)』(나가사키 연대기, 1829년), ⑨『태평기』 39권

『일본』「조선편」의 학술적 의의는 무엇보다 서구사회에 한글을 처음으로 소개하였다는 점이다. 한글 단어와 한국말을 한글자모 그대로 표기하였고, 또 알파벳으로 발음기호로 적어 대비해 알 수 있도록 하였다. 또 아주 편리한 455개의 한글단어표를 만들었고, 한시와 한국노래 등을 원문 그대로 수록하였다. 이 점에서 「조선편」은 수준 높은 학술서적이라고 할 수 있으며, 유럽에서의 한국 이해에 크게 기여하였다. 1668년에 간행된 이른바 『하멜표류기』는 하멜 일행이 13년간 조선에서의 직접적인 체험과 견문을 바탕으로 기술하였다는 점에서는 '1차적인 자료'이지만, 학술적으로 접

근하지는 못했다. 이에 비해 시볼트의「조선편」은 과학적이고 체계적인 접근을 통해 이루어진 만큼 학술적 기여도가 컸다.

4. 시볼트, 조선표류민과 교류하다

1. 만남의 목적과 경위

『일본』 조선편 제1장 첫머리에 시볼트와 조선 표류민과의 대화내용이 기술되어 있다.

시볼트와 조선표류민이 처음으로 만난 시기는 1827년 3월 17일이었다. 그는 1828년 8월 5년간의 임기를 마치고 귀국할 예정이었으므로 조선 표류민과의 만남은 그보다 1년 5개월 정도 전이었던 셈이다. 조선의 표류민 일행은 전라도 출신의 선주, 상인, 여객 등 36명으로 3척의 배에 타고 남서

표류민의 모습

조선관에서 면담을 기다리는 조선표류민들

해안에서 규슈(九州) 서쪽 해안가와 고토열도(五島列島)로 표류했다가 나가사키의 쓰시마번 출장소로 이송되었다.

시볼트는 조선의 표류민들과 수개월간 이웃으로 지냈다고 하였는데, 실제 그가 있었던 데지마의 화란상관과 조선표류민들이 머물렀던 쓰시마번 출장소와는 도보로 10분 정도의 거리에 있었다. 그래서 그는 이웃에 있는 조선표류민의 일상생활과 왕래하는 모습을 관찰할 수 있었다. 시볼트는 그들에 대해, "조선표류민의 집은 초라했지만 음식은 고급이었고, 시내를 자유롭게 통행하면서 일본인의 집도 방문하였다."로 묘사하면서 생활이 사치스럽지만 수인(囚人)처럼 갇혀있는 자신들에 비해 오히려 부럽기조차 하다고 평하였다.

표류민 가운데 시볼트와 면담한 사람은 상인 2명, 선주(船主) 1명, 유학자 1명, 수부(水夫) 2명으로 모두 6명이었다.

시볼트가 조선 표류민을 만나기 위해 쓰시마번 출장소에 방문하기 위해서는 아주 귀찮은 절차가 필요하였다. 왜냐하면 우선 도쿠가와막부의 지

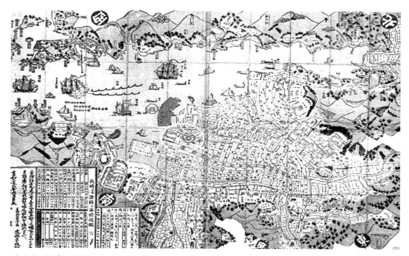

데지마 전경(@화란상관, ⓑ조선관)

시를 받아 대외업무를 총괄하는 나가사키부교(長崎奉行)의 허가가 필요했고, 쓰시마번 감독관의 입회하에 그의 응접실에서 만나야 했다. 이러한 번거롭고 어려운 절차를 무릅쓰고 시볼트는 일본인 친구의 도움을 받아 방문하였다. 그가 이렇게 적극적으로 조선인을 만나고자 한 이유는 유럽에 미지의 나라인 조선의 정보를 얻기 위해서였다. 그래서 마침 근처에 머물고 있었던 조선인들을 직접 만나 대화하면서 궁금한 점을 확인하고자 했던 것이다.

시볼트가 '조선관'을 방문할 때는 통역과 함께 2명의 화가를 대동하였다. 동행한 화가는 네덜란드인 친구인 카를 위베르 드 빌네브(Carl Hurbert de Villeneuve)와 일본인 화가 토오 요스케(登与助; 川原慶賀)였다. 일본 화가는 조선인의 의상과 소품, 선박 등에 대한 그림과 시볼트와 조선인의 대화 장면을 그렸다. 네덜란드인 화가는 시볼트와 면담한 6인의 초상화를 사실적 수법으로 그렸다. 또 그는 일본 화가가 그린 그림도 다시 석판에 옮겨 문헌으로 보존하였다. 그는 표류민의 초상화를 그릴 때 "이전의 조선인보다 매우 잘 응해주었으며 그 결과 그들의 생활상을 서양에 전하는데 기대 이상의

성과를 얻었다."고 하였다. 이 구
절로 보아 시볼트와 빌네브는 이
전에도 비슷한 만남을 시도했다
는 사실을 알 수 있다. 또 그들은
1827년 3월 17일의 첫 만남 이후
에도 몇 차례 더 방문하였다고 하
였다.

시볼트는 이전부터 부산의 왜
관(倭館)에 있는 지인을 통해 조선
의 국토·문자·풍속·습관에 관
해 약간의 지식을 가지고 있었다.

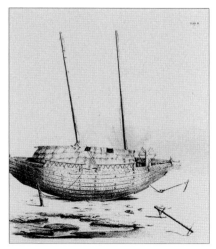

조선표류민의 배

그런데 이 날의 만남에서 조선의 언어·문화·학문·예술에 관해 대화를 나
누면서 미지의 나라에 대해 알 수 있었다고 만족하였다. 그 가운데서도 특
히 얻은 것은 언어와 문자에 관한 정보였다. 그래서 그는 별도로 장을 개설
해 연구성과를 정리하였다.

시볼트와 조선 표류민 일행은 매우 우호적인 분위기에서 면담하였으며
통역을 매개로 하루 종일 대화를 나누었다. 조선인들도 시볼트의 질문에
진지하고 적극적으로 응해 주었다 한다.

조선 표류민들은 이해 5월 동남풍이 불자 취항하여 귀국하였다. 대마도
주 휘하의 수행선과 감독관이 호행하여 나가사키 -(13리) 일기도 -(40리) 대마
도 -(48리) 부산 왜관 - 동래부를 거쳐 각자의 고향으로 돌아갔다고 하였다.

2. 시볼트가 묘사한 조선 표류민의 모습

시볼트는 직접 만나 면담한 6명의 모습과 복장 등을 상세히 묘사하였
고, 행동거지와 표정까지 세밀하게 관찰하였다. 예를 들면, "갓 쓴 상인은

의기소침하고 향수병에 걸린 것 같았다.", "상인(허사첨을 가리킴)은 명랑하고 현실인식이 뚜렷하였다.", "학자 선생(김치윤을 가리킴)은 몽골 타입으로 골격과 차림새는 다소 비천해 보였다." 등의 촌평을 남기기도 하였다.

그는 조선인의 모습에 대해 "한국인은 일본인보다 몸집이 크고 튼튼하다. 얼굴표정은 몽고인을 닮아 넓고 툭 불거진 광대뼈며 납작하고 넓직한 코에 큰 입모양, 빳빳하고 숱이 많으며 검은 머리카락, 굵은 눈썹, 누런색의 얼굴을 하고 있다."고 세밀하게 묘사하였다. 또 얼굴에는 두 종류가 있는데, 몽골형과 유럽형(코카스족)이 있다고 분석하면서 직접 만난 6명의 조선인을 각각 세 사람씩 형태를 분류하기도 하였다.

조선인의 태도에 대해서는 일본인에 비해 자율적이고 자유로우며, 활발하고 전투적이라고 하였다. "그러나 정신적인 교양과 세련도는 같은 계층의 일본인보다 꽤 떨어진다."고 평하였다.

표류민들의 생활상과 태도에 대해, 그들은 귀국에 대한 희망이 용기를 제공하는지 주어진 여건에 잘 적응한다고 하였다. 새벽에 북소리에 맞춰 예불을 드리고, 노동하며, 휴가시에는 노래, 춤, 담배를 즐긴다. 서민들도 놀이를 아주 좋아하여 장기와 바둑을 두고 묵화를 그리기도 하면서 지루한 날을 보낸다고 하였다.

허사첨

김치윤

선장

무명의 상인

선원

견습선원

3. 조선표류민의 대응

시볼트는 조선관을 방문할 때마다 선물을 준비하였다. 시볼트는 먼저 조선 표류민에게 면담의 의도를 알리고 몇 엘레(elle: 1엘레는 55-80cm)의 염색한 천과 사라사(sarasa: 비단의 일종), 몇 병의 아라크(네덜란드의 국민음료)와 게네버(genever: 杜松의 열매로 향료를 넣어 증류시킨 술)를 선물하였다. 이에 대해 표류민 일행은 매우 반가워하면서, 답례품을 상의한 끝에 김치윤이 대표로 나서 난파선에서 건져낸 물건 중에 필사본 책 몇 권, 두루마리그림 몇 권, 작

조선인 소지 물건

은 소반 1개, 몇 개의 항아리와 접시 등의 생활소품, 몇 개의 옷가지와 부채 등 장신구를 답례품으로 선물하였다. 이 때 시볼트가 표류민으로부터 받은 선물은 라이덴에 있는 민족박물관에 보관되어 있다고 한다. 유학자인 김치윤과 상인 허사첨은 시볼트에게 한시를 지어주기도 하였다.

그들의 대화내용과 이별시 주고받은 한시에는 표류민들의 네덜란드에 관한 인식이 표출되어 있다. 이에 시볼트는 "세 사람으로부터 시를 받았는데 내용과 글씨가 좋고 매우 흥미롭다."고 평하였으며, 두 나라의 사람이 또 다른 나라에서 만난 기념이라고 하면서 원문을 다 수록하였다.

이하 조선편에 수록된 한시와 조선가를 잠시 살펴보자.

1. 김치윤의 한시

"하늘과 땅 사이에 바다가 큰데/ 몇 곳에서 나라가 있는 지 누가 알 수 있으

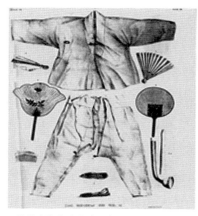
조선인의 옷과 장신구(왼쪽)

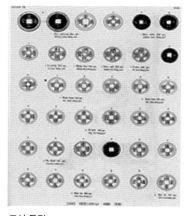
조선 동전

려/ 평생 아란타에 대해 들어보지 못했
는데/ 오늘 서로 만나니 뜻이 통해 서
로 느긋하도다/ 술잔 잡고 상좌에 앉은
고귀한 사람이/ 표류하여 고향을 떠난
뜻을 그 누가 알겠는가/ 이제 배를 타
고 어제 있던 곳에 있으리니/ 어느 날
에 고향에 돌아가 기쁘게 춤출 것인가

(天地之間海爲大 幾處開國誰能知 平生不聞阿蘭陀
今日相逢意相悠 叵酒坐上高會人 誰知漂泊離鄕志
從今乘船在昨日 何日還鄕欣喜舞 朝鮮全羅道金致潤
書)"

김치윤의 시

(조선 전라도 사람 김치윤 씀)

귀향하기 전날 시볼트에게 선물로 준 작별시로 칠언절구(七言絶句)이며
8행 58자로 구성되었다. 난생 처음 네덜란드 사람을 만난 소감을 피력하
고 이별을 아쉬워하면서 표류에서 귀향하기까지의 감회를 읊었다.

2. 허사첨의 한시

"세 나라의 사람이 이 방에 모이고 보니/ 한 무제는 이미 서거했으나 먼 곳의
이방인을 만났네/ 오늘 만나 후한 대접을 받으니/ 헤어져 돌아와서도 잊을
수가 없네.
처음 만나 친절하게 대접해 주면서 위로의 송별을 해준 것에 감사하면서

(三國旣會此房中 漢武已逝觀葡萄 今日相逢寬待厚 分手回去尙不忘 初逢待接感謝慰送
朝鮮國全羅道康津許士瞻書)"

(조선국 전라도 강진사람 허사첨 씀)

허사첨의 시

허사첨의 시도 칠언절구로 4행 28자이다. 타국에서 조선과 독일, 일본의 세 나라 사람이 만나 대화를 나누었다는 사실에 대한 감회를 토로하였고, 처음 만났지만 후한 대접에 감사하면서 드린다고 하였다.

이밖에도 『일본』 조선편에는 나와 있지 않지만, 고응량(高應良)이란 조선표류민이 쓴 한시가 라이덴대학 도서관에 소장되어 있다. 이 시 외에도 라이덴대학도서관에는 작자미상의 한시가 또 한 편 소장되어 있다고 한다. 고응량은 허사첨 일행과 같이 표류한 36인 가운데 한 사람일 수 있고, 아니면 그 이전의 표류민일 가능성도 있다. 참고로 그의 시를 소개해 보면 다음과 같다.

"천하의 나라가 많은 도시를 울타리 삼았는데/ 태어나 자란 이후에 그 이름을 듣지 못하였네/ 바람과 물결 따라 일본에 와서/ 금령(禁令)을 열고 문을 나와 좋은 집에 이르렀네/ 세 나라 사람이 서로 만나 함께 놀고 즐기며/ 예의 갖추어 고상한 모임을 여니 누구를 섬기랴/ 아란타의 뛰어난 사람이 주도하는데/ 평생 아란타에 대해 듣지 못하였네/ 조선사람과 예의 갖춰 특별한 은혜를 맺으니/ 인정으로 구제함은 한결 같구나

(天下之國籬列都 生長以後不聞聲 從風浮流日本來 開禁出門美屋到 三國相逢同遊樂 禮設高會誰爲事 阿蘭陀秀人執柄 平生不聞阿蘭陀 朝鮮相禮別結恩 人情救濟一同然)"

3. 조선노래(朝鮮歌)

"세상의 얄문거시 거모밧긔 다시업네 제멋듸 줄롤내야 만경그물 마자놋고
곳보고 웃난 나븨롤 잡으랴고"

표류민 일행은 직접 지은 송별시와 함께 조선의 노래를 전해 주었다. 위의 노래는 나비를 잡으려고 거미줄을 친 거미의 형상을 묘사한 내용이며, 한글 평시조의 형태를 띠고 있다. 현대어로 옮기면 "세상에 얄미운 것이 거미밖에 다시없네. 제 몸 속에서 줄을 내어 만경그물 펼쳐 놓고 꽃보고 웃는 나비를 잡으려고 (하네)" 정도가 될 것 같다.

시볼트는 김치윤과 허사첨의 한시에 대해 다음과 같이 평하였다.

"이 난파한 사람들의 심정을 토로한 것은 제한된 지식의 단편에 지나지 않지만 그 내용과 표현을 보면 마음과 정신이 도야되어 있음을 말해주고 있다. 자신의 사상을 즉석에서 한시의 형식에 맞춰 충분하지는 않지만 정확한 중국문자로 거침없이 쓰는 능력은 조선의 문화수준에 대한 좋은 이미지를 우리에게 주었다. 그들의 문장 전체에 스며나오는, 그리고 이러한 시로써 자신을 따뜻하게 말하는 진지한 마음의 뿌리는 이 국민에 대해 지금까지 강제적으로 해안과 국경으로부터 외국인을 추방해온 국민이라는 이미지보다 훨씬 호감을 가지게 하는 이미지를 우리들에게 주었다."

조선 노래

시볼트와 조선 표류민과의 만남은 양자에게 모두 유익했으며, 상호간에 우호적인 인식을 가지게 하는 결과를 가져왔다. 두 사람의 한시에 대한 시볼트의 논평을 보면, 이 만남을 통해 『하멜표류기』 이래 유럽사회에, 좁게는 시볼트에게 선입관으로 각인된 조선의 부정적인 이미지를 벗어나게 하는 계기가 되었던 것 같다.

5. 시볼트의 조선 인식

1. 한글에 대한 인식

시볼트의 조선에 문화와 일반적인 사실에 대한 지식과 이해는 주로 「조선편」 제2장, 제4장, 제5장에 나와 있다. 그가 특별히 관심을 기울인 분야인 언어와 문자에 대한 정보는 제1장 3절 「언어와 문자」를 비롯해 제3장 「어휘」, 제6장 「유합」, 제8장 「천자문」 등에 있다.

시볼트는 언어학에 깊은 조예를 지녔다. 조선 표류민을 만난 주된 목적도 언어와 문자를 서구에 소개하기 위한 것이라고 밝혔을 정도이다. 그는 우선 조선이 독자적인 문자와 언어를 가진 점에 주목하였다.

> "조선은 독자적인 언어를 가지고 있다. 한자를 수용하고 있는 단어들이 많고 평상시에 한자를 사용하고 있으나 그 의미는 많이 변화되었다. 고한국어(吏讀)는 중국문자를 차용하면서 조잡하게 변조한 것으로 일본의 야마토글자와 같다. 일본의 야마토글자가 역사기록이나 왕실과 지배층, 문예인에 의해 유지되었고, 일반백성과 지식층은 모음과 자음을 혼합한 한자단어를 사용하는 것과 비슷한 운명이다. 한국어는 두 음절이나 세 음절로 구성되었다. 예컨대 하늘(hanol, Himmel), 구름(kulom), 바람(palami), 사람(salami) 등이다."

한글 자모

   그는 한글의 구성을 잘 이해하였는데, 자음 15개와 모음 11개의 결합 방식을 그리스어와 비교하였고, 명사·대명사·자동사·조사 등의 형태와 특징을 상세히 설명하였다.

   그는 또 455개의 한글어휘를 소개하면서 단어표를 만들었다. 이것은 조선 표류민과의 면담을 통해 얻은 지식을 일본인 통역자와 함께 집대성한 것이다. 시볼트는 조선 표류민들과 함께 필담으로 배운 한글자모와 한국말 발음이나 써준 한자와 한글문서는 후일 한(漢)-한(韓)-독(獨) 사전을 만들 수 있는 귀중한 자료 역할을 하였다고 한다. 단어표의 구성방식은 조선어 - 한자의 조선식 발음 - 일본인의 한자 발음 - 라틴어의 순서로 서술하였는데, 매우 세련되고 유용한 사전의 체제를 갖추고 있다. 이 책에 부록으로 첨부된 한(漢)-독(獨)-한(韓) 사전은 서구에 소개된 한국어사전으로서는 선구적인 역할을 하였다.

   몇 가지 한계성에도 불구하고 시볼트의 한국어 연구가 지니는 의미는 매우 크다. 첫째, 서구 언어학계에서 한글을 학술적인 체계로 다룰 수 있게

유합(類合)

한 계기가 되었다는 점이다. 둘째, 한자와 한글을 독일어로 해석했고 일본어까지 비교한 것, 다시 말해 한국어·중국어·독일어·일본어 등 4개국 언어의 최초의 사전이라고 할 수 있는 단어집을 편집해 서구의 언어연구자와 학자들에게 알렸다는 점이다. 또 천자문을 독일어를 비롯해 중국어, 일본어, 조선어로 표기해 비교언어학의 연구재료로서 제시한 점도 의미가 있다.

또 그는 조선은 일본과 같이 한자로 표현하는데, 읽는 방식은 달라도 뜻은 다 통하며, 따라서 한자는 북아시아 여러 민족의 공통문자이면서 공통언어이기도 하다고 지적하였다. 그리고 "조선어 알파벳인 한글은 일본어보다 훨씬 완전하기 때문에 중국문자 발음을 원음에 가깝게 표현할 수 있다.”고 하였고, 일본의 발음은 조선으로부터 전래되었다는 일본학자의 견해를 소개하면서 동조하였다. 모두 정확한 이해라 하지 않을 수 없다.

2. 조선사회와 문화에 대한 인식

특히 제2장 「조선인, 대마도의 일본무사 및 관리, 부산의 일본상관으로부터 얻은 여러 가지 정보」에서는 ① 조선의 국명, ② 지리, ③ 기후, ④ 농작, ⑤ 작물, ⑥ 가축, ⑦ 새, ⑧ 물고기, ⑨ 광산물, ⑩ 행정구역(8도), ⑪ 정치와 외교, ⑫ 대마도의 역할과 왜관, ⑬ 지방행정, ⑭ 신분계급, ⑮ 무기와 전술, ⑯ 종교, ⑰ 산업, ⑱ 생활습관, ⑲ 공예기술, ⑳ 교역, ㉑ 화폐, ㉒ 조선인관, ㉓ 유럽과 조선의 접촉사 등 조선의 사회와 문화에 대해 도합 23개 항목에 걸쳐 소개하였다. 매우 광범위한 분야에서 상세한 정보를 수집하였음을 알 수 있다. 이 가운데 인상적인 몇 부분을 소개하면 다음과 같다.

조선의 정치와 외교 부분에서 시볼트는 일본인 친구와 일본서적의 정보의 의하면 임진왜란 이후 조선이 일본에 ‘조공의 의무’를 지고 있다고 하지만 사실상은 대등적인 ‘선린관계’라고 평가하였다. 그는 『일본』조선편에서 조일관계사에 관해 거의 전적으로 일본서적에 의거한 만큼 사실에 대한 오류가 적지 않지만 자신이 확인할 수 있는 부분에서는 실상을 거의 정확하게 인식하고 있음을 알 수 있다.

또 시볼트는 유럽과 조선의 접촉사를 정리하면서 주목할 만한 견해를 피력하였다. 그는 조선에 대한 선행적인 관념과 당시의 상황에 다음과 같이 인식하였다. 유럽에서 조선에 대한 종래의 인식은 하멜 일행의 억류와 그들의 보고서, 그 후의 구전(口傳)에 의해 조선인에 대해 ‘비기독교적 야만인’이라는 두려운 이미지가 정착되었고, 조선에 대한 혐오감과 공포심을 가지게 되었다. 그 후 빈약한 물산과 연안 주민이 불친절하다는 등의 정보에 의해 100년 이상 유럽인은 조선에 접근하려 하지 않았다. 그러나 지

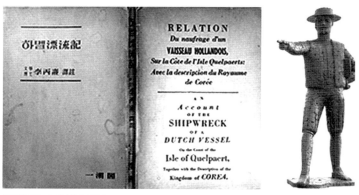

『하멜표류기』와 하멜 동상

리학·민속학의 발전에 의해 18세기 세 차례의 항해자가 조선의 연안에 접근하여 정보를 얻을 수 있었다. 유럽국가가 조선과 통상을 희망할 경우 어떻게 해야 하는지, 어느 정도 가능성이 있는지는 예측할 수 없다. 이러한 상황인식을 바탕으로 시볼트는 당시까지의 유럽과 조선의 접촉사에 관해 비교적인 검토를 시도하면서 나름대로의 전망과 대책을 제시하였다.

조선과 네덜란드 간의 최초의 접촉 사례로 1627년 벨테브레(Jan Janse Weltevree; 朴燕) 등 3인이 표착한 사실을 소개하였고, 이어 1653년 하멜(Hendrick Hamel) 일행 35인이 제주도에 표착했다가 13년 만에 탈출해 귀환한 사건을 상술하였다. 시볼트는 이 사건으로 네덜란드의 동인도회사의 대응방침은 조선과의 통상 시도를 포기하고 소극적으로 변하였다고 지적하였다. 그런데 여기서 시볼트는 하멜이 조선을 비난한 태도를 비판하였다. 조선의 입장으로 보면 하멜은 탈주자이자 배반자이며, 그들에 대한 유배형은 온당한 것이라고 평가하였고, 하멜 일행은 '노예상태가 아니라 자유스런 고용인'이었다고 지적하였다.

그 밖에 1787년 페르즈(De la Perouse) 함장의 제주도, 동해안 지역의 항해, 1797년 브로톤(Broughton) 함장의 부산 입항, 1816년 맥스웰(Murray Maxwell)과 홀(Basil Hall)의 황해도 탐사 항해 등을 소개하였다. 그런데 시볼트는 세 차례에 걸친 유럽선박의 출현과 관련해 유럽인들의 무례한 태도를 비판하였고, 조선지방관이 이들을 유럽 어느 나라의 사절이라기보다는 해적이나 모험가로 생각한 것이 무리가 아니라고 평가하였다.

　전반적으로 시볼트의 입장이 조선에 대해 우호적이고 동정적이었다는 점이 주목된다. 나아가 그는 "조선과 통상하려면 조선정부의 정신과 통치 원리를 알고, 그 나라의 풍속, 습관 및 언어에 충분히 통달해야만 교류가 가능하다. 그렇지 못했던 지금까지의 접근방식으로는 계속 곤란한 상황이 지속될 것이다."라고 예리하게 지적하였다.

　시볼트는 조선을 야만의 나라가 아니라 '반문명국(半文明國)'으로 간주하였다. 그는 조선의 쇄국정책에 대해 동정적이며, 내재적 접근방식을 통해 이해하려고 하였다. 그는 문화상대주의적인 입장을 취하면서 유럽인의 정복주의적, 문화제국주의적인 인식과 태도를 비판하였다. 이 부분은 본 장의 결론이기도 한데, 크게는 시볼트의 인식과 사상의 에센스라고도 할 수 있을 것이다.

6. 교류의 역사적 의미

　근대 이전 시기에 조선인과 유럽인이 한국에서 접촉한 사례는 적지 않지만 제삼국인 일본의 나가사키에서 직접 만나 교류한 사실은 매우 희귀하며, 그만큼 주목할 만한 가치가 있다. 그것은 전근대 동북아시아에서 표류민 송환시스템이 운영되고 있었기에 가능한 일이기도 하였다. 시볼트의 표현을 빌리면 유럽과 조선 두 나라의 사람이 또 다른 나라에서 만난 기념비적인 일이다. 다행스럽게도 교류의 모습과 흔적이 생생하게 기록으로 남아 지금 일단이나마 상상해 볼 수 있는 것은 의미 있는 일이다.

　시볼트는 1827년 3월 나가사키부교의 허가를 얻어 통사와 화가를 대동

벨테브레 동상(네덜란드)

하고 쓰시마번출장소에서 조선 표류민을 만났으며, 그 후에도 몇 차례 더 방문하여 교류하였다. 그는 조선 표류민과의 면담을 통해 얻은 정보를 그의 저서 『일본』에 상세히 기술하였다. 『일본』은 19세기 초 유럽인이 기술한 일본소개서로서는 가장 방대하고 깊이 있는 저술이었고, 유럽인들이 일본을 비롯한 아시아를 이해하는데 길잡이 역할을 하였다. 따라서 이 책에 수록되어 있는 조선편도 『하멜표류기』 이후 유럽인들에게 가장 널리 알려져 조선연구입문서가 되었다. 조선편의 내용은 매우 풍부할 뿐만 아니라 학술성과 체계성 면에서 뛰어나 유럽인의 한국이해에 큰 영향을 주었다.

예컨대 『일본』 조선편은 1854년 러시아에서 번역되었는데, 번역자는 그 내용의 충실성과 함께 시볼트가 만든 어휘목록에 대해 '최초의 한국어사전'이라고 평가하였다. 1860년대에는 프랑스 로우니(L. de Losny)가 조선편과 도록을 참조해 『한국어문법』(1864), 『한국인, 그 민족지와 역사 개관』(1866) 등을 저술하였다. 또 독일인 오페르트(E. Oppert)는 『금단의 나라 : 한국기행』(1880)에서 시볼트의 한글문법과 어휘자료, 역사, 지리, 풍속 등의 자료를 바탕으로 기술하였다. 이어 미국인 그리피스(W. F. Griffis)는 『한국: 은자(隱者)의 나라』(1882)에서도 조선편의 문법연구와 어휘자료, 화폐그림 등을 이용하여 저술하였다. 이와 같이 시볼트의 『일본』 조선편은 그 후 서양인의 한국 연구의 기초가 되었음을 알 수 있다. 조선 땅을 밟아 보지도 못한 한 독일인 의사가 일본에서 조선의 역사·문화·지리·정치·사회·한글의 발음까지 연구해서 유럽에 소개하였던 것이다. 특히 한글을 원형 그대로 유럽에 최초로 소개하였다는 점에서도 큰 의미가 있다. 『하멜표류기』에도 조선의 지명과 체험한 어휘들을 중심으로 소개되기는 하였지만 숫자도 훨씬 적고, 알파벳으로 네덜란드식 발음을 표기하였다는 점에서 차이가 있다.

또 조선편에는 조선에 관한 시볼트의 인식도 많이 표출되어 있는데 흥미로운 바가 많다.

그가 접한 조선인과 조선의 문물이 매우 제한적이라는 한계는 있지만 조선에 대해 나름대로의 객관적인 입장에서 이해하려고 노력하였다. 시볼트는 스스로 조선 표류민과의 만남과 본서에서의 조선인에 대한 설명에 의해 독자(=유럽인)들은 조선에 대해 종래보다 좋은 이미지를 가지게 되었을 것이라고 밝혔다.

단정적으로 일반화하기에는 무리가 있을지 모르지만 그는 하멜 이래의 조선에 대한 부정적인 선입관을 배제하고 문화상대주의적 인식에 입각해 조선의 사회와 문화를 이해하고자 하였다. 전반적으로 그는 조선에 대해 동정적이고 우호적이었으며 유럽인의 문화제국주의적인 인식을 비판하였다.

그와 교류한 조선의 표류민들도 그들이 시볼트에게 준 송별시를 보면 처음 보는 낯선 유럽인과의 만남이었지만 인간적인 교감을 느꼈으며 결국 그들에 대해 매우 좋은 이미지를 갖게 되었음을 알 수 있다. 이 만남은 그들에게도 매우 귀하며 소중한 체험이 되었을 것이다. 추측컨대 귀국 후 자신들이 겪은 기이한 경험을 주위사람들에게 많이 전파하였을 것이다.

하여튼 19세기 초반 일본의 국제무역도시인 나가사키에서 이루어진 시볼트와 조선표류민의 교류는 조선인의 유럽에 대한 이해, 유럽인의 조선에 대한 인식 형성에 하나의 계기가 되었으며, 그 영향력의 크기는 알 수 없지만 긍정적인 방향으로 작용하였다고 할 수 있겠다.

8장
조선후기 실학파의 세계관과 해양인식

1. 실학파 이전의 세계관과 대외인식은 어떠하였나?

1. 조선전기의 세계관과 자타인식

1. 세계인식으로서의 화이관

조선시대 사람들의 세계인식에서 대표적인 사고방식은 천원지방(天圓地方) 관념과 중화주의적 세계관이었다. 양자 모두 중국의 영향을 받은 것이지만 전자는 고대로부터의 전통과도 연결되고, 후자는 유교의 수용과 관련이 있다. 조선의 개국과 함께 유교가 지배이념으로 채택되면서 후자의 세계관이 중심개념이 되었다.

조선시대 사람들의 세계관의 기본틀은 주자학적 이념에 바탕을 둔 화이관(華夷觀)이다. 화이관념은 고대 중국인의 중화사상(中華思想)에 출발한 것으로 중국중심적인 세계관이었다. 한대(漢代) 이래 유교가 지배이념으로 되면서 화이관은 유교적 예(禮) 관념으로 이론화되어 국제질서규범으로 체계화하였다. 즉, 예문화의 우열에 따른 계서적(階序的)인 국제관계로서 중국의 주변민족이 중국에게 조공(朝貢)하고 국왕이 중국의 황제로부터 책봉(冊封)을 받는 체제가 확립되었다. 이후 이것은 전근대 동아시아에서 국제관계의 일반적인 틀이 되었다. 북방민족의 침략을 받은 송대(宋代)에는 화이의식이 더욱 강화되어 국제질서에 도덕적 가치를 부여하였고, 중화주의적 성격이 보다 심화되었다. 조선시대 사람들이 가졌던 국제관념은 이 송대 주자학에 의해 체계화된 화이관의 영향을 가장 많이 받았다.

그런데 화이관은 문화이념이고 그에 바탕을 둔 사대조공체제는 국제질서라고 할 수 있는데, 이 양자는 '도(道)'와 '기(器)'의 관계로 밀접한 정합성(整合性)을 지니고 있다. 조선초기의 대외정책은 이와 같은 유교적 세계관에 바탕하여 '사대교린(事大交隣)'으로 구체화되었다. 명에 대해서는 사대, 일본·여진에 대해서는 교린으로서 평화적인 대외관계를 보장받고자 하는 정책이었다.

2. 자아인식으로서의 소중화의식

새 왕조를 개창한 조선정부로서는 대내외적으로 자신의 정체성을 확립하는 과제가 시급한 일이었다. 그것은 전근대 동아시아에서 일반적인 현상으로 볼 수 있는 바와 같이 화이(華夷)·내외(內外)의 구분으로 정립되었다.

조선은 중화주의적 화이관과 사대조공 체제에서는 '이적(夷狄)'으로 분류되지만, 유교문화 면에서는 중국과 대등하거나 버금간다고 자부하면서 스스로 '화(華)'로 자처하였다. 자신의 문화적 정체성을 중심부로 적극 지향하면서 나아가 동일시한 것이다. 조선은 스스로 '소중화'라고 하여 중화인 명(明)과 일체화시키는 한편 주변국가인 일본·여진·유구를 타자화해 '이적'으로 간주하였다. 이른바 소중화의식이다.

이 시기 조선인의 국제관념과 자아인식을 잘 보여주는 것이 1402년(태종 2) 제작된 「혼일강리역대국도지도(混一疆理歷代國都之圖)」(지도 1 참조)이다.

이 지도는 왕조 초기 체제의 정비와 국경의 확정 등에 따른 지도 제작의 필요성과 함께 건국의 정당성을 내외에 과시하려는 정치적 목적에서 국가적 사업의 일환으로 추진되었다. 제작과정과 방식을 보면, 중국의 세계지

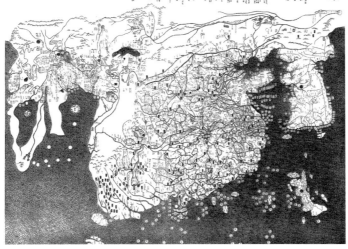

[지도 1] 혼일강리역대국도지도(1402년, 일본 龍谷大 소장)

도인 이택민(李澤民)의 『성교광피도(聖教廣被圖)』와 청준(淸濬)의 『혼일강리
도(混一疆理圖)』, 일본지도, 조선지도 등 네 종류의 지도를 합성하여 만든 것
이다. 중국지도는 1399년 김사형이 구해 왔고, 일본지도는 1401년 박돈지
(朴敦之)가 일본에서 구해 온 것으로 추정되며, 조선지도는 1402년에 완성
된 이회의 「팔도지도(八道地圖)」이다.

이 지도는 15세기 초반 당시로서는 동서양을 막론하고 가장 뛰어난 세
계지도 중의 하나로 평가되고 있다. 이 지도에 나타난 세계의 범위를 보면,
동아시아(중국·조선·일본·유구·동남아제도)뿐만 아니라 서남아시아(인도·아라비
아), 나아가서는 유럽과 아프리카를 포괄하고 있다. 당시 조선과 교류가 없
었고, 확인하지도 못한 이 지역을 포함시켰다는 사실에서 미지의 세계를
인정한 개방적인 태도와 함께 후일 참고자료로 활용할 수 있다는 실용적
인 사고를 엿볼 수 있다. 이 점 중국의 전통적인 직방세계(職方世界)[01] 중심
의 화이도(華夷圖)와는 크게 다르다. 직방세계란 화이관이 미치는 범위, 즉

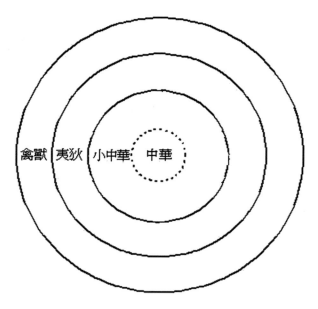

[도표] 조선전기의 소중화의식
　　 중화 : 대중화 = 명, 소중화 = 조선
　　 이적 : 여진, 일본, 유구
　　 금수 : 동남아 도서, 중동지역, 유럽, 아프리카

중국과 조공관계에 있는 주변의 나라들로 이루어진 세계를 의미한다.

그러나 이 지도의 기본관념이 중화주의적 세계관에서 탈피한 것은 아니다. 지도의 내용을 조금 더 자세히 살펴보면, 중국이 세계의 중심에 위치하고 있으며, 조선은 바로 그 오른쪽에 있으면서 면적이 매우 확대되어 묘사되었다. 이것은 조선이 문화적으로 중국에 버금가는 중화국이라는 소중화의식 내지 문화적 자존의식을 표현한 것이라고 볼 수 있다.

이에 비해 일본은 작게 그려졌으며 방향도 잘못되어 있다. 유구와 동남아제국에 관해서는 편차가 더 심하다. 또 여진족이 살았던 만주지역도 애매하게 처리되어 있다. 요컨대 이 지도에 반영된 세계관은 중국과 조선, 양국이 세계의 중심으로서 '화'이고, 다른 지역은 '이적'으로 자리매김되어 있음을 알 수 있다.

「혼일강리역대국도지도」는 그 후에도 계속 수정·제작되면서 조선전기 세계지도의 주류를 형성하였다. 그런데 이 지도를 보면 당시 사람들이 생각하고 있었던 소중화의식의 모습을 선명하게 확인할 수 있다. 이것을 그림으로 나타내 보면 「도표」와 같다.

그런데 조선초기의 소중화의식은 동아시아 국제관계를 주도하거나 국제사회에서 모두가 공인하는 국제질서로서는 불충분한 것이었다. 그러나 조선은 자신을 중심으로 하면서 주변의 여진·일본·유구·동남아제국을 주변국으로 삼는 아류국제질서를 도모하였다. 이와 같은 소중화의식과 조선을 중심으로 하는 세계관은 대체로 태종·세종대에 확립되었다고 보인다. 세조대에는 주변국을 '사이(四夷)'로 간주하면서 이러한 의식은 더욱 강조되었다.[02]

1471년(성종 2) 왕명에 의해 저술된 신숙주(申叔舟)의 『해동제국기(海東諸國記)』와 1501년(연산군 7)에 좌의정 성준(成俊)·우의정 이극균(李克均)이 저술한 『서북제번기(西北諸蕃記)』는 일종의 '외국열전(外國列傳)'에 해당하는 성격을 띠고 있다. 즉 '조선중심의 국제질서'라는 구상 속에서 동남방의 해양국가인 일본·유구와 서북방 만주지역의 여진을 '외이(外夷)'로 파악하면서 기미교린(羈縻交隣)의 대상으로 자리매김한 것이다.

한편 시기적인 변화양상을 보면 15세기에는 화이준별론(華夷峻別論)에 입각한 경직성이 두드

신숙주

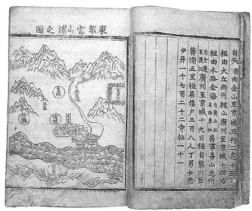

『해동제국기』

러지지 않았다. 15세기의 세계인식과 정책은 화이관에 바탕을 두면서도 현실성과 융통성이 있었다. 단적으로 말해 사대와 교린 모두 국가의 안전을 위한 외교수단이었을 뿐이다. 대명관계에서는 상당히 탄력적이었고, 일본과 여진 관계에서도 독자성을 확보하고 있었다. 그러나 16세기에 들어 주자학 이해의 심화에 따라 세계관에 상당한 변화가 오게 된다. 이 시기 조선성리학의 발전에 따른 문화적 자신감은 보다 견고하고 체계화한 소중화의식으로 표현되었다. 조선은 고대부터 공자가 존경하였던 기자(箕子)의 후예로서 중국에 못지않은 문화국이라는 긍지이다. 한편 중화(中華) = 명(明), 소중화 = 조선으로 설정됨에 따라 명에 대한 계서적 인식이 보다 확고하게 되었다. 동시에 대외관계와 인식이 소극화되고 경직화하는 변화가 일어났다. 세계지도에서 그 양상을 선명하게 볼 수 있다. 1402년에 제작된 「혼일강리역대국도지도」 외에 16세기에 접어들면서 「혼일역대국도강리지도(混一歷代國都疆理地圖)」(지도 2)라 불리는 다른 계열의 세계지도가 제작되었다.

그런데 이 지도에서의 가장 큰 변화는 전자에 비해 아라비아·유럽·아프리카 등이 빠지고, 중국을 중심으로 하는 동아시아 일대, 즉 전통적인 직

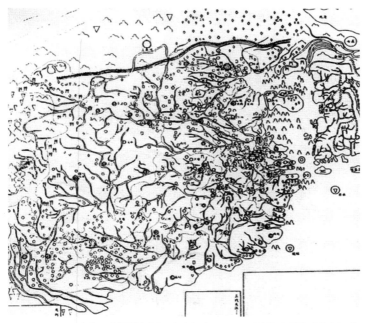

[지도 2] 혼일역대국도강리지도(1526–1534년 추정, 인촌기념관 소장)

방세계로 지역적 범위가 축소되었다는 점이다. 동남아시아 해양에 그려졌던 많은 나라들도 사라지고 일본과 유구만이 남았다. 그런데 일본은 더욱 작아져 작은 원형의 섬에 일본이라고 표기된 정도이고, 유구도 마찬가지이다. 거의 무시에 가까울 정도로 관심의 대상에서 제외되었다. 이에 비해 세계지도에서 중국이 차지하는 비중은 더욱 커지고 강조되었다. 이것은 물론 세계인식의 변화를 반영한 것이다. 16세기의 지식인들은 주자성리학적 논리구조 속에서 세계를 파악하였기 때문에 직방세계 이외의 지역에 대해서는 관심을 두지 않았다. 일본·여진·유구와의 관계도 축소되거나 사실상 단절됨에 따라 그들에 대한 정보와 인식도 약화되었고, 이적관과 소국관이 더욱 강화되었다.

이러한 소중화의식은 명·청이 교체되는 17세기에 들어 양상을 달리 하면서 본격화된다.

2. 17세기의 세계관과 대외인식

17세기 대외인식 형성의 배경에는 '임진왜란'과 '병자호란'이라는 두 차례의 전쟁과 이어 전개된 대륙에서의 명·청 교체가 있었다. 두 차례의 큰 전쟁을 겪으면서 조선은 일본과 여진에 가졌던 우월의식에 큰 상처를 입었다. 또 명과 청의 교체는 전통적인 화이관과 국제질서가 무너지는 계기가 되었다. 조선전기에는 사대관계가 정치적으로는 '사명(事明)', 문화적으로는 '사화(事華)'로서 모순이 없었는데 이제 정치적으로는 '사청(事淸)', 문화적으로는 '사이(事夷)'가 되었다. 즉 사대(事大)라는 정치질서와 화이관이라는 문화의식 간에 분열이 생긴 것이다. 이를 극복하기 위한 사상적 노력이 소중화의식의 강화로 나타났다. 이 소중화의식은 17세기 중반 이후에는 당색과 학파, 조야(朝野)의 구별 없이 일반화되어 18세기 중반까지 풍미하였다.

조선중화의식은 형성배경에 따라 대명의리론(對明義理論)과 반청북벌론(反淸北伐論)이 바탕에 있고 거기에 문화자존의식(文化自尊意識)이 결합된 것이다. 대명의리론은 임진왜란시 명의 내원군 파견에 의해 책봉체제의 의의가 현실로서 확인되었고, 명이 후금(後金)에게 공격당하자 더욱 강조되었다. 반청북벌론은 병자호란 당시의 척화론(斥和論)을 계승한 것으로 명·청 교체기 대중국정책의 설정이었다. 그 중에서도 조선중화의식의 핵심은 문화자존의식으로 명이 멸망한 이제 조선이 중화문명의 유일한 계승자이자 수호자라는 의식이다. 여기에는 청에 대한 문화우월의식이 바탕에 깔려 있었다. 이와 같이 소중화의식은 대명의리론 + 반청북벌론 + 문화자존의식의 삼위일체적 구조로 되어 있다고 할 수 있다.[03] 이것이 청·일본·서양인식의 기조가 되었다.

조선후기의 조선중화의식을 이론적으로 체계화한 인물은 노론의 영수 송시열(宋時烈: 1607-1689)이었다. 그는 임진전쟁 당시 원군을 보내주었던 명

송시열

을 멸망시킨 청에 대해 반드시 복수해야 한다고 하였다. 조선이 명의 적통을 잇는 후계자로서 '화(華)'를 지켜나감은 물론 청(清)을 벌하는 것은 춘추대의로서 승패와 존망은 논할 바가 아니라고 하였다.[04] 나아가 그는 명에 대한 사대를 '천리(天理)'로 규정하는 한편 광해군대의 상황주의 외교를 '인욕(人欲)'이라고 비판하였다. 그는 이와 함께 조선이 예의의 나라로 천하 사람들이 소중화라고 불러왔으며, 기자(箕子)때부터 문화가 발달하여 중국에 뒤지지 않는다고 자부하였다. 그는 중화문명은 지계(地界)에 관계없이 성립될 수 있는데, 당시 중국은 이적(清)에 의해 점령되어 중화문명이 소멸되었다. 이에 비해, 조선에서는 보존되고 있으므로 조선이 유일한 중화라는 논리를 전개하였다. 송시열의 이 문화자존의식은 대명의리론 및 북벌론(北伐論)과 표리일체를 이루면서 조선후기 대외인식의 주류가 되었다.

소론계의 윤선거(尹宣擧: 1610-1669)·박세당(朴世堂: 1629-1703) 등은 노론계만큼 적극적이지는 않았지만 소중화의식과 북벌론에 동조하였다. 그러나 17세기 후반 청조의 안정이 확인되면서 북벌론이 현실성을 잃고 대내적인 지배이데올로기로 변하자 북벌론의 허구성을 비판하였고, 청의 중원

허목

지배를 현실로서 긍정하였다.[05] 대신 조선중화의식은 노론계보다 더 강하였다.

조선이 중화문명의 후계자라는 의식은 남인계도 가지고 있었다. 그것은 역사의식에 반영되어 정통론의 전개로 나타났다. 홍여하(洪汝河: 1621-1678)는 『동국통감제강(東國通鑑提綱)』에서 우리나라의 역사에 정통론을 적용하였고, 그의 『휘찬여사(彙纂麗史)』와 허목(許穆: 1595-1682)의 『동사(東事)』에서는 각기 「외이열전(外夷列傳)」과 「흑치열전(黑齒列傳)」을 수록하여 조선중심의 화이관을 표현하였다.[06]

이와 같이 노론계 중심으로 전개되었던 소중화의식은 기존의 종족과 지계에 바탕한 화이관에서 일단 벗어났다. 여기서 중국은 이적인 청에 의해 점령되어 중화문명이 소멸되었는데 비해 조선에서는 보존되고 있으므로 조선이 유일한 중화라는 형태의 존아적 화이관, 내지 문화자존의식이 되었다.

17세기의 이 소중화의식 내지 존아적 화이관은 조선만이 유일한 '화(華)'라고 주장한 점에서 형식논리상 조선중화의식이라고 할 수 있다.

조선 전기의 경우 소중화가 '중국 다음'이라는 의미가 강하였다면 17세기의 그것은 중화문명의 '유일한 계승자'라는 적극적인 의미가 핵심이다. 그런데 17세기의 조선중화의식은 명의 그림자, 즉 '숭명성(崇明性)'을 완전히 탈피하지 못했다는 점에서 근대적 민족주의 의식은 아니며 중세적 문화보편주의에 가깝다. 기존의 중화주의적 화이관에 조선을 대입시켰을 뿐으로 국제사회에서의 현실성과 대등한 국제의식이 결여되어 있는 것이다.

따라서 종족적·지리적 화이관을 완전히 극복하고 문화주의적 화이관과 결합되면서 개방적인 세계관과 대외인식을 체계화하는 것은 18세기 중반 이후의 실학파에 의해서였다. 조선이 '화'임을 자부하는 근거에 있어서도 조선전기와 17세기의 성리학자들은 기자의 후예임을 내세우는데 비해 18세기 실학자들은 단군조선을 정통론의 출발점으로 삼는다는 점에서 구분된다.

이 단계에 이르러 비로소 자민족에 대한 자부심과 주체성을 지니면서도 다른 나라에 대해 상호대등성을 인정하는 개방적인 국제인식으로 된다고 본다. 요컨대 같은 조선중화론이라고 하더라도 17세기 이전의 성리학자와 18세기 실학자들 간에는 질적인 변화와 함께 논리의 세련도와 체계화 수준에서 큰 차이가 있다. 양자의 이 차이는 중세적 국제관과 근대적 국제관을 가르는 중요한 의미가 있기 때문에 구분해서 이해할 필요가 있다.

2. 18세기 실학파의 세계관과 대외인식

18세기의 동아시아 국제정세는 평화가 정착되었다. 삼번(三藩)의 난 (1673-1681)을 진압한 청은 강희(康熙, 1662-1722)·옹정(擁正, 1723-1735)·건륭 (乾隆, 1736-1795)의 전성기를 맞이하였고 조선과 일본관계도 안정되었다. 이 시기 청의 발전상은 연행사(燕行使)를 통해 조선에 전해졌고, 서양의 학문과 천주교도 전래되었다. 그런데 당시까지도 조선은 조선중화주의 의식으로 인해 중국문화를 거의 수용하지 않았다. 이와 같이 현실과 괴리된 북벌론과 조선중화의식의 국제적·국내적 모순에 대해 내부적으로 반성이 일어났다. 이는 명분론에서 벗어나 국제정세를 현실적 입장에서 이해하고자 한 일부 실학자들로부터 출발하였다. 이들 실학자들은 내정에서도 현실을 직시하고 국리민복을 위해 개혁론을 제시하였으며, 대외관에 있어서도 명분론보다는 상황론 내지 현실론적 입장에서 이해하고자 하였다. 실학파의 대외인식을 근기남인계(近畿南人系)의 이익과 정약용, 노론계의 북학파(北學派) 실학자 홍대용·박지원·박제가를 중심으로 살펴보도록 하자.

1. 근기남인계(近畿南人系) : 성호학파(星湖學派)

이익

18세기 들어와서 대외인식의 변화는 청조긍정론(淸朝肯定論)으로 출발하였다. 이러한 의식의 전환을 선도한 사람은 18세기 중엽의 실학자 이익(李瀷: 1681-1763)이었다.

그는 조선에서 당시까지 숭정연호(崇禎年號)를 사용하는 관습에 대해 "이는 비단 가문의 우환이 될 뿐만 아니라 장차 반드시 나라의 근심거리가 될 것이다"라고 하면서 통렬히 비판하였다. 또 그는 명이 망한 이유에 대해서도 내정이 부패했기 때문이라고 하고 역대 중국왕조 가운데 명이 결코 훌륭한 왕조가 아니었다고 지적하였다. 이것은 숭명반청(崇明反淸)의 고정관념과 대명의리론을 청산하기 위한 것이었다. 이와 함께 그는 북벌론의 비현실성을 비판함과 동시에 청 지배의 중국을 중화문명과 동일시함으로써 청이적관(淸夷狄觀)을 청산하였다.[07] 이것은 북학론(北學論)의 논리적 기반을 제공하는 것이었다.

이익은 또 서학(西學) 연구를 주도하였다. 17세기 초반부터 한역(漢譯)된 형태로 전래된 서학서(西學書)는 주자학일존주의의 조선사회에 문화적 충격을 주었다. 특히 『직방외기(職方外紀)』,『곤여도설(坤興圖說)』과 같은 세계지도와 지리서는 중화주의적 세계관에 큰 변혁을 촉구하게 되었다. 조선

후기 서학의 연구는 성호학파와 북학파를 중심으로 이루어지는데, 이익의 문하에서는 한역서학서가 '서가의 장식품(書室之玩)'이 되고 서학서를 보는 것이 '유행(風氣)'가 될 정도로 성행하였다. 특히 이익은 한역서학서 30여 종을 독파하고 「천주실의발문(跋天主實義)」, 「천문략발문(跋天問略)」, 「직방외기발문(跋職方外紀)」를 짓는 등 서학을 학문적 연구의 수준으로 높여 '조선서학의 종장(宗匠)'으로서의 역할을 하였다.[08] 이러한 연구를 통해 그는 서양천문학의 지구설(地球說)을 확신하였으며 천원지방설(天圓地方說)에 바탕을 둔 중화주의적 화이관을 극복할 수 있었다. 그래서 이익은 "지금 중국은 대지 가운데 한 조각 땅에 지나지 않는다"[09]라고 하였다. 지구가 모난 대지가 아니고 둥근 공처럼 생긴 것이라는 사실의 확인은 국가간의 내외(內外), 상하(上下)관념의 상대화를 초래하였다. 나아가 그는 "서양은 중국에 소속되지 않는다. 각기 황제와 왕이 있어 자기 영역을 다스리고 있다."[10]라고 하여 중국중심의 천하사상을 부정하고 모든 나라의 독자성을 인정하였다.

이에 따라 그는 조선이 유일한 중화라는 인식을 부정하였다. 누구든지 예악(禮樂)을 갖추면 중화가 될 수 있으므로 우리만이 유일한 중화가 될 수는 없으며 역사적으로나 현실적으로 그러하다고 보았다. 그는 나아가 "하(夏)를 귀히 여기고 이(夷)를 천시하는 것은 옳지 않다"라고 하여 전통적인 화이관과 조선중화의식을 부정하였다. 청과 서양에 대한 이적관을 청산한 이익은 일본에 대해서도 재인식할 것을 제창하였다. 그는 당시 조선지식인들의 일본에 대한 무관심과 고정관념을 넘어 일본사회의 실상과 변화양상에 주목하였다. 통신사들을 통해 수입되었던 일본서적을 보고는 그들의 장점과 변화상에 대해 긍정적으로 평가하였다. 그 결과 그는 임진전쟁 이래 유지되어 왔던 적개심과 일본이적관(日本夷狄觀)에서 탈피하여 현실적인 시각으로 일본을 연구하고 대처해 나가야 한다고 주장하였다. 이익의 이러한 주장 또한 조선후기 대일인식에 새로운 장을 여는 것이었다. 이익

정약용

은 당시 조선이 접했던 세계에 대해 기성의 도그마를 타파하고 현실적인 안목에 입각하여 인식을 개방하고 확대시켰다. 이 점에서 그는 조선후기 사상계의 선구가 되었으며, 실학이 체계적 학문으로 개화되는 길을 터주었다고 할 수 있다. 이러한 그의 세계관은 기존의 자존적 화이의식에서 보다 객관성과 현실성을 획득한 것으로 각 나라의 독자성을 인식하는 단계로 발전하였다. 이로써 이익은 당시 사상적으로 일종의 금기에 해당하였던 청·일본·서양에 대한 고정관념을 타파하였고, 인식의 지평 확대를 선도하였다.

실학의 집대성자라고 일컬어지는 정약용(丁若鏞: 1762-1836)도 이익의 영향을 받아 기존의 화이관 극복에 진전을 보였다. 그는 천원지방설에 바탕을 둔 중국 중심의 천하사상과 화이관을 통렬히 비판하였다. 나아가 그는 중(中)과 동(東)은 단지 방위를 나타내는 말일 뿐 그 자체가 중심과 주변을 뜻하는 것은 아니라고 하면서 모든 나라가 다 중국이 될 수 있으니 중국이란 것은 없다고도 하였다.[11] 필자는 이에 대해 '만국중화론(萬國中華論)'이라고 이름을 붙여보았다.

그러면 무엇이 중화인가? 그는 "중국과 이적의 구분은 그 도리와 정치에 있지 강역에 있지 않다"고 하였다. 여기서 도리는 구체적으로 공자(孔子)·안자(顏子)·자사(子思)·맹자(孟子)의 학문이고, 정치는 요(堯)·순(舜)·우(禹)·탕(湯)의 그것으로서 요컨대 '성인(聖人)의 법'이다. 이와 같이 그는 지리적·종족적 차원의 화이관을 부정하고 문화가치를 기준으로 하는 화이관을 내세웠다.

그는 또 동이문화(東夷文化)에 대해 재인식할 것을 주장하였다. 역대의

마테오리치와 『천주실의』

동이족들이 중원을 차지하여 통치한 역사를 열거하면서 동이족을 인선(仁善)하다고 평하였다. 더욱이 조선은 정동에 위치하면서 문(文)을 중시한 군자국으로서 '중화'라고 하였다.[12] 정약용이 동이족을 자처하면서 '중화'를 건설하였다고 한 것은 기존의 중화주의적 화이관은 물론 17세기 이래의 독존적인 조선중화의식에서 탈피한 것이다. 오히려 그것을 냉소하는 여유와 자신감을 엿볼 수 있다.

정약용은 서학에 대해서도 깊은 이해를 가졌다. 그는 20대 초반에 천주교를 접한 후, 이가환(李家煥)·이승훈(李承薰)·중형(仲兄) 약종(若鍾)·약전(若銓) 등과 함께 천진암·주어사 강학회에 참석하면서 서학에 빠져들었다. 그리하여 서양과학뿐만 아니라 천주교 신앙도 가지게 되어 초기 조선천주교회의 창설멤버로 활약하였다. 그가 40세에 이르러 일단 천주교와는 결별하였지만 그의 사상에는 서학의 영향이 짙게 남아 있다고 평가된다. 그의 『중용강의(中庸講義)』『중용자잠(中庸自箴)』을 보면 마테오 리치(Matteo Ricci)의 『천주실의(天主實義)』로부터 인용한 구절이 있으며, '천(天)'을 선험적이고 형이상학적인 '이(理)'로 파악하는 주자성리학을 비판하면서, 초월적·주재적인 존재이며 종교적인 대상으로서의 '천'을 상정하고 있다.[13] 정약

정약용이 만든 거중기 설계도와 복원한 모습

용의 천에 대한 관념은 천주교의 천주(天主)와 거의 비슷한데, 이것을 원시 유학에서의 상제(上帝)와 동일시하면서 주자학 극복의 논리로 차용하였다. 그의 이러한 천관(天觀) 내지 상제관(上帝觀)은 계몽군주에 의한 정치를 지향하였던 그의 정치사상과도 연결된다.

한편 서양의 과학과 기술에 대해서도 정약용은 깊은 조예와 식견을 가지고 있었다. 그는 16세 때 '성호유고(星湖遺稿)'를 보고 감명을 받아 경세치용(經世致用)의 학문에 뜻을 두었다고 한 만큼 이익의 개방적 인식과 서학 연구의 영향도 받았다. 그는 당시 지식인 사회에 유행하였던 한역서학서를 두루 섭렵하였다. 정약용은 「기예론(技藝論)」에서 과학과 기술의 진보를 긍정하면서 서양과학의 우수성을 인정하였고, 그것의 도입과 활용을 적극 주장하였다. 그 자신 서양의 『기기도설(奇器圖說)』을 연구하여 「기중가도설(起重架圖說)」을 작성하였으며, 수원성 축조시 거중기(擧重機)와 활차(滑車)를 제작·사용하여 은 4만 꾸러미(緡)에 해당하는 경비를 절감케 하였다. 그는 나아가 서양과학과 기술의 도입을 위해서는 북경에 사절단을 보낼 때 사소한 농기계로부터 천문·역법에 쓰일 기계까지 구입해 와야 한다고 하였으며, 이를 위해 이용감(利用監)이란 전담관청을 새로이 설치해야

한다고 주장하였다.[14]

　한편 정약용은 일본에 대해서도 기존의 화이관적 명분론이나 임진왜란 이래의 적개심에서 벗어나 객관적 시각에 입각하여 일본사회의 변화상에 주목하였다. 특히 일본의 기술뿐만 아니라 사회제도와 문화의 발전상에 대해서도 깊은 관심을 가지고 『일본고(日本考)』등 많은 저술을 남겼다. 그는 일본의 기술수준이 옛날에는 우리나라보다 낮았으나 중국·서양과의 활발한 교류와 기술도입을 통해 우리를 능가하게 되었고 부국강병을 이루었다고 보았다.[15] 정약용의 일본이해에서 특히 주목되는 점은 무기나 기술만이 아니라 유학을 비롯한 일본의 문화에 대한 인식이다. 그는 일본이 옛날에는 백제로부터 책을 얻어갔고 심히 몽매하였는데 비해 지금은 일본의 학문이 오히려 우리를 능가하게 되었다고까지 평가하였다. 그 이유는 조선이 중국과의 교류를 단절했는데 비해 일본은 활발하게 교류함으로써 중국의 좋은 책을 모두 구입하였고, 또 과거제도가 없음으로 해서 자유로운 학문의 연구가 가능했기 때문이라고 해석하였다. 그가 이렇게까지 일본의 학문을 높이 평가하게 된 이유는 유배지 강진에서 일본의 고학파 유학자들의 문집과 경전주석서를 보았기 때문이다. 당시 주자성리학을 극복하기 위해 고심하던 그에게 일본 고학파 유학자들의 통렬한 주자 비판은 그에게 신선한 충격을 준 것 같다. 그래서 그는 일본의 고학파 유학에 대해 본격적으로 연구하였으며 그들의 경전주석을 자신의 『논어고금주(論語古今注)』에서 인용 소개하였다.

　이익과 정약용을 비롯한 근기남인계 실학파의 대외인식을 정리해 보면, 그들은 강한 문화자존의식을 가지고 있었지만 17세기 노론계의 조선중화의식처럼 유아독존적이거나 폐쇄적이 아니고 각 나라와 문화의 상대성과 대등성을 인정하는 바탕 위에서 제기하였다는 점에서 차이가 있다.

2. 노론계(老論系) : 북학파(北學派)

홍대용·박지원·박제가 등은 노론 낙론계(洛論系)의 학자로서 모두 중국 사행을 통해 청의 발전상을 보고 조선의 상대적 낙후성을 인식하면서 세계관의 전환과 함께 북학론(北學論)을 제시하였다. 특히 화이관의 극복에 있어서 획기적인 인식의 전환을 이룩한 사람은 홍대용이었다.

홍대용(洪大容: 1731-1783)은 본래 정통파 주자학자로서 대명의리론과 반청의식을 가졌지만 1765년(영조 41) 연행(燕行)을 통해 세계관과 대외인식이 크게 변하였다. 그는 북경에서 반정균(潘庭筠)·엄성(嚴誠) 등 청의 학자들과 교류를 하였고, 천주당과 흠천감(欽天監), 관상대 등을 세 차례나 방문해 흠천감정(欽天監正)이었던 할러슈타인(Hallerstein, 중국명 劉松齡)과 부감 고가이슬(Gogeisl, 중국명 鮑友管) 등 선교사들과 필담을 나누었다. 홍대용은 그들과의 교류를 통해 서양과학의 우수성에 대해 감탄하면서 그 신묘함은 일찍이 중국에 찾아볼 수 없었던 바라고 평하였다.[16] 그는 천주교에 대해서는 부정적이었지만 서양과학에 대해서는 긍정적으로 보았고, 특히 수학·천문학 등의 분야에서는 적지 않은 영향을 받았다. 그는 동시대 누구보다도 서양과학의 수용에 적극적이었고, 천체관측기구인 혼천의(渾天儀)를 제작하였으며 집에 사설천문대를 설치하고 천체를 관찰한 대과학자였다.

마테오리치가 세운 북경의 남천주당

그의 화이관 극복의 과정은 사행이후 저술한 『의산문답(醫山問答)』에서 최종적 결론에 다다랐다. 이같은 전환에는 노론계의 다른 유파와 같이 단계적 변화가 아니라 자연과학적 우주관과 세계관의 확립에 의해 가능하였다.

홍대용

혼천의(홍대용 제작)

　그는 "중국은 서양에 대하여 경도의 차이가 180도에 이르는데, 중국인은 중국을 정계(正界)로 여기고 서양을 도계(倒界)로 여긴다. 서양인은 서양을 정계로 여기고 중국을 도계로 여긴다. 사람들이 하늘을 이고 땅을 밟은 곳이면 모두 그 곳을 정계라 하는 것이니 실은 횡계(橫界)도 없고 도계도 없으며 모두 같이 정계(正界)인 것이다."라고 하여 기존의 중화주의적 화이관을 정면으로 부정하였다. 여기서 그는 상과 하, 정계와 도계 같은 차등관념을 부정하고 '모두 다 같은 정계(均是正界)'라는 혁명적 세계관을 도출하기에 이르렀다. 여기에는 지구설뿐 아니라 지전설(地轉說)을 확인한 과학적 세계관이 뒷받침되어 있었다.

　그는 또 종래 이적이라고 불리던 민족들이 세운 국가와 독특한 풍속에 대해서 '모두 다 같은 사람(均是人)', '모두 다 같은 군왕(均是君王)', '모두 다 같은 나라(均是邦國)', '모두 다 같은 풍속(均是習俗)'이라고 하여 다원성과 독자적 가치를 옹호하였다. 이러한 주장은 오늘날 논의되는 문화상대주의(cultural relativism)의 입장과 동일하다. 나아가 그는 "하늘에서 보면 어찌 내외의 구분이 있겠는가? 그러므로 각 나라마다 그 인민을 사랑하고 그 군주를 존중하며 그 나라를 수호하고 그 풍속을 편안해 한다는 점에서 중화와 이적은 마찬가지이다."라고 선언하였다.[17] 각국이 독립적인 정치체제를 유지하고 있음을 존중해야 하며 여기에 내외와 화이의 구별이 있을 수 없다는 것이다. 나아가 그는 "천하가 한 집안이요 사해는 한 형제"라고 하면서 '모든 나라가 같다(萬邦均是)'라는 평등적 국제질서관을 제창하였다.

이와 같이 홍대용은 화이관에서 탈피함으로써 각 나라와 문화의 대등성과 독자성을 확보하였다. 이런 개방적인 관점에서 조선과 청의 문물을 직시할 수 있었고 청 문물의 장점을 수용하자는 논리를 제기할 수 있었다. 17세기의 조선중화의식이 조선=중화, 청=이적이라는 전제에서 출발하는데 비해 그는 조선=이적, 청=이적이라는 입장에서 출발한다. 이것은 '화이는 하나이다(華夷一也)'라는 입장에서 기존의 조선중화의식을 부정하는 것이다. 우리나라가 지리상 이적이라는 사실을 인정하면서 조선중화의식에 대한 궁색한 논리를 배제하고 그 구분 자체를 무의미화해 버리는 것이다.

홍대용의 국제관념은 그의 우주관만큼이나 스케일이 크고 선명하였다. 전우주적인 동일성의 논리 위에서 '인물균(人物均)', '화이일야(華夷一也)'가 제창되었다. 이러한 바탕 위에서 조선과 청·일본·서양은 각기 대등한 주체로 독자적인 문화가치를 지닌 존재로 설정되는 것이다.

박지원(朴趾源: 1737-1805)은 비현실적인 조선중화의식과 북벌론(北伐論)을 부정하고 '북학론(北學論)'을 제시하였다. 그는 "만약 땅덩어리가 네모졌다고 하면 저 월식 때 달을 검게 먹어 들어가는 그림자가 왜 활처럼 둥글게 보이겠는가?"라고 하면서 지구설을 확신하였다. 즉 이와 같은 과학적 지식을 바탕으로 천원지방설을 비판하면서 땅이 둥글고 자전하기 때문에 중국=중심, 다른 나라=주변이 아니며 내외의 구별이나 화이의 구분은 없다고 보았다.[18]

또 나아가 "어찌 유독 중화에만 군주가 있고 이적에는 군주가 없겠는가? 천지는 넓고 넓어 한사람이 홀로 지배할 수 없고 우주는 넓고 넓어 한

박지원

『열하일기』

사람이 오로지 할 수 없다. 천하는 천하인의 천하이지 한 사람의 천하가 아니다."라고 하여 중화주의적 화이관념을 부정하였다. 실로 그의 호쾌한 스케일이 느껴지는 주장이다. 이러한 인식 위에서 그는 당시 만주족이 지배하고 있었던 중국에 대해, 그들이 이미 중국의 옛 문화를 실현하고 있으니 이적이라고 배척할 이유가 없다고 보았다. 이러한 인식 위에서 그는 "진실로 법이 좋고 제도가 훌륭한 것이라면 이적이라고 하더라도 나아가 스승으로 모셔야 할 것"[19]이라고 하여 북학론을 제창하였다.

박제가(朴齊家; 1750-1805)는 가장 적극적으로 북학을 강조한 인물이다. 그는 이용후생의 측면에서 당시 중국의 진보를 인정하면서 "진실로 백성에게 이로우면 그 법이 이적으로부터 나왔다 하더라도 성인이 취할 것이다. 하물며 본래부터 중국의 것인데 말해 무엇하랴"[20] 라고 하면서 '힘써 중국을 배울 것(力學中國)'을 주장하였다. 이와 같이 청이적관을 벗어난 박제가는 서양에 대해서도 아주 개방적이었다. 세 차례에 걸쳐 중국사행을 하면서 서양선교사를 만났고 많은 한역서학서를 보았던 그는 서양의 과학기술의 우수성을 인정하였다. 그래서 그는 흠천감의 서양선교사들이 이용후생의 방법에 정통하니 그들을 초빙하여 천문·역학(曆學)·농상(農桑)·의약·건축·채광(採鑛)·조선(造船) 등의 기술을 도입하자고 제안하였다. 그러

박제가

면서 만일 그들이 천주교에 대해 전파할 우려가 있지만 10을 취하고 1을 금하면 될 뿐이라고 하면서 오히려 그들이 초청을 받아도 오지 않을 것이 염려될 뿐이라고 하였다. 그는 나아가 국부(國富)의 증진을 위해서는 청·일본·유구·서양제국을 가리지 않고 누구와도 통상해야 한다고 주장하였다. 그의 이 기술도입을 위한 서양선교사 초빙론은 천주교에 대한 탄압이 심하였던 당시로서는 실로 파격적인 생각이 아닐 수 없다. 이용후생에 대한 박제가의 집념을 섬뜩하리 만큼 보여주는 이 제안의 배후에는 개방적인 세계관이 뒷받침되어 있음은 물론이다.

박지원과 박제가의 북학론은 허구적인 조선중화의식과 조선의 낙후된 현실 비판에서 출발하여 화이관의 부정으로 연결되었다. 북학파들에게 있어서 서양과학은 '북학'의 대상에 포함되는 것이었으며 서양은 중국과 같은 또 하나의 문명세계로 인식되었다. 그들은 과학이 발전한 이용후생의 선진국이고, 경제가 발전하여 교역 통상할 만한 나라로서 '이적금수'가 아니었다.

『북학의』

한편 북학파 실학자들의 일본인식은 어떠하였을까? 그들은 청에 비해 상대적으로 일본에 대해서는 관심이 적었던 편이다. 일본에 관한 연구는 이익을 중심으로 하는 근기남인계 실학파가 주도하였다고 볼 수 있다. 그러나 연암일파에 속하는 원중거(元重擧)와 성대중(成大中)이 1763년의 계미통신사행에 수행원으로 갔다온 후 일본의 문물을 전하자 노론계의 북학파 실학자들도 일본에 대한 관심을 보였다.[21]

원중거

북학파 실학자들은 일본에 대해 기술의 발전한 부분과 통일된 도량형과 화폐의 전국적 유통, 해외통상의 현황 등 실용적인 측면에서 관심을 기울였다. 박제가의 경우에서 보듯이 일본이적관에 대해서도 비판하였다. 한편 같은 북학파 실학자인 이덕무(李德懋)에 이르러서는 일본문화 전반에 걸쳐 관심을 가졌으며, 일본국지적인 성격을 지닌 『청령국지(蜻蛉國志)』를 저술하기도 하였다. 요컨대 북학파 실학자들은 청뿐만 아니라 일본·서양 등 모든 외국의 문화를 대등하게 인식하면서 필요하다면 선별적으로 수용하자는 적극성과 개방성을 띠고 있었다.

18세기 실학자들의 대외인식은 17세기 노론계를 중심으로 제기한 자존적인 조선중화의식을 극복하고 보다 체계화된 문화주의적 화이관으로 이해하였고, 경우에 따라서는 화이관에서 벗어나 새로운 근대적 국제질서관을 제시하였다. 청조긍정론에 이은 북학론, 서학의 연구, 일본에 대한 재인식도 모두 전통적 화이관을 극복한 바탕에서 나올 수 있었다.

3. 실학파의 해양인식

1. 대항해시대와 동아시아의 바다

포르투갈은 유럽국가로서는 최초로 동아시아 해역에 진출하였다. 그들은 1509년 말라카, 1513년에는 중국 광동에 상륙하였으며, 1557년 마카오에 무역거점을 설치하여 중국과 말라카 사이의 무역에 직접 참여하였다. 이어 스페인·네덜란드·영국도 동아시아의 바다로 뛰어들었다.

1543년에는 포르투갈 상선이 다네가시마(種子島)에 표류한 것을 계기로 일본과의 접촉도 시작되었다. 1603년에 개창한 도쿠가와막부(德川幕府)는 초기 해외무역을 적극 장려하였다. 1609년에는 네덜란드, 1613년에는 영국에 각각 무역을 허가하여, 양국의 상관(商館)이 들어섰다. 이를 계기로 동남아시아 국가들과의 주인선(朱印船)무역도 시작되어 7만 여명의 일본인들이 동남아시아에 진출하였다.

그런데 유럽국가의 폭력성이 알려지면서 해상무역도 쇠퇴하기 시작하였다. 중국에서는 1644년 명의 붕괴와 함께 유럽과의 교류가 단절되었다. 해금정책으로 폐쇄적이었던 청은 '삼번(三藩)의 난'을 진압한 후 정국이 안정되자, 1684년에 유럽과의 무역을 재개하였다. 이에 영국을 비롯한 유럽 각국 상인들이 광주(廣州)·하문(廈門)·복주(福州)·영파(寧波) 등 강남 지역의 항구에 교역소를 설치하여 무역을 하였다. 일본의 도쿠가와막부는 1636년 기독교인의 반란('島原의 亂') 등으로 인해 쇄국정책을 실시했으나 1641년 네덜란드에게 한정해 무역을 허용하였다.

16~18세기의 동아시아 사회는 중국의 해금(海禁)정책, 일본의 쇄국정책 등으로 일면 폐쇄적이었으나 유럽국가들과 일정하게 교류와 무역을 하였다. 그런데 조선은 유럽국가와의 무역이나 교류에서 거의 소외되어 있었다. 유럽이 조선에 별다른 관심을 보이지 않았던 것과 마찬가지로 조선 역

시 유럽에 관심이 없었다.

조선정부의 폐쇄적 태도에 대해 일부 지식인들이 문제를 제기하였다. 예컨대 이지함(李之菡; 1517~1578)은 남방에서 매년 유구와 교역하면 가난한 백성들이 넉넉해 질 것이라고 지적하였다. 유몽인(柳夢寅; 1559~1623)은 중국이 만국과 교역하여 부강해지고 일본과 같은 소국도 많은 국가와 교역하여 백성들이 부유하고 시장이 번성하기가 중국에 뒤지지 않는데 조선은 물화도 풍부하지 못하면서 교역을 막고 있다고 비판하였다.

2. 서학의 유입과 해양 인식

유럽국가에게 대항해시대를 촉발시킨 동인은 동방무역의 이익을 확보하려는 경제적 목적과 종교적 열정이었다. 예수회 선교사인 마테오 리치(Matteo Ricci)는 1601년 북경에 진출하였다. 이로부터 시작된 천주교의 중국 포교는 청의 순치제(順治帝, 재위 1644~1661)와 강희제(康熙帝, 재위 1662~1722) 시기에 북경을 중심으로 활발하게 전개되었다.

학구적인 예수회 선교사들은 천주교와 함께 천문학을 비롯한 서양의 학문도 소개하였다. 이들은 중국학자들과 함께 서양서적을 번역·출간하였는데 1601년부터 1773년까지 430종에 달하였다.

조선도 연행사(燕行使)를 통해 서양선교사들과 접촉할 수 있는 기회를 갖게 되었다. 그들도 조선 사신들에게 매우 우호적으로 대하였다. 북경에서 선교사들과의 접촉이 이루어지면서 서양에 대한 정보가 입수되기 시작하였다. 마테오 리치가 제작한 『곤여만국전도(坤與萬國全圖)』가 1603년 이광정(李光庭)을 통해 조선에 소개되면서 유럽의 존재가 확실하게 알려졌다. 실학자 이수광(李睟光; 1563~1628)은 1614년 『지봉유설(芝峯類說)』에서 포르투갈·영국·로마 등 유럽 국가와 기독교문명권에 대해 소개하였다. 1631년 연행했던 정두원(鄭斗源; 1581~?)은 선교사 로드리게쯔(J. Rodriquez)로부터

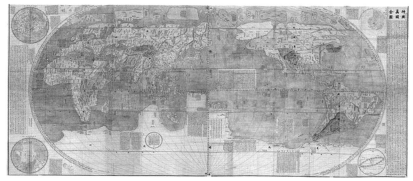

곤여만국전도(마테오리치, 1602)

이수광

『지봉유설』

『천문략(天問略)』, 『서양국풍속기(西洋國風俗記)』, 『직방외기(職方外記)』 등의
서학서를 받아 국내에 소개하였다.

　이렇게 전래된 세계지도와 서학서를 통해 조선 지식인들은 서양과 세계
에 대한 지식을 습득할 수 있었다. 특히 큰 영향을 준 서적은 1623년 알레
니(P. Julius Aleni)에 의해 저술된 세계지리서인 『직방외기』였다. 조선지식인
에게 처음 접하는 세계지리의 내용은 모두 신기한 것이었다. 특히 세계가
모두 바다로 연결되어 있으며, 서양인들이 항로를 개척하여 자유롭게 일
주하고 있다는 내용은 호기심의 대상이 되기에 충분하였다.

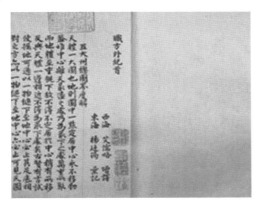
『직방외기』

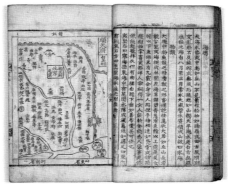
위백규와『환영지』

　하지만『직방외기』와 같은 서양서들은 17세기에 당장 관심의 대상이 되지는 못하였다. 임진왜란과 병자호란으로 인해 양이(攘夷)의식이 고양되어 서양에 대한 논의 자체가 금기시되었기 때문이다. 이에 따라 17세기에는 해양통상론도 전개되지 못하였다. 이 시기에 해양통상론을 제기한 사람은 실학자 유형원(柳馨遠: 1622~1673) 정도였다.

　그런데 18세기 들어서 변화의 조짐이 나타났다. 조선과 청의 관계가 안정되면서 서양 선교사들과의 접촉이 활성화되고 한역서학서(漢譯西學書)도 광범위하게 전래되었다. 그에 따라 서양에 대한 관심도 증폭되었는데,『직방외기』가 지식인들 사이에 본격적인 관심의 대상이 되었다. 이 책을 읽고 이익, 신후담과 같은 실학자들은 서평을 작성하였다.

18세기 후반에는 일부 실학자 가운데서 세계사를 정리해보려는 시도가 나타났다. 전라도 장흥에 살았던 위백규(魏伯珪: 1727~1798)는 『직방외기』 등을 참고하여 『환영지(寰瀛誌)』라는 지리서를 완성하였다. 박지원은 비록 실천에 옮기지는 못하였지만 『직방외기』를 비롯한 여러 자료 가운데 중국 및 외국의 교섭과 관계되는 사실을 뽑아 『삼한총서(三韓叢書)』를 만들려는 계획을 갖고 있었다.

세계에 대한 지식이 확대되면서 자연스럽게 바다에 대한 관심도 생겨났다. 이익은 「직방외기발문」에서 서양인들이 동양에 도달하는 과정에서 지구 위의 바다와 지구 아래의 바다가 같다는 것을 알게 되었다고 설명하였다. 정약용은 『직방외기』「해도(海道)」를 참고해 유럽인들이 중국에 도달하는 길이 두 가지가 있는데 로마로부터 출발하여 동쪽으로 오는 길과, 네덜란드를 출발하여 아프리카 서쪽 연안을 돌아 서쪽으로 오는 길이 있다고 하면서 동서 해상교통로에 대해 소개하였다. 위백규는 『환영지』에서 각국을 소개하기에 앞서 서양인들의 선박 제도가 매우 교묘하여 풍랑을 두려워하지 않고 세계를 돌아다니며 대지를 일주한 사람도 있다는 등의 사실을 비중 있게 소개하였다.[22]

이처럼 18세기 후반에 들어 실학자를 중심으로 세계와 해양에 대한 본격적인 관심이 나타나고 있었다. 그러나 아직 서양과의 직접적인 교섭을 주장하는 데까지는 이르지 않았고, 대신 중국을 매개로 한 통교방식인 강남통상론으로 구체화되었다.

3. 강남통상론과 해양통상론의 전개

조선 후기의 지식인들은 연행사의 왕래를 통해 서양 각국이 중국의 강

이덕무와 『청장관전서』

남지방에서 교역하고 있는 사실을 확인하였다. 또 통신사를 통해 일본이 해외무역을 통해 부를 축적하고 기술이 진보하였다는 사실을 알게 되었다. 이덕무는 『청령국지(蜻蛉國志)』에서 일본이 해외제국과 교통하여 강성해졌으며, 나가사키(長崎)는 중국이나 서양 선박들이 몰려드는 무역항으로 크게 발전하였다고 소개하였다. 정약용도 일본이 중국의 강소(江蘇)·절강(浙江) 지방과 직접 교류하면서 좋은 책을 모두 구입해 간 결과 학문이 조선을 능가하게 되었다고 지적하였다. 또 중국의 각종 물품과 제조법까지 배워가 기술이 중국과 대등하게 되었고, 부국강병을 달성하였다고 하면서 수백년 전의 기예를 그대로 사용하고 있는 조선의 현실을 개탄하였다.

이러한 문제의식에서 실학자들은 강남통상론(江南通商論)을 제기하였다. 박지원은 『열하일기』 「허생전(許生傳)」에서 조선이 외국과 교통하지 않음으로써 가난을 면치 못하는 현실을 개탄하고, 나가사키와의 무역을 통해 많은 이익을 취하고, 간접적으로 동아시아 무역권에 참여해야 한다는 점을 강조하였다.

가장 적극적으로 강남통상론을 폈던 인물은 박제가이다. 그는 『북학의(北學議)』 「통감남절강상박의(通江南浙江商舶議)」에서 그는 조선과 같이 작고 가난한 나라가 부강해지기 위해서는 반드시 먼 지방의 물자가 통해야 하며 그 방법은 뱃길을 이용하는 것뿐이라고 주장하였다. 따라서 조선도 일본·유구·안남·서양처럼 해로로 통상할 수 있게 해주도록 중국에 요청해야 한다고 주장하였다.

실학자들의 강남통상론은 서양까지 참여하는 국제교류가 중국의 강남을 중심으로 이루어지고 있다는 인식을 바탕으로 한 것이었다. 강남통상론은 육로를 통한 기존의 사행무역에서 벗어나 해양을 통해 국제무역에 동참할 것을 주장한 것이다. 통교방식도 외국선박의 도래를 기다리는 것이 아니라 조선의 선박을 이용하자는 적극적인 것이었다.

강남통상론을 주장하던 지식인들에게 바다는 새로운 기회를 제공하는 통로로 인식되었지만 바다를 통해 접근하는 서양세력에 대한 경계심도 없지는 않았다. 정약용은 서양국들이 상업적 이익을 위해 사해를 항해하며 도중에 버려진 땅이나 공지를 얻으면 점거하여 소굴로 삼는다고 서양제국의 약탈적 성격을 지적하였다. 그리고 그런 서양이 12만 리를 항해하여 중국에 조공을 바치는 데는 저의가 있을 것으로 판단하였다.[23] 서양이 당장의 위협요소는 아니라고 해도 경계 대상이었으므로 해방(海防)이 강조되었다. 정약용은 「해방고서(海防考敍)」에서 역사적 경험을 들어 해방의 중요성을 강조하면서 그를 위해서는 전선(戰船) 제도의 정비가 시급하다고 주장하였다.

18세기 후반 실학자들에 의해 활발하게 제기되었던 서양에 대한 개방적 인식과 통상론은 19세기에 들어서면서 일변하였다. 결정적인 계기가 된 것은 1801년의 황사영백서사건이었다. 이 사건으로 천주교에 대한 반감과 함께 서양에 대한 부정적인 인식이 급속히 확산되었다. 해양에 대한 경계 또한 강화되면서 해양통상론은 위축되었다.

통상에 관한 공적인 논의가 불가능한 상황에서 해양통상론은 일부 재야 지식인들에 의해 겨우 유지되었다. 이규경(李圭景: 1788~?)과 최한기(崔漢綺: 1803~1877)가 대표적인 인물이다. 최한기는 지금까지의 역사가 대륙사였다면 미래의 역사는 해양사가 될 것이라고 예측하였다. 앞으로의 세계가 해

양사 중심으로 전개된다면 그러한 세계
사적 조류에 참여하지 못하는 국가는 도
태될 것이라고 주장하였다.[24] 이규경은
다른 나라들이 상호교역을 통해 크게 이
익을 얻고 국가경제도 넉넉해지는 데 반
해 조선은 교역할 생각도 하지 못해 점점
가난한 나라로 전락하고 있다며 조선의
폐쇄적인 태도를 강하게 비판하였다.[25]

최한기

최한기나 이규경의 해양통상론은 18
세기 후반의 강남통상론에 비해 한 단계
더 나아가 서양과의 직접적 통상을 지향
하는 해양진출론이었다. 그러나 그들의
통상론은 당시 제국주의 열강의 본질에
대한 이해 부족으로 지나치게 낙관적으로 인식한 한계성을 지니고 있었
다. 1840년대 아편전쟁 이후 서양세력에 대한 위기인식이 고조되면서 해
양통상론은 더욱 위축되고 대신 해방론이 강조되었다.

4. 실학파 해양인식의 특성과 의의

조선후기 사상적 흐름의 주류는 조선성리학의 교조화이고, 세계관 및
자타인식(自他認識)에서는 조선중화의식의 확립이라고 볼 수 있다. 그런데
조선 전기의 중화적 화이관은 물론, 조선후기의 조선중화의식도 근대적인
민족의식이나 세계관이라고 할 수 없다. 그것은 대청우월감과 문화자존의
식을 지니고 있었지만 중화적 세계관이 약간 변형된 형태로서 중세적인
문화보편주의의 한 형태이다. 물론 17세기의 조선중화의식은 당시의 상황

에서 필연적으로 나올 수밖에 없었던 자체논리의 진행과정이었고, 나름대로 긍정적 기능을 하였다. 그러나 17세기말 이후는 사상적 기능이 다했음에도 불구하고 폐기되지 않고 지속되었다는 데 문제가 있었다. 결국 민족적 자아에 대한 각성은 이 화이관의 극복에서 찾을 수밖에 없는데 그것은 18세기 중반 이후 실학자들에 의해 이루어졌다.

실학자들의 세계관은 문화주의적 화이관으로 세련화 하거나 화이관의 탈피라는 과정으로 전개되었다. 그들의 제시한 대외인식은 각국의 개체성과 대등성을 인정하는 위에 조선의 독자성을 확보함으로써 개방적이고 진취적인 성격을 띠었다. 근대민족주의를 '국제사회에서의 자민족에 대한 대등 내지 우월한 지위를 얻기 위한 노력과 국가간의 대등한 관계를 지향하는 사상'이라고 한다면, 실학자들의 대외인식은 이 조건에 부합한다고 할 수 있다.

그러나 한계성도 없지 않다. 첫째 화이관을 완전 부정하지는 못했다는 점이다. 그들이 중화주의적 화이관의 지리적·종족적 폐쇄성과 조선중화의식의 비현실성을 비판하였지만 문화주의적 화이관까지 부정하지는 못하였다. 문화주의적 화이관은 보편성을 지닌 개념으로 이해될 수도 있지만 형식논리상으로 '화'와 '이'라는 차등관념을 전제로 하고 있기 때문에 완전평등한 세계관은 되지 못한다.

둘째, 실학파 가운데 현실적으로 존재하는 청에 대한 사대조공체제에 이의를 제기한 사람은 없었다. 그들 역시 문화면에서의 자존의식에 머물러 있었을 뿐이었다. 이 점 그들의 대외인식의 관념성을 드러내주는 측면이다.

셋째, 실학파의 세계관과 대외인식이 정책으로 채택되지 못하였다는 점이다. 실학자들은 조선중화의식의 허구성을 비판하고 대안을 제시하였으나 주류측의 인식과 대세를 바꾸지는 못하였다. 19세기에 들어 북학론이 집권관료층에서 일반화되었지만 18세기말 북학파 실학자들이 주장하였던 대등성과 독자성을 상실한 채 사대수구(事大守舊)의 논리로 오히려 퇴행하였다. 화이관에 대한 전면적 극복은 19세기 중반 최한기를 거쳐 개화파에 이르러 비로소 이루어진다고 보아야 할 것이다.

한편 18세기 실학자들의 해양인식을 크게 조망해 보면, 성호학파와 북학파 모두 통상(通商)과 해방(海防) 가운데 한쪽에 쏠리지 않고 균형감각을 유지하고 있었다고 볼 수 있다. 이들의 주장은 정조의 인식과도 상통하는 것이었기 때문에 정책적으로 추진될 수도 있었지만 1801년 갑작스러운 정조의 죽음으로 그러한 가능성은 사라지고 말았다.

〈참고문헌〉

제1장

『高麗史』『高麗史節要』『朝鮮王朝實錄』
『海東諸國紀』『增正交隣志』『春官志』

田中健夫,『中世海外交涉史の研究』, 東京大學出版會, 1959

_____,『日本前近代の國家と對外關係』, 吉川弘文館, 1987

_____,『倭寇 - 海の歷史-』, 敎育社, 1982

石原道博,『倭寇』, 吉川弘文館, 1964

田村洋幸,『中世日朝貿易の研究』, 三和書房, 1967

이현종,『조선전기 대일교섭사 연구』, 한국연구원, 1964

김병하,『이조 전기 대일무역 연구』, 한국연구원, 1969

김한규,『중국의 天下思想』, 민음사, 1988

三宅英利 저 · 하우봉 역,『역사적으로 본 일본인의 한국관』, 풀빛, 1990

하우봉,『조선시대 한국인의 일본인식』, 혜안, 2006

_____,「조선초기 대일사행원의 일본인식」,『국사관논총』, 1990

손승철,「조선의 事大交隣 정책과 敵禮關係〉,『신실학의 탐구』, 열린책들, 1993

민덕기,「朝鮮朝前期の日本國王觀 - '敵禮'的觀點より」『朝鮮學報』 132, 1987

나종우,「조선전기 한일문화교류에 대한 연구 - 고려대장경의 일본 전수를 중심으로 -」,『용암차문섭교수 화갑기념사학논총』, 1989

田中健夫,「李氏世宗朝における日鮮交通の諸問題」,『中世海外交涉史の研究』, 東京大學出版會, 1959

長正統,「中世日鮮關係における巨酋使の成立」,『朝鮮學報』41집, 1966

有井智德,「『李朝實錄』の日本關係史料の研究」,『靑丘學術論集』3집, 1993

中村榮孝,「室町時代の日鮮關係」,『日鮮關係史の研究』上卷, 吉川弘文館, 1965

_____,「朝鮮世宗己亥の對馬征伐」,『日鮮關係史の研究』上卷, 吉川弘文館, 1965

田中健夫,「中世における明・朝鮮・琉球との關係」,『對外關係と文化交流』, 思文閣, 1982

_____,「足利將軍と日本國王號」,『日本前近代の國家と對外關係』, 吉川弘文館, 1987

高橋公明,「外交儀禮よりみた室町幕府の外交姿勢」,『史學雜誌』91-8, 1982

_____,「朝鮮遣使ブームと世祖の王權」,『日本前近代の國家と對外關係』, 吉川弘文館, 1987

제2장

유홍렬,『한국천주교회사』, 카톨릭출판사, 1962

이준걸,『조선시대 일본과 서적교류 연구』, 홍익재, 1986

이원순,『조선 서학사 연구』, 일지사, 1986

박　철,『세스페데스 - 한국 방문 최초 서구인』, 서강대학교출판부, 1987

이상희,『波臣의 눈물』, 범우사, 1997

진주박물관 편,『새롭게 다시 보는 임진전쟁』, 1999

德富蘇峯,『近世日本國民史』9권「朝鮮役」下卷, 民友社, 1922

小野則秋,『日本圖書館史』, 玄文社, 1973

阿部吉雄,『日本朱子學と朝鮮』, 東京大出版會, 1975

村上恒夫,『姜沆 - 儒敎を傳えた虜囚の足跡』, 明石書店, 1999

김양선, 「임진전쟁 종군신부 세스페데스의 내한활동과 그 영향」, 『사학연구』 18집, 1980

하우봉, 「일본에 주자학을 전한 조선인 포로 강항」, 『한국과 일본』 1, 자작나무, 1998

이내옥, 「전쟁을 통한 문화교류」, 『새롭게 다시 보는 임진전쟁』, 1999

이왕무, 「조선후기 조총 제조에 관한 연구 – 17·8세기를 중심으로」, 『경기사론』 2 집, 1998

松田甲, 「朝鮮人を祖先とせる熊本の碩學 高本紫溟」, 『日鮮史話』 1편, 原書 房, 1976

姜在彦, 「文祿慶長の役と朝鮮通信使」, 『日本のなかの朝鮮文化』 48호, 1980

小宮睦之, 「洪浩然と佐賀藩」, 『佐賀縣立名護屋城博物館研究紀要』 2집, 1985

第3章

『조선왕조실록(朝鮮王朝實錄)』『고사촬요(考事撮要)』『사대문궤(事大文軌)』
『통문관지(通文館志)』『증정교린지(增正交隣志)』『변례집요(邊例集要)』
『통신사등록(通信使謄錄)』『통항일람(通航一覽)』

하우봉, 『조선후기실학자의 일본관 연구』, 일지사, 1989

_____, 『조선시대 한국인의 일본인식』, 혜안, 2006

이원식, 『조선통신사』, 민음사, 1991

이원순, 「조선후기 한일교류의 위상」, 느티나무, 1992

김문식, 『조선후기 지식인의 대외인식』, 새문사, 2009

오수경, 「18세기 서울 문인층의 성향」, 성균관대 박사학위논문, 1989

한문종, 『조선전기 대일외교정책 연구』, 전북대 박사학위논문, 1996

中村榮孝, 『日本と朝鮮』, 至文堂, 1966

阿部吉雄, 『日本朱子學と朝鮮』, 東京大學出版會, 1975

荒野泰典編, 『アジアのなかの日本史5- 自意識と相互理解』, 東京大學出版

會, 1993

閔德基, 『前近代東アジアのなかの韓日關係』, 早稻田大學出版會, 1994

田代和生, 『江戶時代 朝鮮藥材調査の研究』, 慶應大學出版會, 1999

桂島宣弘, 『自他認識の思想史』, 有志舍, 2008

이인영, 「신숙주의 북정(北征)」, 『한국만주관계사의 연구』, 1950

하우봉, 「새로 발견된 일본사행록들」, 『역사학보』 112, 역사학회, 1986

_____, 「조선후기 조일관계에 대한 재검토」, 『동양학』 27, 1997, 단국대 동양학연
　　　　구소

장순순, 「조선후기 통신사행의 제술관에 대한 일고찰」, 『전북사학』 13, 1990

김일환, 「조선후기 중국사행의 규모와 구성」, 『연행의 사회사』, 경기문화재단, 2005

차웅석, 「18세기 조선통신사를 통한 한일의학문화교류」, 『동의생리병리학회지』
　　　　20-6, 2006

長 正統, 「中世日朝關係史における巨酋使の成立」, 『朝鮮學報』 41, 朝鮮學會,
　　　　1966

中村榮孝, 「室町時代の日鮮關係」, 『日鮮關係史の研究』上卷, 吉川弘文館,
　　　　1969

高橋公明, 「朝鮮遣使ブームと世祖の王權」, 『日本前近代の國家と對外關係』,
　　　　吉川弘文館, 1987

_____, 「外交儀禮よりみた室町時代の日朝關係」, 『史學雜誌』 91-8, 1982

池內敏, 「近世後期における對外觀と「國民」」, 『日本史研究』 344, 1991

제4장

『정덕화한창수록(正德和韓唱酬錄)』

『계림창화록(鷄林唱和集)』

『양동창화후록(兩東唱和後錄)』

『백설루집(白雪樓集)』

하우봉, 『조선시대 한국인의 일본인식』, 혜안, 2006

민덕기, 『전근대 동아시아세계의 한일관계』, 경인문화사, 2007

허경진 편, 『통신사 필담창화집 문화연구』, 보고사, 2011

구지현, 『통신사 필담창화집의 세계』, 보고사, 2011

近藤磐雄, 『加賀松雲公』 中, 文獻出版, 1980

三宅英利, 『近世日朝關係史の硏究』, 文獻出版, 1986

片倉穰, 『日本人のアジア觀』, 明石書店, 1998

장순순, 「조선후기 통신사행의 제술관에 대한 일고찰」, 『전북사학』 13, 1990

하우봉, 「조선후기 대일통신사행의 문화사적 의의」, 『사학연구』 95, 2009

구지현, 「18세기 필담창화집의 양상과 교류 담당층의 변화」, 『통신사 필담창화집의
　　　　세계』, 보고사, 2011

松田甲, 「正德朝鮮信使と加賀の學者」, 『續日鮮史話』 第2편, 原書房, 1931

片倉穰, 「加賀藩における渡來朝鮮人」, 『日本近世初期における渡來朝鮮人
　　　　の硏究 - 加賀藩を中心に-』, 1990年度科學硏究費補助金 硏究成果
　　　　報告書, 1991

제5장

『日本漂海錄』(韓國佛教全書 10, 1989, 동국대학교 불전간행위원회)

『日本漂海錄』(송광사 성보박물관 소장)

『日本漂海錄』(영남대학교 중앙도서관 東濱文庫 소장)

『일본표해록』(풍계 현정 저, 김상현 역, 동국대학교출판부, 2010)

『東師列傳』(범해각안 저, 김윤세 역, 광제원, 1991)

『韓國佛敎通史』(李能和, 1918)

『槿域書畵徵』(오세창, 학문각, 1928)

『국역 근역서화징』(동양고전학회 역, 시공사, 1999)

『邊例集要』(국사편찬위원회 영인본, 1971)

『漂人領來謄錄』(서울대 규장각한국학연구원)

『大芚寺誌』(韓國寺志叢書 6집, 아세아문화사, 1979)

「千佛造成略記」(韓國佛教全書 10, 1989, 동국대학교 불전간행위원회)

한국불교연구원 편, 『대흥사』, 일지사, 1997

池內敏, 『近世日本と朝鮮漂流民』, 臨川書店, 1998

한일관계사학회 편, 『조선시대 한일표류민 연구』, 국학자료원, 2000

이 훈, 『조선 후기 표류민과 한일관계』, 국학자료원, 2000

하우봉, 『조선시대 한국인의 일본인식』, 혜안, 2006

최선일, 『조선후기 승장 인명사전 -불교조소-』, 양사재, 2007

정성일, 『전라도와 일본 - 조선시대 해남사고 분석』 경인문화사, 2013

김상기, 「일본표해록 제사(題辭)」, 『고고미술』42, 한국미술사학회, 1964

堀內雅文, 「漂流記雜考」, 『Museum Kyushu』14, 1984

안귀숙, 「조선 후기 불화승의 계보와 의겸비구에 관한 연구」, 『미술사연구』8, 1994

박진미, 「『표인영래등록(漂人領來謄錄)』의 종합적 고찰」, 『경북사학』19, 1996

이진오, 「조선시대 대일교류와 불교」, 『한국문학논총』22, 한국문학회, 1998

장희정, 「조선후기 불화(佛畵)의 화사(畵師) 연구」, 동국대학교 박사학위논문, 2000

남미혜, 「17세기 중엽 조선 승려의 이국체험 -『谷雲集』소재 「法性傳」의 표류기
        를 중심으로-」, 『동양고전연구』28, 동양고전학회, 2007

정성일, 「표류민 송환체제를 통해서 본 근현대 한일관계」, 『한일관계사연구』17,
        2002

_____, 「해남 대둔사 승려의 일본 표착과 경험(1817-1818)」, 『한일관계사연구』32,
        2009

정성일, 「한국 표해록의 종류와 특징」, 『도서문화』40, 목포대 도서문화연구원, 2012

정 민, 「한국교회사연구소 소장 다산 친필 서간첩 〈매옥서궤〉에 대하여」, 『교회사
        연구』33, 2009

_____, 「대흥사 천불전 부처의 일본 표류와 조선표객도」, 『문헌과 해석』48, 문헌
        과 해석사, 2009

_____, 「다산 일문(逸文)을 통해본 승려와의 교유와 강학」, 『한국한문학연구』50,

2012

서혜은, 「조선후기 풍계 현정의 천불조성과 표류 기록」, 『해양문화연구』6, 전남대
　　　이순신해양문화연구소, 2011

이종수, 「일본표해록 해제」, 『일본표해록』, 동국대학교출판부, 2010

　　　, 「조선 후기 대둔사 현창 운동과 그 의미」, 『동국사학』50, 2011

이경화, 「무등산 불교미술의 신앙적 양상과 교류」, 『역사학연구』45, 2012

제6장

『朝鮮王朝實錄』『海東諸國記』『歷代寶案』『琉球國由來記』

김병하, 『이조전기 대일무역 성격 연구』, 한국연구원, 1969

하우봉 외, 『조선과 유구』, 아르케, 1996

東恩納寬惇, 『琉球の歷史』, 至文堂, 1957

宮城榮昌, 『琉球の歷史』, 吉川弘文館, 1977

外間守善, 『沖繩の歷史と文化』, 中公新書, 1986

高良倉吉, 『琉球王國の構造』, 吉川弘文館, 1987

高良倉吉・田名眞之, 『圖說 琉球王國』, 河出書房新社, 1993

天空企画 編, 『図説・琉球の伝統工芸』, 河出書房, 2002

민병하, 「여말선초의 유구국과의 관계」, 『국제문화』3, 1966

이현종, 「임진왜란시 유구・동남아인의 내원」, 『일본학보』2, 1974

　　　, 「유구・남만 관계」, 『한국사』9, 1977

하우봉, 「일본과의 관계」, 『한국사』22, 국사편찬위원회, 1995

　　　, 「유구와의 관계」, 『한국사』22, 국사편찬위원회, 1995

홍종필, 「유구왕국의 도조(陶祖)가 된 조선인 장헌공(張獻功)에 대하여」, 『인문과
　　　학연구논총』14, 명지대 인문과학연구소, 1996

　　　, 「오키나와의 舊國寶였던 朝鮮鐘(興海大寺鐘)에 대하여」, 『인문과학연

　　구논총』16, 명지대 인문과학연구소, 1997

윤용혁, 「오키나와 출토의 고려 기와와 삼별초」, 『한국사연구』 147, 2009

秋山謙藏, 「琉球王國の勃興と佛教」, 『日支交涉史話』, 1935

田中健夫, 「琉球に關する朝鮮史料の性格」, 『中世對外關係史』, 1975

＿＿＿＿＿＿, 「中世における明・朝鮮・琉球との關係」, 『對外關係と文化交流』,
　　思文閣, 1982

小葉田淳, 「琉球・朝鮮の關係について」, 『日本經濟史の研究』, 思文閣, 1978

村井章介, 「朝鮮に大藏經を求請した僞使について」, 『日本前近代國家と對
　　外關係』, 1987

眞喜志瑤子, 「琉球極樂寺と圓覺寺の建立について(2) - 本土との交流の二つ
　　のかたち -」, 『南道史學』 29, 1987.

上原兼善, 「琉球王朝の歷史 -第一・第二尙氏の成立と展開-」, 『琉球弧の世
　　界』, 1992

제7장

『일본, 일본과 그 이웃나라 및 보호국 - 瑕夷・南千島列島・樺太・朝鮮・琉球
　　列島의 기록집』(P. Siebold)

『하멜일지 그리고 조선국에 관한 기술』(H. Hamel)

『조선전』(Du Halde) 『조선서해탐사기』(B. Hall)

『邊例集要』 『知瀛錄』(李益泰) 『漂舟錄』(李志恒) 『日本漂海錄』(楓溪大師)

「朝鮮漂客圖」(浮田一蕙)

유상희 역, 『조선견문기』, 박영사, 1987

백성현・이한우, 『파란 눈에 비친 하얀 조선』, 새날, 1999

日本思想史懇話會, 『特集 ジ＿ボルト』, 季刊 日本思想史 55, ぺりかん社,
　　1999

강준식, 『다시 읽는 하멜표류기』, 웅진닷컴, 2002

국립제주박물관 편, 『항해와 표류의 역사』, 솔, 2003

이지은, 『왜곡된 한국 외로운 한국』, 책세상, 2006

하우봉, 『조선시대 한국인의 일본인식』, 혜안, 2006

신동규, 『근세 동아시아 속의 일(日)·조(朝)·란(蘭) 국제관계사』, 경인문화사, 2007

정성일, 『전라도와 일본』, 경인문화사, 2013

홍이섭, 「서울에 왔던 구미인」, 『향토서울』1, 서울시사편찬위원회, 1957

고영근, 「19세기 전반기의 서양인의 국어연구자료」, 『관악어문연구』3, 1979

高永根, 「19世紀における西洋人の韓國語研究」, 『朝鮮學報』97, 1980

Vos, F., 「A Meeting between Dutchman and Korean in 1828」, 『Korea Journal』23-1, Korean Studies in the Netherlands, 1983

고영근, 「지볼트의 한국기록연구」, 『동양학』19, 단국대 동양학연구소, 1989

구만옥, 「16-17세기 조선지식인의 서양 이해와 세계관의 변화」, 『동방학지』122, 2003

지명숙, 「하멜 일행의 한국 체류, 적응 및 이해」, 『동방학지』122, 2003

Leonard Blusse, 「만남과 발견: 극동아시아에서의 네덜란드 동인도회사의 활동」, 『동방학지』122, 2003

鶴園裕 外(共同研究), 「江戶時代における日朝漂流民送還をめぐって −『漂民對話』を中心に−」, 『靑丘學術論集』11, 제4장, 1997

岩生成一, 「解題」, 『日本』제1권, 雄松堂書店, 1997

沓澤宣賢, 「シーボルト研究史概觀 − 我が國および外國における研究の跡を顧みながら−」, 『季刊日本思想史』55집, ぺりかん社, 1999

제8장

『宋子大全』『星湖先生全集』『星湖僿說』『與猶堂全書』
『湛軒燕記』『熱河日記』『北學議』『黙好稿』『過庭錄』
『存齋全書』『五洲衍文長箋散稿』

이원순, 『조선 서학사 연구』, 일지사, 1986
최소자, 『동서문화교류사 연구- 명·청대의 서학 수용』, 삼영사, 1987
하우봉, 『조선후기 실학자의 일본관 연구』, 일지사, 1989
정옥자, 『조선후기 조선중화사상 연구』, 일지사, 1998
배우성, 『조선후기 국토관과 천하관의 변화』, 일지사, 1998.
원재연, 『조선후기 서양인식의 변천과 대외개방론』, 서울대박사학위논문, 2000.
윤명철, 『한국해양사』, 학연문화사, 2003
김영원 외, 『항해와 표류의 역사』, 솔, 2003
하우봉 외, 『해양사관으로 본 한국사의 재조명』, 해상왕장보고기념사업회, 2004
하우봉, 『조선시대 한국인의 일본인식』, 혜안, 2006
이문기 외, 『한·중·일의 해양인식과 해금』, 동북아역사재단, 2007
주경철, 『대항해시대』, 서울대학교출판부, 2008
김문식, 『조선후기 지식인의 대외인식』, 새문사, 2009
오상학, 『조선시대의 세계지도와 세계인식』, 창비, 2011
이헌창, 「조선 중·후기 실학자의 해로무역육성론」, 『조선시대 양반사회와 문화』4,
　　　　집문당, 2003
신해순, 「최한기의 상업관」, 『대동문화연구』27, 1992

〈주석〉

제1장

01 足利義滿이 얼마나 대조선외교에 적극적이었나 하는 점은 그가 1401년 조선 사신을 보기 위해 직접 兵庫浦까지 나간 것과 조선국왕사를 맞이할 때는 명의 사절과 마찬가지로 京都의 北山第에서 한 사실에서도 알 수 있다. 그는 집권기간 중 조선에 7회에 걸쳐 사절을 파견하였다.

02 김병하, 『이조 전기 대일무역 연구』, 한국연구원, 1969, 26-28쪽

03 이현종, 『조선전기 대일교섭사 연구』, 한국연구원, 1964, 320-324쪽

04 『성종실록』 권231 20년 8월 신해

05 나종우, 「조선전기 한일문화교류에 대한 연구 – 고려대장경의 일본 전수를 중심으로 –」, 『용암차문섭교수 화갑기념사학논총』, 1989, 327쪽

06 田中健夫, 「中世東アジアにおける 國際認識の形成」, 『對外關係と國際交流』, 思文閣, 1982, 188쪽

07 이현종, 『조선전기 대일교섭사 연구』, 한국연구원, 1964, 325-329쪽

08 하우봉, 『조선시대 한국인의 일본인식』 제1부 제1장 「조선시대 한국인의 세계관과 일본인식」, 혜안, 2006

09 高橋公明, 「朝鮮遣使ブームと世祖の王權」, 『日本前近代の國家と對外關係』, 吉川弘文館, 1987, 361-364쪽

10 中村榮孝, 「室町時代の日鮮關係」, 『日鮮關係史の研究』 상권, 吉川弘文館, 1965, 181-182쪽

11 田中健夫, 「中世東アジアにおける 國際認識の形成」, 『對外關係と文化交流』, 思文閣, 1982, 182쪽. 田中健夫는 이 시기 일본인의 국제인식을 '도서고립형' 인식이라고 분류하면서, 그 특징은 "정보에의 대응이 대체로 수동적이고 판단은 부정확하며 독선적·자의적인 경우가 적지 않다."라고 하였다.

12　三宅英利 저 · 하우봉 역, 『역사적으로 본 일본인의 한국관』, 풀빛, 1990, 50쪽

제2장

01　후지와라 세이카는 강항이 자신보다 6년 연하였지만 스승으로 존경하였다.(『惺窩先生文集』 권4 「題菊花圖答姜沆」) 惺窩란 호도 강항이 권한 것이라 한다. 이밖에 강항이 세이카에게 지어준 글로는 「惺齋記」 「是尚窩記」 「五經跋」 「文章達德錄 序文」 등이 있는데, 모두 『惺窩先生文集』에 수록되어 있다.

02　아카마쓰 히로미쓰는 파주(播州) 다쓰노성(龍野城)의 영주로서 무장이었지만 새로운 사상인 주자학을 도입하여 일본을 개혁해보자는 뜻을 지닌 인물이었다.

03　그는 이진영과 일본 귀족 출신의 어머니(宮崎三郎右衛門 定直의 딸) 사이에서 1617년 태어났으며, 호는 매계(梅溪)이다. 기이번(紀伊藩)의 유관(儒官)이었던 나가다 젠사이(永田善齋)의 추천을 받아 일찍부터 교토에 유학하였고, 번주(藩主) 도쿠가와 요리노부(德川賴宣)를 따라 에도에 참근(參觀)을 간 이래 10년간 체재하면서 1655년에는 조선의 통신사 일행을 만나기도 하였다.

04　이전직의 아들 청헌(淸軒)도 번(藩)의 유관(儒官)이 되었다.(李相熙, 『波臣의 눈물』, 1997, 범우사, 349-355쪽)

05　홍호연의 행적에 관해서는 코가 세이리(古賀精里)의 『洪浩然傳』에 자세히 기록되어 있다. 사가시(佐賀市)의 아미타사(阿彌陀寺) 경내에는 홍호연과 그의 일족의 무덤이 있으며, 홍씨 가문은 지금도 사가현(佐賀縣)의 명문씨족 가운데 하나라고 한다.

06　이종한은 임진전쟁 당시 경상도 인동현 현감으로 있던 중 호소카와 타다오키(細川忠興)의 군대에 잡혀 구마모토번(熊本藩)으로 끌려왔다. 타카모토(高本)라는 성씨는 종한의 아들 경택(慶宅) 대에 만들었는데, 고려의 '高'와 일본의 '本'을 따서 지은 것이라고 한다.(松田甲, 「朝鮮人を祖先とせる熊本の碩學 高本紫溟」, 『日鮮史話』 1편, 1976, 原書房, 106-107쪽)

07　이준걸, 『조선시대 일본과 서적교류 연구』, 1986, 홍익재, 181쪽

08　姜在彦, 「文祿慶長の役と朝鮮通信使」, 『日本のなかの朝鮮文化』 48호, 1980

09 그는 1594년 나베시마 나오시게에게 끌려가 가라츠(唐津) 부근에서 도자기를 굽다가 1606년 아리타에서 백자광(白磁鑛)을 발견한 뒤 이곳으로 옮겨 덴구다니요(天狗谷窯)를 만들었는데 이것이 일본 자기(瓷器)의 시초가 되었다. 그 후 이삼평은 1616년 도공 18명과 함께 아리타로 이사한 후 이 곳을 도자기의 산실로 만들었다. 그래서 그는 일본에서 도조(陶祖)로 추앙받고 있으며 아리타에는 "도조 이삼평의 비(陶祖李參平之碑)"라고 새겨진 추모비가 세워져 있다. 또 도산신사(陶山神社)에서는 도자기의 신으로 모셔져 있다.

10 아시아에 전래된 조총은 오스만 투르크에서 발명되어 포르투갈에서 개발된 것이다.

11 이왕무, 「조선후기 조총 제조에 관한 연구 – 17 · 8세기를 중심으로」, 『경기사론』 2, 경기대 사학회, 1998

12 김양선, 「임진전쟁 종군신부 세스페데스의 내한 활동과 그 영향」, 『사학연구』 18, 1980, 721쪽

13 그는 훌륭한 교리강론자가 되었으며, 1625년 시마바라(島原)의 반란 때 체포당하여 1626년 6월 20일 나가사키에서 순교하였다.(김양선, 앞 논문, 736쪽)

14 德富蘇峯, 『近世日本國民史』 9권 「朝鮮役」 下卷, 1922, 民友社

제3장

01 『통문관지(通文館志)』, 『증정교린지(增正交隣志)』와 같은 조선의 외교자료집에서도 3차의 회답겸쇄환사를 통신사행의 범주에 넣고 처리하였다. 일본에서는 물론 통신사로 포함하여 12회의 통신사행으로 규정해왔다.

02 문위행은 1636년 정례화된 이후 1860년까지 54회 파견되었다. 정관이 당상역관이므로 문위역관사(問慰譯官使), 도해역관사(渡海譯官使)라고 불리기도 하며 대마도주에 대한 문위와 외교현안 해결을 위해 파견하였다.

03 일본에서는 처음부터 '通信使'를 파견해 주기를 요청하였지만 조선의 조정에서는 '通信'의 의미를 사용할 수 없다는 점을 명확히 하기 위해 이렇게 명명하였다. 이 명칭의 사절은 1617년(광해군 9)과 1624년(인조 2) 두 차례 더 파견되었는데, 이것은 임진전쟁의 뒷처리를 위한 사절로서 과도기적인

성격을 지니고 있었다.

04 김일환, 「조선후기 중국사행의 규모와 구성」, 『연행의 사회사』, 경기문화재
    단, 2005, 292-294쪽

05 삼사가 타는 3척의 기선(騎船)과 물품을 싣는 3척의 복선(卜船)으로 구성
    된 6척의 선박을 운전하는 인원을 구체적으로 보면 기선장(騎船長) 3인,
    복선장(卜船長) 3인, 사공(沙工) 24인(6선 각 4인), 격군(格軍) 270인(기선
    각 60, 복선 각 30인)이다. 이들 가운데 100명에서 130명 정도의 인원은 오사
    카에 정박한 채 에도까지는 동행하지 않았다.

06 연행사의 구성에 관해서는 『通文館志』 권3 事大 「赴京使行」에 상세하게
    기술되어 있다.

07 田代和生, 『江戸時代 朝鮮藥材調査の研究』, 慶應大學出版會, 1999

08 막부는 에도와 교토에 약원(藥院)을 개설하고 약초를 조선에서 구하였다.
    8대 쇼군 요시무네(吉宗)는 『동의보감』 탕액편에 기록된 1,400여 종의 약재
    효능을 알기 위해 쓰시마번에 조선의 약재조사를 명하였다. 1751년까지 30
    년 이상 진행되어 일본은 인삼 재배의 국산화에 성공하였다. 이것은 양국의
    무역구도에도 큰 변화를 초래한 대사건이었다.

09 채웅석, 「18세기 조선통신사를 통한 한일의학문화교류」, 『동의생리병리학
    회지』 제20권 6호, 2006.

10 이 서적들의 서명과 내용에 관해서는 하우봉 『조선후기 실학자의 일본관 연
    구』, 일지사, 1989 제3장 참조.

11 하우봉, 「이덕무의 일본관」, 『인문논총』 17, 1987

12 하우봉, 「다산 정약용의 일본유학 연구」, 『한국문화』 9, 1988

제4장

01 이에 관해서는 구지현, 『통신사 필담창화집의 세계』, 보고사, 2011 참조.

02 그런데 1719년 이후로는 점차 교토와 오사카를 중심으로 상인, 승려, 의원,
    민간인 유학자 등으로 접촉과 교류가 개방되고 확대되어가는 양상을 보인
    다. 유학자 외에는 다음으로 승려계층이 많다. 승려가 전통적으로 한문의 담

당층이었고, 통신사의 숙소가 사찰이 많이 이용되었기 때문이다.

03 가가번(加賀藩)의 사사키가(佐佐木家) 출신으로 가나자와(金澤)에서 출생하였다. 1711년 통신사행이 올 때는 쇼코쿠지(相國寺)의 원로로서 지쇼인(慈照院)에 머무르고 있었다. 본래 시에 능하여 시풍(詩風)이 격률고묘(格律高妙)하였으며, 중세 총림(叢林) 가운데서 고덕(高德)과 시재(詩材)로서 이름이 높았다.

04 본명은 현(礥)이고 동곽(東郭)은 호이다. 1654년 생으로 1693년에 문과 장원을 하였으며, 임안릉태수(任安陵太守)를 지냈다. 1711년 신묘통신사행에 제술관으로서 문명(文名)을 날렸다. 1682년 임술통신사행의 제술관 성완(成琬), 1719년 기해통신사행의 제술관 신유한(申維翰)과 더불어 3대 명제술관이라고 칭해진다.

05 마에다 쓰나노리(前田綱紀, 1643-1724)는 가가번의 5대 번주로서 17세부터 전적 수집에 착수하였고, 18세에 키노시타 쥰앙(木下順庵)을 초빙해 유학을 장려하였으며, 많은 선정을 폈다. 특히 문화적 사업에서 업적이 두드러지는데 조선의 서적뿐 아니라 교토고잔(京都五山)의 귀한 전적을 수집하였고, 서물조봉행(書物調奉行)을 설치해 전담시켰다. 그는 채집한 도서를 중심으로 많은 총서를 편찬하였다.『역대총서(歷代叢書)』,『서물유찬(庶物類纂)』등이 대표적인 업적이다. 그가 세운 존경각(尊經閣)은 십수만 권의 장서로 가장 유명하며 중국, 조선의 희귀본이 아주 많은 점도 특징이다.

06 신야(薪野)의 시를 집대성한『백설루집(白雪樓集)』에는「대판후록(大阪後錄)」이 있는데, 내용은 약간 더 자세하며 창화시 19수와 필담 2개소가 증보되어 있다.

07 마에다 쓰나노리는 젊은 시절부터 일본과 중국의 율례를 강구하였고, 특히 명률(明律)에 조예가 깊어 도쿠가와막부의 8대 쇼군 요시무네(吉宗)에게 자문을 해주었다고 한다.(近藤磐雄,『加賀松雲公』中, 文獻出版, 1980, 702-709쪽)

08 당시 에도에는 오규 소라이(荻生徂徠), 교토에는 이토 도카이(伊藤東涯)가 동시에 고학을 제창해 호응하며 세상을 진동시키는 상황에서 이에 대항해 주자학을 유지시키는 인물은 무로 큐소(室鳩巢)였다. 그는 14, 5세에 가가번주 마에다 쓰나노리에 기용된 후 명을 받아 키노시타 쥰앙(木下順庵)에 배웠다. 후일 막부의 유관으로 발탁되었으며, 경학과 문장을 겸비한 당

대의 대 유학자로 평가받았다. 통신사 내빙 때 삼한(三韓)의 사적(事蹟)을 노래한 230운의 대작을 동곽에게 제시하였고 많은 시작품을 4문사에게 주었다. 기온 난카이 또한 장시와 대작을 미리 준비해 4문사에게 제시하였다.

제5장

01 정식명칭은 쓰시마구라야시키(對馬藏屋敷)로서 쓰시마번이 대외무역을 위해 지은 상관(商館)이다. 이 건물은 쓰시마번에서 나가사키 무역을 통해 구매한 물품을 보관하는 장소로 사용하였는데, 일본에 표류한 조선인들이 귀국할 때까지 체재하는 용도로도 이용되었다. 그래서 조선 표류민들은 이 건물을 '조선관(朝鮮館)'이라고 불렀다. 쓰시마구라야시키는 데지마(出島)에 있는 화란상관의 바로 옆에 있으며, 그 반대쪽에는 청나라 무역상인들이 거주하였던 도진야시키(唐人屋敷)와 무역상품을 보관하는 창고가 있다.

02 금어는 불화를 그리는 승려를 일컫는 별칭으로 화사(畵師), 화승(畵僧) 또는 편수(片手)라고도 한다.

03 천불전의 중건과 천불상을 조성을 주도하였던 완호 윤우와 그의 제자로서 법맥을 이은 초의, 호의와 함께 풍계대사가 참여했음을 확인할 수 있다. 초의와 호의는 19세기 전반 완호대사를 이어 대둔사를 이끌었던 승려로서『대둔사지(大芚寺志)』편찬과 간행을 주도하였다. 초의는 선승으로서뿐 아니라 화승으로서도 적지 않은 작품을 남기고 있다. 한편 강진에 유배중이던 다산 정약용도 완호와 호의에게 13통의 서신(『매옥서궤』에는 완호에게 1통, 호의에게 보낸 12통의 서간이 있다.)을 보낸 사실과 내용이 확인되었는데, 천불상의 조성과 표류, 대둔사지 편찬에 깊숙이 관여했음을 보여준다.

04 최선일,『조선후기 기승장 인명사전 - 불교조소-』, 양사재, 2007, 91쪽. 이로 보아 풍계대사는 불화 제작뿐 아니라 불상을 조각하는 조각승이기도 하였다. 따라서 천불상을 조성하는데 최적임자였다고 할 수 있다.

05 두 기사 모두 범해 각안이 편찬한『동사열전(東師列傳)』(한국불교전서 10책)에 수록되어 있다.

06 종사(宗師)는 선(禪)의 스승이고, 강사(講師)는 교(敎)의 스승을 가리키는

용어로 경사(經師)라고 부르기도 한다. 대둔사가 양자를 선정한 것은 선종의 법맥과 화엄교학을 포괄하는 '종원(宗院)'이라는 자부심의 표출이라고 볼 수 있다.

07 우키다 잇케이(1795-1859) : 에도시대 말기의 화가이다. 교토에서 태어났고, 이름은 공신(公信), 혹은 가위(可爲)이다. 그림과 서도에도 능했는데, 고전을 연구하던 중 존왕양이(尊王攘夷)의 뜻을 품게 되었다. 1853년 페리제독이 내항했을 때에는 '신풍(神風)이 오랑캐 함대를 뒤집는 그림'을 그려서 막부의 연약한 외교를 비판하였다. 존왕양이파의 지사로서 1858년 '안세이(安政)의 대옥(大獄)'에 아들과 함께 체포되었고 출옥한 직후 사망하였다.

08 이는 조선의 문위행(問慰行)이 대마도에 온 사실을 말하는 것으로 문위행의 정사가 당상역관이므로 도해역관사(渡海譯官使)라고도 한다. 이때의 문위행의 구성을 살펴보면, 1818년(순조 18) 당상역관 진동익, 현의온, 당하역관 이숙 일행으로 파견목적은 간파쿠(關白)의 손자 다케치요(竹千代)의 죽음에 대한 조위와 대마도주의 승습과 환도를 문위하기 위한 것이었다.

09 해남 대흥사의 천불전은 1811년 불탄 것을 1813년에 중건하여 오늘에 이르고 있으며, 1974년 9월 24일 천불상과 함께 전라남도유형문화재 52호로 지정되었다. 천불전에는 목조석가삼존상과 그 주위로 1,000구의 석조여래좌상이 봉안되어 있다. 그 뒤에는 1819년 풍계대사가 그린 신중탱화가 걸려 있다. 천불전의 현판은 조선 후기의 명필 원교 이광사의 친필이고, 천불전으로 들어서는 문인 가허루(駕虛樓)의 현판 글씨는 창암 이삼만의 친필이다.

10 『매옥서궤(梅玉書匭)』「답호의선자(答縞衣禪子)」

11 막부 쇼군에 대한 별칭으로 주로 조선에서 그렇게 불렀다.

12 물과 육지에서 헤매는 외로운 영혼에게 공양을 드리는 불교의식으로 수륙재, 혹은 수륙도량(水陸道場)이라고도 한다.

13 대마고토의식과 대마구분의식에 관해서는 하우봉, 『조선시대 한국인의 일본인식』(혜안, 2006) 제1부 제3장 「한국인의 대마도 인식」 참조.

14 정의현감은 이종덕(李鍾德)을 가리키는 것으로 그는 1815년 9월 27일 정의현감으로 재직하다가 직책을 교체하기 위해 부인과 함께 육지로 돌아오던 중 표류하였다. 히젠주(肥前州) 고토(五島)에 표착하여 나가사키로 옮겨졌는데, 조선의 관인임이 확인되자 정중한 접대를 받았으며 쓰시마번에서는 막부에 보고하여 지시를 받았고, 호송할 때 대차왜(大差倭)의 명목을 띤 일특송사(一特送

使)를 파견하였다. 이종덕은 서도와 시문에 뛰어나 고토번주(五島藩主)가 그를 인견하였다고 『오도편년사(五島編年史)』에 기술되어 있다. 풍계대사의 『일본표해록』에 의해 그가 나가사키의 조선관에 머물 때에도 일본인들과 필담창화를 통해 활발한 문화교류를 했음을 알 수 있다.

제6장

01 일본의 경우 조선 전기 도합 82회의 대장경 구청이 있었는데 대해 조선 조정으로부터 대장경을 사급받은 것은 절반이 조금 넘는 46회에 달하였다.(하우봉, 「일본과의 관계」, 『한국사』 22, 국사편찬위원회, 1995, 404쪽)

02 小葉田淳, 「琉球・朝鮮の關係について」, 『日本經濟史の研究』, 1978, 思文閣, 577쪽

03 『성종실록』 권13, 성종 2년 12월 경진

04 그런데 이 때 전해진 종이 흥해사종인지는 확실하지 않다. 그래서 흥해사종은 고려말 왜구에 의해 약탈당해 유구에 전해졌을 가능성이 있다는 학설이 최근 제기되기도 한다.

05 이에 관해서는 東恩納寬惇, 『琉球の歷史』(至文堂, 1957, 71쪽) 및 홍종필, 「오키나와의 舊國寶였던 朝鮮鐘(興海大寺鐘)에 대하여」, 『인문과학연구논총』 16, 명지대 인문과학연구소, 1997 참조.

06 『세조실록』 권27, 세조 8년 1월 을사

07 『세조실록』 권43, 세조 13년 8월 경술

08 『세조실록』 권27, 세조 8년 1월 을사

09 이에 관해서는 윤용혁, 「오키나와 출토의 고려 기와와 삼별초」, 『한국사연구』 147, 2009 참조.

10 高良倉吉・田名眞之, 『圖說 琉球王國』, 河出書房新社, 1993, 22쪽

11 이에 관해서는 홍종필, 「유구왕국의 陶祖가 된 조선인 張獻功에 대하여」, 『인문과학연구논총』 14, 명지대 인문과학연구소, 1996 참조.

12 眞喜志瑤子, 「琉球極樂寺と圓覺寺の建立について(2) - 本土との交流の二つのかたち -」, 『南道史學』 29, 1987

13 『세종실록』권48, 세종 12년 5월 무오

14 『세종실록』권65, 세종 16년 9월 정유

15 『문종실록』권7, 문종 1년 5월 임술

16 『세조실록』권28, 세조 8년 4월 무인

17 김병하, 『이조전기 대일무역 성격 연구』, 한국연구원, 1969, 157쪽

제7장

01 정식명칭은 쓰시마구라야시키(對馬藏屋敷)로서 쓰시마번(對馬藩)이 대외무역을 위해 지은 商館의 성격이 크다. 이 건물은 쓰시마번에서 나가사키 무역을 통해 구매한 물품을 보관하는 장소로 사용하였는데, 일본에 표류한 조선인들이 귀국할 때까지 체재하는 용도로도 이용되었다. 그래서 조선 표류민들은 이 건물을 '조선관(朝鮮館)'이라고 불렀다.

02 사쓰마주(薩摩州)에서 조선어 통사 양성을 위해 만들어진 조선어독본으로 1836년에 제작된 것으로 추정된다. 상·중·하 3권으로 되어 있는데, 상권은 일본에 표류한 조선인에 대한 구조활동, 중권은 사쓰마주에서 나가사키로 호송하는 중 전어관(傳語官)과 표류민들과의 대화, 하권은 표류선의 보수, 조선 배와 일본 배에 관한 비교 등의 내용으로 구성되어 있다.

03 1776년 마쓰마에번(松前藩) 번주 미치히로(道廣)의 명을 받아 1780년 완성한 마쓰마에번 사료의 집대성이라 할 수 있다. 이 가운데 31권과 32권이「조선표인부(朝鮮漂人部)」로 여기에 이지항의 표류에 관한 기사가 수록되어 있다. 표류한 직후부터 송환하기까지의 절차와 주고받은 공문, 표류민의 소지품, 활동, 주고받은 창화시와 편지 등이 수록되어 있다.

04 이종덕의 표류사실과 활동에 관해 간단한 기록이 있다. 그밖에도 조선인이 고토(伍島)에 표류한 기사가 대부분 수록되어 있다.

05 1817년 돗토리번(島取藩)에 표착한 안의기(安義基) 일행의 모습을 그린 그림인데, 윗부분에 안의기가 일본의 돗토리번사(島取藩士)에게 올린 감사 편지가 수록되어 있다.

06 풍계대사 일행이 1818년 나가사키의 조선관에 머물러 있을 때 이들과 필담

을 나눈 일본인 화가 우키다 잇케이(浮田一蕙)가 그린 족자 형식의 그림이다. 그 구성을 보면, 오른 쪽에는 천불상(千佛像)을 모시고 있는 승려 3인과 선원 2인의 모습이 그려져 있고 그 아래에는 잇케이의 글이 있으며, 왼쪽에는 표객이 잇케이에게 보낸 서찰이 원문그대로 합쳐져 있다.

07 고영근, 「19세기 전반기의 서양인의 국어연구자료」(『관악어문연구』 3, 1979), 「로우니의 국어연구」(『여천 서병국박사 회갑기념논문집』, 1979), 「시볼트(Fr. von Siebold)의 한국기록연구」(『동양학』 19, 1989) 등이 있다.

08 그는 나가사키에 도착한 이듬해인 1824년 문하생을 모아 나리타키쥬쿠(鳴瀧塾)을 개설하여 의학·만유학(萬有學) 등을 강의하였으며, 타카노 쵸에이(高野長英)을 비롯한 뛰어난 난학자를 많이 양성하였다.

09 岩生成一, 「解題」, 『日本』 제1권, 雄松堂書店, 1977

10 시볼트가 이용한 『朝鮮物語』는 1644년 만주에 표류했다가 청, 조선을 경유해 귀국한 일본표류민이 직접 쓴 보고서가 아니고, 1750년 것을 바탕으로 5권으로 저술한 요미혼풍(讀本風)의 책이다. 제1권은 조선의 역사, 2권은 토요토미 히데요시(豊臣秀吉)의 조선역(朝鮮役), 3권과 4권이 본서에서 번역 소개한 표류기에 해당되고, 5권이 조선편에 나오는 「조선팔도지도」와 제5장의 「조선관직고」등을 수록하였다.

11 본래 『유합』은 일상적인 중국어의 분야별 음운집으로서, 중국어 학습을 주요 교과목으로 하는 조선인을 위해 편집한 것이다. 그런데 본 장의 내용은 호프만(J. Hoffmann; 라이덴대학 교수)이 시볼트의 부탁을 받고 편집한 것이다.

제8장

01 직방(職方)이란 『주례(周禮)』 「직방씨(職方氏)」에서 유래된 용어인데, 직방씨는 천하의 지도와 사방에서의 조공을 관장하는 직책이었다. 명말청초(明末淸初) 서양선교사들이 그린 세계지도책을 『직방외기(職方外記)』라고 부른 것은 직방세계 이외의 지역을 포함하고 있기 때문이다.

02 『세조실록』권45, 세조 14년 3월 을유

03 유봉학, 「18·9세기 대명의리론과 대청의식의 추이」, 『한신논문집』 5, 1988

04 『宋子大全』권213「三學士傳」

05 유봉학,『燕巖一派 北學思想 硏究』, 일지사, 1995, 60쪽

06 하우봉,「17세기 지식인의 일본관」,『동아연구』17, 서강대학교 동아연구소, 1989

07 『星湖僿說類選』권8「華夷之辨」

08 이원순,「성호 이익의 서학세계」,『교회사연구』1, 1977

09 『星湖僿說』권2 天地門「分野」

10 『星湖先生全集』권55「跋天問略」

11 『與猶堂全書』1집 권13「送韓校理致應使燕序」

12 『與猶堂全書』1집 권12「東胡論」

13 이원순,「조선후기 실학자의 서학의식」,『조선서학사 연구』, 일지사, 1986

14 『經世遺表』권2 冬官工曹「利用監」

15 『與猶堂全書』1집 권11「技藝論 三」

16 『湛軒燕記』권1「劉鮑問答」

17 『湛軒書』內集 권4「醫山問答」

18 『熱河日記』「鵠汀筆談」

19 『北學議』「序」

20 『北學議』外篇「尊周論」

21 하우봉,「원중거(元重擧)의 일본인식」,『이기백선생고희기념한국사학논총』, 일조각, 1994

22 『存齋全書』「新編標題纂圖寰瀛誌上」

23 『與猶堂全書』1집 권22「柳泠齋得恭筆記評」

24 신해순,「최한기의 상업관」,『대동문화연구』27, 1992

25 『伍洲衍文長箋散稿』권32「與番舶開市辨證說」

하우봉 河宇鳳
hwbong@jbnu.ac.kr

서울대학교 국사학과, 서강대학교 대학원 사학과 졸업(문학박사)
현 전북대학교 인문대학 사학과 교수
전공분야는 조선시대 한일관계사와 실학사상이며, 최근에는 한국해양사에 관
심을 기울이고 있다. 주요저서로는 『조선후기 실학자의 일본관 연구』(1989),
『한국과 일본 – 상호인식의 역사와 미래』(2005), 『조선시대 한국인의 일본인
식』(2006), 『조선시대 해양국가와의 교류사』(2014) 등이 있다.

조선시대 바다를 통한 교류

인   쇄   2016년 2월 19일 초판 인쇄
발   행   2016년 2월 26일 초판 발행

글 쓴 이   하우봉
발 행 인   한정희
발 행 처   경인문화사
등록번호   제10-18호(1973년 11월 8일)
주   소   경기도 파주시 회동길 445-1 경인빌딩 B동 4층
대표전화   031-955-9300 · 팩 스   031-955-9310
홈페이지   http://kyungin.mkstudy.com
이 메 일   kyunginp@chol.com

ISBN 978-89-499-1187-8 93910
값 20,000원